华夏文明传播研究文库（十）

主编　谢清果　钟海连

福建省社科规划项目资助（FJ2018JDZ043）

中华传统文化传播研究举隅

ZHONGHUACHUANTONGWENHUACHUANBOYANJIUJUYU

吉峰　著

九州出版社
JIUZHOUPRESS｜全国百佳图书出版单位

图书在版编目（CIP）数据

中华传统文化传播研究举隅 / 吉峰著. -- 北京：
九州出版社，2019.4
ISBN 978-7-5108-8012-4

Ⅰ．①中… Ⅱ．①吉… Ⅲ．①中华文化－文化传播－
研究 Ⅳ．①G125

中国版本图书馆CIP数据核字(2019)第070712号

中华传统文化传播研究举隅

作　者	吉　峰　著
出版发行	九州出版社
地　址	北京市西城区阜外大街甲 35 号（100037）
发行电话	(010)68992190/3/5/6
网　址	www.jiuzhoupress.com
电子信箱	jiuzhou@jiuzhoupress.com
印　刷	北京九州迅驰传媒文化有限公司
开　本	720 毫米×1020 毫米　16 开
印　张	16.75
字　数	287 千字
版　次	2019 年 7 月第 1 版
印　次	2019 年 7 月第 1 次印刷
书　号	ISBN 978-7-5108-8012-4
定　价	52.00 元

绪　论

传统文化的复兴是近几年涌现出的独特文化现象，国人对于传统文化有了新的认识，传统文化的传播和普及面临着时代特性的考验，需要与时俱进不断创新。2017年2月6日，中共中央办公厅、国务院办公厅出台了《关于实施中华优秀传统文化传承发展工程的意见》，首次以中央文件形式专题阐述中华优秀传统文化传承发展工作。以习总书记提出的"创造性转化、创新性发展"作为指导传承发展中华优秀传统文化的重要方针。对于中华传统文化的研究，符合建设社会主义文化强国的重大战略任务，对于延续中华文脉、全面提升人民群众文化素养、维护国家文化安全、增强国家文化软实力、推进国家治理体系和治理能力现代化，具有重要意义。

目前，国内外关于中华优秀传统文化时代化、现代化方面的研究主要集中在以下几个方面：

其一，对传统文化价值的重新审视。全球化进程的高速推进，使得中华传统文化面临考验。处理好继承和创造性发展的关系，处理好中华文化与外来文化的关系，重点是继承和弘扬中华优秀传统美德。（李国泉、周向军，2014）陈来、李泽厚、杜维明、彭国翔、牟钟鉴、许抗生、汤一介、李中华、楼宇烈等先生主要分析了以儒学为代表的传统文化在当今世界的精神价值，总结中华传统文化的过去与现在。王元（2013）解读了中国五千年文明密码，还原中国人的认知方式、精神信仰、生活方式以及基本价值观。刘萍萍、林春逸（2015）认为应该以科学态度对待中华优秀传统文化的发展价值，深入挖掘和阐发、宣传中华优秀传统文化的发展价值，对中华优秀传统文化发展价值进行创造性转化。袁行霈（2008）提倡三种态度：即分析的态度、开放的态度、前瞻的态度。

其二，中华优秀传统文化的当代传承存在亟待破解的藩篱。中华优秀传统文化传承体系的有效运行是体系中各种元素、各个环节的有效整合，各种

元素、各个环节功能的充分发挥是整个体系功能发挥即体系良性运行的前提
（段超，2012）。显然，这种系统的传承体系仍需建立并完善。李刚（2016）
分析了急剧转型阶段，各种复杂状况对大学生中华优秀传统文化认同产生的
阻碍和消极作用。学校的相关教材存在着中国优秀传统文化的整体内容偏少、
内容分配不合理问题（彭菊花，2015）。地方高校弘扬地方传统文化所面临的
共同困境分别是理论认识的欠缺、、实践操作的困难、配套政策的不足，主要
包括地方高校办学经费保障不到位、地方高校人事政策和人事制度尚不完善
两大亟待解决的问题（申晓辉，2013）。传统文化赖以存在的土壤和生态环境
在今天受到冲击，生存空间被挤压，传统文化被迫只能改变自己的传承方式
（赵娅军，2016）。刘锋，熊建，刘曙昌（2004）提出要对传统文化进行创新。
陈寒鸣、刘伟（2004）主张将传统文化研究视角转向现代平民。

其三，时代化认知和传承思路。有关专家提出以下建议：（1）发挥校园
文化独特而持久的正效应（李春山、何京泽，2016）。周苏娅（2015）主张
开展专题讲座、学科渗透、主题活动和社会实践。具体开展方法有讲读法、
案例法、讨论法和演示法等。张贤敏（2011）针对国内非中文专业高校学生
的传统文化课程提出了建议。刘桂荣（2014）从传统文化资源中找到了缓解
大学生负面情绪问题的思路。贾效明（2016）将传统文化与思政工作实际相
结合（2）对外传承及相关问题。推动以儒学为核心的中华优秀传统文化走出
去，是提高国家文化软实力。肖晞、牛勇（2010）甚至提到"和"作为中国
传统文化的精髓，"以和为贵""和而不同""天人合一"是其深刻内涵的三个
重要层面。对当代中国外交的指导原则、发展道路和战略目标产生了潜移默
化的深刻影响。丁巧玲（2014）从语言翻译角度谈中华传统文化的对外传播。
苏莹莹（2015）探讨了中国传统文化在马来西亚的传播。（3）推动大众媒体
对优秀传统文化荷载方式的转换。大众传媒的传播作用日益被重视，因其传
播方式符合现代人精神消费的特点（戴红红、张梦新，2007）。张莹（2013）
注意到了大众媒体的"读经"活动。叶奕翔（2014）以批判的角度，分析
20 世纪 90 年代的"国学热"在大众传媒上的表现。传统文化民间传播的三
种主要模式：论坛式传播、学院式传播、虚拟式传播（杨小花，2016）文化
与传媒通过《百家讲坛》《中华好故事》等文化节目，已经让我们看到两者深
入交流的可能性。（陈学武，2015）王玮（2015）以山东卫视文化类电视节
目为切入点，谈传统文化对于电视的重要性。

国内专门从传播学视角关照中华优秀传统文化的时代化、现代化的系统

研究很少。以儒为主，佛道为辅的中华传统文化，于近代衰落，在当代又开启复兴之势。习近平同志所讲的"讲仁爱、重民本、守诚信、崇正义、尚和合、求大同"，正是中华优秀传统文化精神的体现与凝练。冯友兰先生所树立的"阐旧邦以辅新命"的文化使命，该如何于当代社会充分践行？对中华优秀传统文化于当代的传播情状做分析、评价，并给予相应的传播策略及传播路径展望，这是本书切入角度的独特之处，从而有效地拓展了中华传统文化以及传播学领域的研究空间。此外，从现代传播理论入手展示传统文化的魅力，也与教育部2016年下发第四号文件中"尊重和传承中华民族历史和文化，加强中华优秀传统文化教育"的精神相契合。

　　本书将儒、释、道为代表的中华优秀传统文化进行钩元提要，以时代精神催发其恒在的精神价值，企望实现明体达用的学术目标。通过对中华传统文化的现代化包装，探索其最佳的当代呈现方式，拓宽其文化传播路径。2013年12月30日，习近平总书记在中共中央政治局第十二次集体学习时的讲话中说："提高国家文化软实力，要努力展示中华文化独特魅力。在5000多年文明发展进程中，中华民族创造了博大精深的灿烂文化，要使中华民族最基本的文化基因与当代文化相适应、与现代社会相协调，以人们喜闻乐见、具有广泛参与性的方式推广开来，把跨越时空、超越国度、富有永恒魅力、具有当代价值的文化精神弘扬起来，把继承传统优秀文化又弘扬时代精神、立足本国又面向世界的当代中国文化创新成果传播出去。"[1]

　　基于此，本书从继承和发扬传统文化的角度，再沿着"文化自觉"逻辑延伸开去。本着贯通古今、融合中西的学术气度，提升国人的文化自觉、自信与自强，树立文化主体意识。特别是媒介高度融合的发展情状，对中华传统文化的传播多有助缘，向深层次意蕴开掘。本书不求面面俱到，而是紧紧抓住重点，以传统文化中有代表性的诸多个案作为阐释对象。特别是从民俗视维下，对妈祖文化的当代传播进行了大量不同侧面的剖析。妈祖信俗受儒、释、道三种文化的滋养而得以传承至今。历史悠久、传承绵长。在我国东南沿海，尤其是闽台地区，其历史传承更是盛况空前，传承的方式亦是多种多样。本书对妈祖文化的论及在分散的不同篇章中，分别从海丝之路、大学生认识、传播方式、言说技巧、符号意指实践运用、人文素质的培养、文化产

① 人民网：《习近平谈中华优秀传统文化：善于继承才能善于创新》，http://cpc.people.com.cn/xuexi/n1/2017/0213/c385476-29075643.html，访问日期：2018年10月30日。

业的提升等层面给予论述。部分章节还是对妈祖文化当代传播的专论，在附录中也有大量论述以及相关调研数据。

全书共分三篇，十四章。第一篇，中华传统文化传播理论视野与时代检视；第二篇，中华传统文化典籍本土化传播视角阐发。该篇是对于中华传统经典中的传播观念的阐述，书中则以点带面选择了几位古代有代表性的人物作为个案进行剖析，从一个个侧面剖析华夏传播主体论、华夏传播内容论、华夏传播策略论、华夏传播介质论、华夏传播环境论。华夏文明是中华民族文化思想的结晶，随着中国国际地位提升，华夏文明逐渐彰显其智慧特色，近四十年来针对华夏文明的传播研究逐渐兴起，这既是学术领域的扩展，更是传播中华传统文化的必然之势。中华优秀传统文化在全球化区域传播力的提升性研究，也有其未尽之蕴。这都是本书研究之重点，力求从传播学等学科角度，提出行之有效的新传播范式。第三篇，中华传统文化传播多重领域的案例研究。三个篇目分别从宏观论、基础论、微观论的维度展开。宏观层面着眼于理论视野与时代检视；基础论是对古代典籍进行挖掘和梳理；微观论是基于多重领域的案例进行阐发。全书既有对华夏传播思想的回溯，又具有学术视角的前瞻性思考，对中华传统文化的传播现状与未来进行展望与判断。另附八篇附录，是从中华传统文化的不同视角进行阐发与补充，以飨读者。

全书具体框架如下：

第一篇，中华传统文化传播理论视野与时代检视。

第一章，本土经验：中华传统文化娱乐化传播言说。本章集中探讨在新媒体语境中，可否借助娱乐的方式对传统文化的传播。先从理论层面进行反思，随着社会的发展，尼尔·波茨曼《娱乐至死》中所阐发的媒介预言，在当代媒介技术变革时期，要如何重新认识；再从现代传媒语境下儒学的娱乐化传播方面进行实践探究。从理论到实践，着眼于传统文化的娱乐式传播，剖析大量案例。同时，也将民俗视域中的妈祖文化传播作为案例进行解析。从当前传统文化在大众传媒的传播现状出发进行深入研究和思考，试图寻求一条既能愉悦大众，又能保持传统文化本真的一条可行之路。让传统文化在娱乐时代下，以最亲和、得体的方式被大众接受和传承。

第二章，范式之思：中华传统文化内涵的通俗演绎。本章主要以舞台剧本《三菩提》作为个案，从人物设定、叙事设定和风格设定三个层面，剖析其对中国传统文化中儒、释、道文化内涵的通俗化诠释及其传播技巧，借以从一个小的侧面，探讨我国传统文化在当代的传播方式与策略。通过对《三菩提》在人物选择、叙事设定、传播语言风格维度的文本分析，点出了儒、释、道三家文化的诸多核心文化观点。三种文化通过内在的关联性以及差异性，构建了中国文化的根基。本文的着眼点在于从该剧本的文本演绎进行分析，该剧本的文本构建和言说方式，或可作为一种对如何在现代社会传播中国传统文化方面的较为活泼的尝试。期望对于在现代传播语境中的中国传统文化当代传播范式的拓展多一点启发。

第三章，克己复礼：当代"礼"传播的社会学考察。指出当代"礼"的传播，在表征上则存在失序的状态，认知方面的异化与西化的倾向较为突出。中国人知"礼"传承在教育层面仍处于摸索前进的进程中，全盘复古儒家理想化生活缺乏可行性，取法于西方文化行不通，也显得缺乏文化自信。礼的复归关键在于时代化的重塑。以愉悦的意义输出方式，结合不同地域的风土人情，营造多样化的传播形态，以示范、教育为主，不生硬，不强制，内容上尽量去繁就简。内化于心，塑造"养之成德"的伦理秩序；外化于形，强化"齐之以礼"的社会管理；物化于情，夯实"礼尚往来"的社会联结。

第四章，朝向当下：中国古代神话的当代传播思考。着重从传播意义、传播方式、传播叙事内容三个维度入手进行诠释与思考。具体说来，分析中国古代神话在当下有何时代意义？如何从传播学角度去诠释中国古代神话的存在与传承？在当代传播语境中，又如何去对中国古代神话的传播内容进行叙事的重构？本章试图从传播学的维度去考察中国古代神话的传播意义以及怎样做到使其传播能够"朝向当下"，以弥补该领域研究涉猎之不足。

第五章，教育反思：传统文化与大学生的人文素质。以传媒类专业为个案，从当代新闻传播类学生人文素质的现状分析入手，指出当代高校学生对传统文化认知不足，缺乏精准的语言表达能力以及人文关怀意识。立足于中华传统文化的基础之上，提升大学生人文素养的途径和方法，可以通过高校竭力培养人文基础并营造文化氛围，包括课程的设置等。促进文化间交流与合作借鉴等方式开展，并塑造健康的校园人文环境。学会用现代视角审视中华传统文化，培养出符合当代社会发展需求的传媒人才。同时，从职业素养角度考察传统文化对于高校教师的规范。

第二篇，中华传统文化典籍本土化传播视角阐发。

第六章，主体论：先秦文化的传播主体。本章探究了先秦时期文学传播主体的流变，从历时性角度，考察先秦每段历史时期的文学传播主体的变化及差异。同时，又从共时性角度，探究不同时代的文学传播主体的身份、宗旨及传播目的。

第七章，内容论：老子的传播思想观念。以老子的传播思想为个案研究。信息传播存在语义的局限性，就是所谓交流的无奈。在此基础上，老子以"德信"的传播前提，提高了传播者的可信度。在传播策略的层面上，老子认为在人际传播过程中要提倡"柔弱处下"，在组织传播中则主张"自然无为"。此外，老子在传播史上的贡献还表现在：第一，确立了许多具有象征性意义的传播符号；第二，对个体内向的传播进行了审视。

第八章，策略论：庄子幽默的传播技巧。以庄子的幽默传播技巧为个案研究对象。以传播学为视角，对《庄子》这部作品在文学传播中如何巧妙地运用幽默元素的策略进行剖析，分别从两个维度进行阐述，即构建诙谐的文学艺术传播形象、奇闻逸事营造独特劝服情境。以期望从幽默这一独特的色镜中，去审视《庄子》这部古代文学经典经数千年传播而长盛不衰的理论依据。

第九章，介质论：孔子思想的传播媒介。以孔子思想的传播媒介为个案研究对象。从兴办私学、传注经文、周游列国、依托传媒四个维度，对《论语》的思想传播渠道的建构进行解读。希望从中探求出孔子思想传播绵延数千年而长盛不衰的理论依据，归纳出其传播脉络，深入挖掘《论语》思想的内涵。

第三篇，中华传统文化传播多重领域的案例研究。

第十章，立体表征：中华传统文化的符号化呈现。解决这样几个问题：作为一种被表征出来的文化符号，以孔庙为例，论及其在传播传统文化方面发挥怎样的功能？为了厘清此问题，可以进一步追问，在中国，庙宇的出现是否也代表着一种媒介域的出现？统治阶层是如何掌控并利用这种媒介资源的？庙宇作为一种非文字性的文化传播符号，其符号意义在政治与文化之间是如何被表征的？若要试图回答这些问题，需要我们从文化符号及意义表征的角度对庙宇的传播学意义做一番详尽的考察，大致从政治指向与文化传承两个维度剖析。

第十一章，意指实践：中华本土文化传播介质运用。本章以扇子为例，试图回答这样几个问题：如何从传播学角度去理解扇子这种沟通介质呢？扇子在传播信息时发挥的独特性在何处呢？扇子在当代的传播，又会呈现出怎样的不同呢？尽管对于扇子的研究，在中国古代文学、外国文学、艺术学、训诂学、汉语言文学也有所涉及，但是研究成果相对零散，并且缺乏从传播学视野去关照此选题。从符号学以及社会学的角度去探究该问题，更是鲜见。本章试图从传播学的维度去考察作为我国本土化沟通介质的扇子，以弥补该领域研究涉猎之不足。

第十二章，传播实践：中国茶文化传播方式与渠道。千年来，中国的茶文化作为中华传统文化的一部分，积淀了丰富的内涵，是中国人精神面貌的一面镜子。如何广泛、有效地传播茶文化，让其继续焕发文明活力，是值得我们学界继续探讨的一个话题。本章拟从茶文化的传播方式、传播渠道以及传播效果三个层面来剖析，从传播学的视角对茶文化的传播进行归纳和分析。

第十三章，民俗视维：妈祖文化传播与"海丝之路"。分析作为传统文化一部分的妈祖文化，以此为切入点。从妈祖文化在海上丝绸之路上传播发展的历史、现状、远景论述妈祖文化与海上丝绸之路的密切关系。从文化交汇与认同、文化符号的构建及文化意指实践，再到跨文化传播的言说三个维度进行归纳和考察，重点突出了妈祖文化在海上丝绸之路上对于增进人民交流、促进民心相通、推动和谐共赢等方面的突出作用。肯定妈祖文化在"一带一路"愿景与行动中的突出贡献。

第十四章，地域特色：妈祖文化广告的嬗变与提升。立足于创新驱动发展战略格局下之。如何有效利用中国传统文化因素，建构适合文化产业发展的人文环境；如何使文化产业发展与传统文化做到合理的融合。以妈祖广告为切入点，依托移动互联网时代传媒生态结构转型的背景，分别从三方面展开。首先归纳了妈祖广告在适应新的营销传播环境中产生的新问题；进而以拉氏"5W"线性传播模式为框架勾勒出营销传播要素的嬗变，一是传播者的角色随着商业主体的渗入使得妈祖文化物化、传播娱乐化，二是广告信息接收者的角色转换成了积极的口碑搜寻者与把关者；三是妈祖信众开始参与广告内容的生产，内容形态愈发多元且分化；四是传播途径已由"单一封闭式"演化成"多向裂变式"传播；五是妈祖品牌效应的评估与检测变得量化可控，传播效果的反馈变得及时高效。最后还论及了妈祖广告整合营销传播策略实现转型的五大方向，一要编织多元营销渠道网，建立信众行为特征数据库，二要布局妈祖"娱乐＋"，三要跨媒体叙事丰盈妈祖品牌形象，四要构建妈祖文化虚拟社区，五要整治广告乱象。

本书立足中国视角，既关注华夏传播，力求从传统经典中剖析中国先人的传播智慧；又关注中国当代的传播现象，对之进行传播学解析。研究方法既有学理探析；又有实证分析；研究对象多是中国文本与中国本土文化符号。

梳理中华优秀传统文化在当代社会的传承现状，对现有的传播态势、传播路径及传播效果进行理论阐发与批评。通过对比分析，力求提出较为切合当代语境下行之有效的中华传统文化传播范式。特别要探讨在当代如何将静雅博大的中华优秀传统文化应用于现实生活，协调历史与当下，超越文明冲突，甚至以中国智慧处理新型的国际关系。充分利用当代媒介资源与诸多变革的环境，将中华文化中的仁恕通和刚毅之道发扬，使人本主义、道在万物、德性文化、家国本位、多元通和、天下一家、天人一体、中庸改良等中华特色文化思想去弊澄明、取精用宏。具体的创新之处有三点：

其一，时代感。契合《关于实施中华优秀传统文化传承发展工程的意见》以及党十六大报告的精神。

其二，视角新。从"双创"传统文化切入调研我国当代社会的价值导向及传播问题，有一定创新度。

其三，学科多。从传播学、社会学、文化学、心理学等角度考察。

其四，地域性。书中大量篇幅涉及民俗视维下的中华传统文化传播。对妈祖文化当代传播进行了多维审视。

本书既有宏观的视角，又有微观个案的探究。不求面面俱到，而是紧紧抓住重点。但整体上看，这是一部在中华传统文化和传播学本土化研究和探讨上具有概括性的一部著作。从文化传播视角探讨中华传统文化传播与研究的一些问题，全书引用了国内外新理论，吸收运用了一些新研究方法，在融合中西理论方面做了一些有益探索，会给人耳目一新感觉。书中的图表为自拍自制，将有助于读者加深对中华优秀传统文化传播的认识。本书作为 2018 年度福建省社科研究基地重大项目"闽台妈祖文化传播研究回溯与前瞻"（FJ2018JDZ043）阶段性成果；2018 年莆田学院校内科研项目《回溯与前瞻：中国传统文化当代传播研究》（2018063）研究成果。教育部社会科学基金青年项目资助出版项目成果（编号 13YJCZH058）。

目　录

第一篇
中华传统文化传播理论视野与时代检视

第一章　本土经验：
中华传统文化娱乐化传播言说

本章从理论反思与实践探究两个维度，集中探讨在新媒体语境中，可否借助娱乐的方式对传统文化进行传播。先从理论层面进行反思，随着社会的发展，尼尔·波茨曼《娱乐至死》中所阐发的媒介预言，在当代媒介技术变革时期，要如何重新认识；再从现代传媒语境下儒学的娱乐化传播方面进行实践探究。从理论到实践，着眼于传统文化的娱乐式传播，剖析大量案例，从当前传统文化在大众传媒的传播现状出发进行深入研究和思考，试图寻求一条既能愉悦大众，又能保持传统文化本真的一条可行之路。让传统文化在娱乐时代下，以最亲和、得体的方式被大众接受和传承。

第一节　理论反思：值得商榷的媒介预言

娱乐、图像以及技术对文化的挟制，这是尼尔·波茨曼的媒介预言中所突出强调的三个问题。他的部分观点放置于当代特殊的社会与媒介技术变革语境之下，已经开始显露出矫枉过正的一面。他口中的"阐释时代"并没有随着媒介技术的发展而消逝，而是以多元化的方式呈现着。他不屑一顾的"图像时代"，其实也自有其传播层面上的优势。至于娱乐传播，只要掌控好娱乐的边界，还是能够做到习近平总书记所倡导的"成风化人，凝心聚力"的媒介要求的。波茨曼的思想在当代至少有四点价值：一是对于媒介娱乐边界收放适度的警示作用；二是推崇的深层次、冷静客观的阅读方式，仍具有很高的价值；三是他提醒了当代人视觉语言也有不足，文字传播自有其优势可见；四是意识到了媒介发展对文化的影响力，这是有进步意义的。

尼尔·波茨曼是美国媒介环境学派的代表人物，其主要的思想见诸《娱乐至死》《童年的消逝》《技术垄断》这三部曲之中，表达了浓厚的人文主义情怀以及对媒介技术的悲观主义反思。其中《娱乐至死》这部作品，自从1985年正式出版以来至今，仍被学术界视为媒介文化研究的重要著作反复品读。沃尔特·古德曼（《纽约时报》）认为其文阴郁，乔纳森·亚德利（《华盛顿邮报》）视其书为"控诉书"。周国平将该作品看作一篇"檄文"，声声控诉电视文化。《娱乐至死》的主要观点形成是在20世纪80年代，以印刷媒介的式微与电子媒介的兴起为时代背景。"受众本位"让渡于"传播者本位"，其背景主要是由于传媒市场化，受众变成了消费者，而非公众。全文脉络清晰，前两章提出理论基础，中间六章列举新旧媒介的强大与弱化所造成的社会文化和公众思维能力的变化，最后一章对新媒介的发展态势提出警示。全书旨在暗示着一种媒介文化趋势的到来，它的结局便是导致受众被自己所热爱的东西所毁，电视媒介、网络媒介，将人塑造成大众媒介的附庸，甚至是"致死"的物种。

近十年间（2007—2017），中国知网上能够检索到与《娱乐至死》直接相关的有效学术成果数量约为1445篇。其中，硕士学位论文90篇、博士学位论文10篇。大部分的成果皆以尼尔·波茨曼的观点为依托，对大众媒介进行冷思考并认同其观点的时代意义。当然，该书中所凸显出来的技术决定论暴露出了其时代局限性。媒介文化研究不能够套用环境科学的思路，仅仅着眼于媒介大环境去下论断，势必会疏漏了新的时代因素。尼尔·波茨曼对于新媒介的判断与预设放置在当下来看，存在着一些值得商榷的地方，其片面的批判，遮蔽了新媒介发展的全貌。不过，时代的局限性对于尼尔·波茨曼也在所难免，不应被求全责备。

着眼于当代特殊的社会与媒介技术变革语境之下，媒介的发展态势出现了更多新的情况，网络媒介产生的冲击力，更是比当年的电视媒体对印刷媒体的冲击力更大。对于大众产生的作用更加全面而深刻，文化传播活动由传统向当代转型，其当代的传播特征是什么？呈现方式表现出哪些与以往传播的不同之处？尼尔·波茨曼所谓的"阐释时代"已然彻底消逝了吗？他不屑一顾的"图像时代"莫非就没有值得称道之处？如今，娱乐的营销力、传播力日益强大，不应被"妖魔化"，而是应该关注如何把握媒介娱乐传播的边界？他的思想放置于当下，还存在哪方面的价值？这些正是本节所要研究的问题。本节以当下的媒介发展态势为视角，重新对《娱乐至死》的文本进行分疏，拓展对于当代媒介文化的认识。作为传统文化娱乐化传播的理论反思。

一、辨析：矫枉过正的预言与当前实际

尼尔·波茨曼的媒介预言主要集中在三个方面：娱乐、图像以及技术对文化的挟制。从而造成了矫枉过正的局面，特别是在当代的社会文化环境下，他的媒介预言还有待辨析。

其一，尼尔·波茨曼对于娱乐的担心缘起于在美国拉斯维加斯看到的一种文化现象。"一切公众话语都日渐以娱乐的方式出现，并成为一种文化精神。"[①]电视所产出的东西，在他看来皆为精心准备过的"垃圾"产品。不能赋予电视以较高的文化使命，更不能将其视为重要的文化载体。对于此种观点，或许在特定的时期与范围内的确如此，然而，电视仅仅作为一种传播信息的介质，是否对其传播内容文化格调的高下有着决定性作用呢？此种观点无疑把传播者的"把关人"作用忽略了。

仅从当代的电视媒体而言，不妨看看凤凰卫视作为有代表性的大众媒介平台，是怎样体现其文化传承及对话的载体功能的。凤凰卫视的节目大致由"资讯""评论""人文""访谈""财经""生活·时尚"以及一些老节目构成。

其文化品位不能算低，精品的老节目也没有如波茨曼所言："不论是历史还是电视的现实情况，都证明反省或精神超脱是不适合电视屏幕的。"[②]凤凰卫视基本做到了其媒体理念的初衷即："中华情怀，全球视野，包容开放，进步力量"。此外，"文化生产方式的改变、主导传媒形式的革新与新兴文化形态的崛起引起了原有文化艺术生态格局的全面变化，封闭的、落后的、狭隘的和缺乏竞争力的文化，都将在文化市场中被文化消费者遗忘"。[③]电视媒体未必不能承载与传播文化，不能对其媒介作用完全否定。电视以及新媒体的信息是不乏具有深度的精品之作。

其二，尼尔·波茨曼对"图像时代"缺乏好感。他说："'好电视'同用于陈述的语言或其他口头交流形式无关，重要的是图像要吸引人。"[④]2016年1月7日上映的影片《舌尖上的新年》，用鲜活的画面以点带面，串联起几个寻常人家的小故事，展示出中华民族生活史的侧面。镜头语言帮助观众"重回时间"，画外音与解说词提升了片子的可视性。譬如赵婆婆的腊肉伴随着炙

---

① 尼尔·波茨曼著，章艳译：《娱乐至死》，北京：中信出版社，2015年，第4页。
② 尼尔·波茨曼著，章艳译：《娱乐至死》，北京：中信出版社，2015年，第143页。
③ 简·梵·迪克著，蔡静译：《网络社会》，北京：清华大学出版社，2014年，第198—120页。
④ 尼尔·波茨曼著，章艳译：《娱乐至死》，北京：中信出版社2015年，第106页。

烤、水煮、刮去表层的焦煳、切片之后，瘦肉红润，肥膘通透。古老的食物储存技艺，通过电视媒介得以放大其背后的故事性与美味本身的诱惑力，旧日习俗与年味儿以恰到好处的节奏传播给观众，这是纸质媒介无法企及的传播力量，视觉传播元素体现出媒介进步的优势。

波茨曼援引电视新闻《麦克尼尔·莱勒新闻时间》执行编辑罗伯特·麦克尼尔的话佐证自己的观点："以视觉刺激代替思想；准确的文字已经过时落伍。"① 这种将电视节目搞成杂要的情况，并不能代表当代电视媒介的全貌。中央电视台《今日说法》《朗读者》都是主要依托内容，而非视觉刺激。换一个角度，纸媒在当代就与图像是绝缘的吗？在波茨曼看来，纸媒与图像关联度不高。他就此认为："印刷术从来没有被专用于或大量用于复制图像。从 15 世纪诞生之初起，印刷术就被看作展示和广泛传播书面文字的理想工具，之后它的用途就没有偏离过这个方向。我们可以说，印刷术就是为了这个目的而发明的。"② 而在今天看来，情况并非如此，图像的表达能力强于纯文字文本，符合文化消费者的需求。图像强化了直觉，丰富了情感与认知能力，这样的传播优势不是非理性的。譬如对于一场灾难的描绘，纸质文本提供的仅仅是数字和报告，受众和信息之间存在转译的过程。视觉信息的介入无疑更能强化灾难的残酷性，起到震撼受众心理的目的。

其三，媒介技术对文化的挟制。波茨曼提出了一个概念叫作"阐释时代"，用以概括他心中印刷媒介风靡美国的那段旧时光下，受众的信息接受与咀嚼的状态。"阐释是一种思想的模式，一种学习的方法，一种表达的途径。所有成熟话语所拥有的特征，都被偏爱阐释的印刷术发扬光大：富有逻辑的复杂思维，高度的理性和秩序，对于自相矛盾的憎恶，超常的冷静和客观以及等待受众反应的耐心。"③ 在他看来，"阐释时代"无疑倍加值得推崇，而这样好的"阐释时代"在 19 世纪末就开始呈现消亡的状态。波茨曼所言："电视无法延伸或扩展文字文化，相反，电视只能攻击文字文化。"④ 那么，如今实际的情况是否像波茨曼讲的这样如此消极呢？

当代特殊的变革语境之下，"阐释时代"其实并没有消逝，只是阐释的方式和传播表现形式不同于以往而已。理性的媒介阐释在今天的电视媒体乃至

---

① 尼尔·波茨曼著，章艳译：《娱乐至死》，北京：中信出版社，2015 年，第 126 页。
② 尼尔·波茨曼著，章艳译：《娱乐至死》，北京：中信出版社，2015 年，第 106 页。
③ 尼尔·波茨曼著，章艳译：《娱乐至死》，北京：中信出版社，2015 年，第 78 页。
④ 尼尔·波茨曼著，章艳译：《娱乐至死》，北京：中信出版社，2015 年，第 102 页。

新媒体中，仍处于日趋活跃的传播态势。由凤凰卫视出品并开播于 1998 年 4 月 1 日的《锵锵三人行》，虽说是一派俗人闲话的无厘头语言风格，但关注的却是热门新闻事件，天下大事，皆付笑谈中。将娱乐氛围的营造、事理人物的深度辨析以及新闻信息的融合恰到好处地汇聚于一身。这正是该访谈节目创办至今，仍能将生命期延续 19 年而不衰的理由，这无疑是电视媒体进行"阐释"的代表之作。并非尽如波茨曼所言："看电视的目的只是情感上得到满足。"① 着眼于网络媒体，2012 年 3 月，优酷播出知识类脱口秀节目《晓说》，每期节目 20 分钟左右，漫谈历史、品评人物、聚焦传统与当下文化、梳理社会热点、从社会公知的视角看世界、评历史。节目中固然有动漫的卡通形象做最后的观点总结和提要，但娱乐元素并没有喧宾夺主，节目凸显了中西文化的信息脉络，贯彻即兴式漫谈的风格。没有消解信息的理性与逻辑，反而为受众提供了冷静思考事物的另一种视域，其阐释性不言而喻。

　　媒介的发展势不可挡，在 2016 年腾讯网媒体高峰论坛上，彭兰教授还提出了"智媒时代"将至的论断。随着新媒体应运而生的微信公共平台，也有大量有代表性的公众号，具有较为成熟的话语特性又不失其文化传播的趣味性。譬如：作为目前影响力较大的新媒介知识社群"逻辑思维"，迎合"80 后""90 后"们"爱智求真"的信息需求。不仅通过微信平台，还通过了网上音频、视频、微商城、百度贴吧等营销渠道，建立会员体系，为会员进一步提供更加具象的深度信息。再如，由人大数媒科技有限公司开发的"壹学者"公众号，是人大"复印报刊资料"唯一的移动端阅读平台，提供学术资源与沟通的空间。设置的版块主要有："能见度""壹学堂""名师访谈""干货""锐观点""灼见""思享""热点关注""广角""大家小传""学者观点""话题""视觉系""盘点""轻知识""品赏""沸点""文化现象""政策解读""学术眼""学苑路""悦读""聚光灯""名家经历""师说""小传""现场""学术要闻""转载排名""经济学""社会学""历史学""法政学""共读""公告""趣谈""忆师""涨知识""会议""史话""大家手笔"等。已有 60 万学者关注该平台并参与互动，其内容也主要是波茨曼所推崇的理性的"阐释"。

　　陈力丹也曾对波茨曼所描述的世界表示隐忧。不过，从社会学角度来看，现代文明之下很多人的浮躁与悬浮并非全因媒介技术的发展而造成。浮躁本

---

①　尼尔·波茨曼著，章艳译：《娱乐至死》，北京：中信出版社，2015 年，第 105 页。

来就是现代文明社会发展的一个必经阶段。受众复杂的学习思维与理性阐释，并不是完全受媒介的制约。波茨曼曾将电视对于印刷媒介的文化冲击的结果总结为三方面："话语内容无聊、表现无力、形式散乱。"① 其实，即便是纸媒产品，也一直存在良莠不齐的状态。甚至是在印刷时代下，传播内容也不是都在理性的"严肃话语论述"的状态下进行传播的。对于读者而言，阅读纸媒信息，也并非全部脱离趣味而趋向纯理性知识层面的阐释。相反，媒介文化传播活动由传统向当代转型，媒介的多元化使视觉以及娱乐元素充分介入于信息传播之中，提升了受众对信息的接受兴趣。

从传播内容、表现力、传播形式等去考量，也绝非因媒介的变化而沦为优势尽失的窘境。印刷媒介提供的是一个较为"稳定"的信息获取语境，显得较为理性和严肃。电视及新媒体未必不适合这种严肃话语论述的方式，只不过随着声音、画面等元素的介入，需要调整节奏，优化传播技巧。谢静指出："新媒体尤其是微信的多维传播形态，最为突出的意义在于它打破了大众传播中线性的生存－消费模式。微信不仅提供了专业产品的新型流通渠道，给非专业生产者创造了生产、发布的自由平台，更重要的是，微信独特的互动与呈现方式，使得原本清晰区隔的生产、流通和消费交织互融、难以区分。"② 所以，不能用印刷时代旧的标准去判评当代媒介社会的新现象。

二、追问：媒介娱乐边界的掌控与营销

张闳在批判传统文化的娱乐传播时措辞激烈地表示："这是有关古典的时尚消费，虽然赢得了媒体和公众的青睐，但是并不能拯救传统文化经典的垃圾化……出版社和作家的合谋，让文字垃圾快速市场化；垃圾制造者和垃圾消费者，共同造成了文化生态圈的劣质化和粗陋化的现状。"③ 张闳批判的是纸质媒体娱乐化传播。娱乐的营销力、传播力强大，娱乐营销至少让大众注意到了某些文化信息。如今，连纸质媒体的内容都不乏以娱乐方式传播文化内容，2017 年 6 月由江苏凤凰文艺出版社出版的《半小时漫画中国史》，作者"二混子"以一种全新写史方式对中国历史进行了娱乐化的普及式介绍。虽然谈不上有什么学术价值，但是也算得上是一本比较有趣和严谨的极简中

---

① 尼尔·波茨曼著，章艳译：《娱乐至死》，北京：中信出版社，2015 年，第 81 页。

② 谢静：《微信新闻：一个交往生成观的分析》，《新闻与传播研究》2016 年第 4 期。

③ 张闳：《"娱乐至死"的文化狂潮——2007 年文化现象批判》，《探索与争鸣》2007 年第 12 期。

国史，在大众文化教育层面，其传播价值还是要高于应试教育下的某些历史教科书。当然，精英文化自有其审美旨趣与深邃、严肃的特质，没有必要完全让渡于大众文化。不能追求将精英文化的内容全部平面化，使其缺乏必要的深度，也就是说，娱乐不能过度。

娱乐化需求是后现代社会受众的典型特质，其责任不能完全归结于媒体的发展。从口语时代的诗歌吟唱、手抄时代上层人士的阅读消遣、印刷时代的娱乐小说、电子传媒时代综合杂糅了各种艺术手段的文化信息。受众始终具有娱乐趋向性，不因媒介发展而消逝，只会因为媒介的多元化而呈现更多新特征。有学者从物质及精神层面对此给予了解释："物质的安全感、精神上的大解放如同阳光洒向人类，释放了空前的自由自在感，人性本真的欢娱、创造性充分彰显出来，变现为灿烂娱人的大众文化……人性在搬去神灵的大山、宗法、性别、阶层等束缚之茧后，空前自在、全面地以文化的娱乐性方式表达出来。"① 甚至在娱乐匮乏的"文革"时期，人们也会反反复复看那二十几部革命样板戏去寻找乐趣，读少数能够读得到的枯燥的书籍。未必真心喜欢，除了政治文化因素之外，在某种程度上往往也是为了自娱自乐。当代信息量的膨胀与受众认知的盈余，都在激发受众对娱乐的需求，以伯明翰学派为代表的学界对此普遍持认同的态度。

娱乐不应被"妖魔化"，它不是低俗的同义词，只需要留意其触及的边界即可。波茨曼所担心的媒介娱乐乱象，除了有一部分商业至上的原因外，主要还是文化传播的创新性不足所致，缺乏吸引力，于是，部分节目转向用低俗手段去为继。中央电视台 2017 年 2 月 18 日首播的《朗读者》，节目每季12 期。王纪人评价其为："用印刷文化来救赎读图时代的图像文化，用精英文化来救赎已经普遍娱乐化的电视大众文化；用朗读的方式来重新唤起语言文字所具有的直击人心引人思考的审美力量。"② 不过，这显然不仅仅是印刷媒体的力量在扩大着节目的影响力。该节目先是通过采访，将嘉宾个人成长、情感体验、背景故事与传世佳作相融合，文字的内容加上现场人物的情感展示，仍属于具有娱乐性的电视节目，不过，节目的"度"处理得很好，"高"而不冷，使文学、情感、生命三者之美在电视媒体上展示得不做作、不疏离、不牵强。2016 年 12 月 29 日，在腾讯视频上线播出并于 2016 年 12 月 31 日

---

① 张开举，张进：《后现代文化娱乐化批判》，《哲学研究》2016 年第 7 期。
② 王纪人：《娱乐至死能否用文化救赎》，《解放日报》2017 年 3 月 2 日，第 9 版。

21 点 20 分在黑龙江卫视首播的《见字如面》，被赞为文化类节目的清流。而仅凭借一封信，是无法让受众有温度地进入时代节点，切实可感地触碰人物故事及其精神情怀之中的。节目首先是要当红明星读信，书信只是载体，通过演员的倾情出演，将一段段社会历史、名人往来、平常人的生活进行扫描与梳理。

此外，媒介技术发展以及娱乐元素的运用促成了文化的"祛魅性"。譬如说宗教或地方信俗文化，波茨曼纠结的是："我们在真正的宗教中看到的图像是以施展魔力为目的的，而不是为了娱乐……通过赋予事物魔力，我们可以获得神性，而通过娱乐，我们走得离神越来越远。"[①] 而事实上，宗教文化的传播中，龙泉寺"贤二"和尚就一直保持着亲和、幽默的形象传播佛教文化。2014 年，以贤二为人物形象的佛学漫画书《烦恼都是自找的》出版发行。2015 年 10 月 1 日，贤二机器人诞生。2015 年 10 月 3 日，贤二机器僧在广州动漫展上首次亮相。贤二机器僧形象呆萌、可爱，性格幽默善良。身高近60 厘米，身穿黄色僧袍，能讲经说法，能跳舞，能逗人开心，口头语为"我去问问我师父"。其背后由多家机器人与互联网公司提供技术支持，有着设备完善的机器人实验室、录音室、动画工作室。在自媒体空间，每天一段 2 分钟左右的童声语音，阅读量超 10 余万人次，一段生活情境描述，一段师傅的"好好说话"，几张贤二与信众的聊天互动截图。通过这个小和尚向师父、师兄学习过程中的经历与体悟，以纯公益的性质向受众传播文化信息。特别是互动环节，贤二的语言诙谐，机智逗趣，通过先进的媒介技术，把佛学中的思想以喜闻乐见的形式传播给受众。

三、展望："媒介隐喻论"的当代价值

波茨曼的思想在当代至少有四个方面的价值：一是对于媒介娱乐边界收放适度的警示作用；二是推崇深层次、冷静客观的阅读方式；三是他提醒了当代人视觉语言也有不足，文字传播自有其优势可见；四是意识到了媒介发展对文化的影响力。

其一，媒介要守住底线，不能陷入"唯娱乐"论的泥潭，对于娱乐边界的收放要适度。习近平总书记在我党的新闻舆论工作座谈会上曾指出，媒体

① 尼尔·波茨曼著，章艳译：《娱乐至死》，北京：中信出版社，2015 年，第 146 页。

信息应该做到"成风化人，凝心聚力"。① 在最后一章，波茨曼借赫胥黎的警告，对媒介提出思索。"他（赫胥黎）试图在《美丽新世界》中告诉我们，人们感到痛苦的不是他们用笑声代替了思考，而是他们不知道自己为什么笑以及为什么不再思考。"② 原本严肃的话语模式，加入娱乐元素就必然糟糕吗？在波茨曼看来的确如此，笔者虽不完全认同，不过，仍觉得其观点至少可以发挥一种在媒介文化发展中的警示作用。笔者在《闽台妈祖文化传播研究》中指出："一方面，大众传媒需要迎合观众的视觉、听觉的快感，必须舍弃一部分思想；另一方面，信息在从一种媒介转换到另一种媒介的时候，不可避免地会发生损耗。受众直接接受大众媒体所传递出来的媒介话处理之后的信息，难免会产生偏差……娱乐是大众传媒信息话语的文化意识形态，不管是什么内容，不论是何种阐释视角，大众传媒的本质都是在给受众提供娱乐。"③

凤凰卫视的时政类脱口秀《笑逐颜开》，主持人尉迟琳嘉以诙谐的风格，围绕着社会热点、时政变迁，谈笑风生，嬉笑怒骂，能唱能演，敢说敢玩。娱乐与严肃话题嵌入的毫无违和感。悬念的制造、理性与感性的融合、效果良好的互动机制等传播手段，也都可以弥合娱乐与文化结合的缝隙，使深邃的知识为受众所接受并理解。比如《中华汉字听写大会》（2015年）、《中国成语大会》（2016年）、《中国谜语大会》（2016年）、《中国诗词大会》（2016年）等原创性电视节目都有不错的收视效果，提升了传统文化的传承力。国家新闻出版广电总局颁布的所谓"限娱令"，这个民间称谓并不确切。娱乐本身没有错误，新闻出版广电总局的愿景的重点在于除了娱乐外，节目还有没有内涵。不低俗、不媚俗、不过度明星化，突显节目审美意趣。譬如由中国人民解放军空军政治部电视艺术中心和湖南卫视联合制作的《真正男子汉》，节目展示了军人硬朗的个性形象，符合国家意志与新闻出版广电总局精神。将国防教育与国家价值观融合一体，大体实现了将主流文化、流行文化、精英文化杂糅一处的收视高潮。

其二，波茨曼提出的"阐释时代"所推崇的深层次、冷静客观的阅读方式，仍具有很高的价值。理性阅读的重要性不因时代的变迁而弱化，这方面波茨曼的理解是有见地的。他说："面对印在纸上的句子，读者看见的是一些

---

① 李其芳：《要"成风化人"，不要"娱乐至死"》，《人民日报》2016年4月13日，第5版。

② 尼尔·波茨曼著，章艳译：《娱乐至死》，北京：中信出版社，2015年，第194页。

③ 吉峰：《闽台妈祖文化传播研究》，厦门：厦门大学出版社，2017年，第249页。

冷静的抽象符号，没有美感或归属感。所以，阅读从本质上来说是一件严肃的事情，当然也是一项理性的活动。"①纸质媒体在波茨曼看来，为读者提供了一个能够窥见外部世界的窗口，丰富了他们的认知。"书本一行一行、一页一页地把这个世界展示出来。在书本里，这个世界是严肃的，人们依据理性生活，通过富有逻辑的批评和其他方式不断地完善自己。"②这些关于深层次阅读的认知在今天同样弥足珍贵。

媒介的更新消解了信息获取的技术难度，特别是新媒介的出现，更是提升了文化信息的普及度、娱乐度。但是，传播内容思想深度的掌控仍需注意。正如汉娜·阿伦特所言："有很多过去的伟大作家经过了几个世纪的销声匿迹，如今又重新回到了人们的视野，但我们不知道，他们作品的娱乐版还能否留在人们心里。"③不难看到很多网民更喜欢接触 140 个字之间的微博信息与 3 分钟左右的视频资讯。碎片化的阅读方式，是否会使人的内心世界变得浮躁？缺乏深层阅读将不利于身处都市文明中的人们提高自身的素质和修养？这些是值得探讨和追踪关注的问题。

当然，新媒体阅读和传统媒体阅读不是谁会取代谁的关系，而是共同发展，相互叠加的关系。通过阅读微博，我们可以迅速了解市面上最新的图书讯息以及来自各种基于不同视角的书评，帮助我们快速甄别并挑选更适合自己品位和气质的图书。通过对来自多媒体的信息接收，受众进入了一个"全民评论"的时代，大家开始逐渐习惯阅读、习惯反思、习惯洞察并提出质疑。

其三，波茨曼对纸媒的推崇，也让我们意识到一个问题，视觉语言也有不足，文字传播自有其优势可见。"照片把世界表现为一个物体，而语言则把世界表现为一个概念……照片记录的是这些形形色色中的特例，而语言的作用则是使它们变得更加容易理解……照片表现的是事实，而不是关于这些事实的讨论或从这些事实中得出的结论。"④视觉语言与文字语言各有所长。文字擅长对观念和概念的理性归纳，却又不免受语境的限制；视觉语言对语境没有太多要求，可以跳出语境的限制，提供具体的描述性视觉信息，但对于内在、抽象抑或是无形的事物却又无力展示。视觉语言在推论性、深层次思想的传播上和文字语言还是有差距的，不如文字那样可以激发读者脑中原有

---

① 尼尔·波茨曼著，章艳译：《娱乐至死》，北京：中信出版社，2015 年，第 62 页。
② 尼尔·波茨曼著，章艳译：《娱乐至死》，北京：中信出版社，2015 年，第 76 页。
③ 尼尔·波茨曼著，章艳译：《娱乐至死》，北京：中信出版社，2015 年，第 148 页。
④ 尼尔·波茨曼著，章艳译：《娱乐至死》，北京：中信出版社，2015 年，第 89 页。

的知识储备，形成较强的推论性。

其四，波茨曼意识到了媒介发展对文化的影响力，这是有进步意义的。他认识到："虽然文化是语言的产物，但是每一种媒介都会对它进行再创造——从绘画到象形符号，从字母到电视。和语言一样，每一种媒介都为思考、表达思想和抒发情感的方式提供了新的定位，从而创造出独特的话语符号。"①传播介质的变化会对信息本身以及受众产生巨大的影响。恰如没有书籍的时代，人们依赖背诵，其间的疏漏在所难免。而媒介技术高速进步的今天，人们检索信息的路径更为便捷，记诵便显得不再那么必要。传统文化通过新媒介得以拓宽其展示平台，新科技在传播传统文化方面起到了推波助澜的作用。受众的生存理念与生活方式在传媒变革的时代在悄然发生着改变，而传统文化也被不断注入了新的时代活力。

第二节　实践探究：中华传统文化的娱乐化传播

本节以新媒体语境为言说背景，依托现代传播视角考察中华传统文化在娱乐化时代下的传播，从"文化价值言说、传播方式言说、传播效果言说"三个层面展开。首先阐明了中华传统文化在当今世界的传播意义，参照人类学家罗伯特·芮德菲尔德的"大传统和小传统"理论，认识当今中华传统文化传播多元化信仰世界的存在问题，先以儒学为例，着眼于大众儒学或者说是民间儒学维度这一传播主体。其次提出娱乐作为儒学传播的一种意识形态或者说是传播方式，作用于媒介化时代尤其是新媒体语境中的言说体系。同时，再从民俗视角列举了妈祖文化在当下的娱乐化传播。最后，对中华传统文化娱乐化现状进行了再思考，并从理论和实践角度指出应当规避的一些问题。

我们先以中华传统文化的中的儒家文化为例去梳理。原始的儒学②要通过《论语》、礼记中的《大学》《中庸》，还有《孟子》《荀子》这些儒家的经典来做整体性把握。如朱熹的《四书集注》更是需要被反复深入地研究。原始儒学反映了中国人传统思想资源里对宇宙天地根源的探究，在平凡中孕育伟大，在现实中寄寓理想。杜维明将儒学在现代社会的发展概括为三个阶段：

---

① 尼尔·波茨曼著，章艳译：《娱乐至死》，北京：中信出版社，2015年，第11页。

② 此提法引申自（张岱年、方克立：《中国文化概论》，北京：北京师范大学出版社，2004年，第246页。）书中提出"原始儒家"的概念。

从鸦片战争到五四运动是第一个阶段，原始儒学受到了西方哲学思想的冲击。第二个阶段是从五四运动到新中国成立，儒学在国内受到了前所未有的挑战，唐君毅称之为"花果飘零"。①第三个阶段是新中国建立之后至今，儒学的"灵根"漂洋过海，即开始了跨文化传播阶段，在日本、韩国、越南等世界各个角落开花结果，生机盎然。

当今的儒学更具时代特色，杜维明评价道："儒学是跨时代、跨文化、多学科、分层次的，儒学是没有教条的。"②儒学需要继续传承和发展，就要力求在当今世界的文化格局中不断提供新的精神资源，建构出多元化的传播模式。彭国翔指出："儒学作为价值信仰的一种类型，已进入全球意识。它不仅可以为中国、东亚地区的人士提供安身立命之道，亦有可能成为西方人士信仰方式的一种选择。"③2014 年，习近平总书记在北京大学与师生进行座谈时指出："中华文明绵延数千年，有其独特的价值体系。中华优秀传统文化已经成为中华民族的基因，植根在中国人内心，潜移默化影响着中国人的思想方式和行为方式。今天，我们提倡和弘扬社会主义核心价值观，必须从中汲取丰富营养，否则就不会有生命力和影响力。"④儒学成为当今的热门，儒学复兴是近几年涌现出的独特文化现象，国人对于传统文化有了新的认识，儒学的传播和普及面临着时代特性的考验，既要继续弘扬德与义、树立文化自觉意识、进取之心、重视人伦等儒学核心。还需要与时俱进，不断创新，不断地提炼出陈来所讲的"多元普遍性"⑤的文化价值观出来。

纵观近十几年来，有关儒学传承与推广方面的研究，零零星星的成果应当说不少，分为三种视角展开：

其一，回顾历史：儒学在不同历史时期的传播研究。如：刘光胜《战国时期儒学传播研究》(2007)、夏增民《儒学传播与汉魏六朝文化变迁》(2007)、于祥成《清代书院的儒学传播研究》(2012)、宋玉鹏《北魏时期的儒学传播》(2012)、夏增民《曹魏儒学之传播与分布格局》(2013)、杨洁

① 见其专著《中华人文与当今世界》的导言部分，"花果飘零及灵根自植"（唐君毅：《中华人文与当今世界》，台北：学生书局，1953 年）。
② 杜维明：《二十一世纪的儒学》，北京：中华书局，2014 年，第 3 页。
③ 彭国翔：《重建斯文：儒学与当今世界》，北京：北京大学出版社，2013 年，第 11、12 页。
④ 人民网：《习近平在北大历数中华文化中永不褪色的思想和理念》，http：//politics.people.com.cn/n/2014/0505/c1024-24975949.html，访问日期：2015 年 6 月 16 日。
⑤ 陈来著，瞿奎凤选编：《陈来儒学思想录：时代的回应和思考》，上海：华东师范大学出版社，2014 年，第 46 页。

《早期儒学传播研究》（2014）等。

其二，关照当下：现代社会视角下的儒学研究。在2004年的"传统儒学、现代儒学与中国现代化"学术研讨会上，就有部分论文涉及了这个领域。此外，有代表性的作品有：左康华《儒学传播实现路径研究》（2011）、杨翰卿《儒学生命力的深刻阐释——〈儒学的现代命运〉的一种理解》（2012）、张莹《中国传统文化的现代传播——以大众传媒上的"读经"为例》（2013）、蒋国保《儒学当代复兴及其路向》（2013）、李泽厚《儒学的现代重构》（2014）、王飞的《儒学的现代图景："世俗儒学"之路》（2015）等。

其三，宏观维度：从国学角度探讨中国传统文化的传承。如：卢毅《"整理国故运动"与国学研究的学科重建》（2004）、袁行霈《国学的当代形态与当代意义》（2008）、赵林《"国学热"的文化反思》（2009）、张贤敏《关于高校开设国学教育必修课的思考》（2011）、杜浩《国学，不是一种"生意"》（2014）等。

总体上看，学界多是从意义的角度诠释儒家思想在当今的状态，很少从传播学角度关注儒家思想在新媒体语境中的传承和发展，而对儒家思想在新媒体语境下的娱乐化传播作为一个整体予以深切关注的研究成果更属鲜见。

一、文化价值言说：如何认识当今传统文化的传播

葛兆光曾经在《古代中国文化讲义》中谈到古代中国宗教文化的两个信仰世界，他认为任何信仰都有学术和民间两个世界维度，抑或是可以用上层观念世界和下层观念世界来概括。这个提法与美国人类学家罗伯特·芮德菲尔德（Robert Redfield）提出的"大传统和小传统"的观点存在着某种程度的暗合。他在《农民社会与文化：人类学对文明的一种诠释》这本书里谈到这个著名的理论概念，他说："在某一种文明里面，总会存在着两个传统；其一是一个由为数很少的一些善于思考的人们创造出的一种大传统，其二是一个由为数很大的、但基本上是不会思考的人们创造出的一种小传统。大传统是在学堂或庙堂之内培育出来的，而小传统则是自发地萌发出来的，然后它就在它诞生的那些乡村社区的无知的群众的生活里摸爬滚打挣扎着持续下去。"[①]那么，儒学作为一种带有类宗教性质的精神文明，是否也具有葛兆光

---

① 罗伯特·芮德菲尔德，王莹译：《农民社会与文化：人类学对文明的一种诠释》，北京：中国社会科学出版社，2013年，第95页。

所言的两个信仰世界呢？或许说法没有统一，但是儒学存在多元化的信仰世界，这个认识倒是成为很多学者的共识。陈来讲儒学分为三种：学术儒学、文化儒学、民间儒学。① 杜维明也认为儒学是分层次的，有精英和民间两种不同状态下的儒学形态。以儒学的国际传播状况为例，并不是所有的外国人都能如美国的吉尔伯特·罗慈曼（Gilbert Rozman）、日本的中江藤树、林罗山、冈田武彦、佐藤一斋、贝原益轩、山崎暗斋，韩国的郑夏谷、李退溪、李栗谷等学者那样对儒学有着深度的关注和独到的学术见解。然而，儒家的精神元素毕竟在官方以及民间的推动之下，已经融入了国内外很多人的血脉之中。他们的儒学不是从研读经典得来的，而是在周围文化环境或是各类传播媒介的推广中潜移默化地吸收而得，宛如余英时讲的儒家"游魂"。恰如陈来所言："中华民族精神的历史发展，并不是学术研究层面独立发生作用，在相当程度上是靠人民群众通过各种媒介普及渠道所获得的文化信念与价值，在实践中坚持、信守、付诸行为……"② 日本人对工作有着一丝不苟的态度，连出租车司机在工作中都会戴着白色手套，如军人般正襟危坐。

在纪录片《寿司之神》中，全世界年纪最大的三星主厨日本小野二郎，终其半个多世纪的生命专注在制作寿司上面。他说："你必须要爱你的工作，你必须要和你的工作坠入爱河……即使到了我这个年纪，工作也还没有达到完美的程度……我会继续攀爬，试图爬到顶峰，但没人知道顶峰在哪里……"从这些日本人身上所体现的敬业精神，无非就是中国儒家传统"主敬"的文化内涵。综上可见，儒学传播的确存在着多元化的信仰世界。为了方便后面的阐述，本文基本上将儒学信仰世界分为两种：一个是学术研究层面的精英儒学世界，另一个是大众儒学或者叫民间儒学世界。

精英儒学世界通过新媒体的平台传播中华经典和资讯，譬如专门针对儒学传承的网页资源较为成型的如：中国儒学网、中国当代儒学网、国际儒学网、中华孔子学会网、中国孔子网、中国儒学网、儒家中国、儒学联合论坛、中国儒教网、华夏复兴网、中华孔子网、孔子2000网、儒学研究网、平和书院、云深书院、儒家邮报、中国儒网、曲阜儒者联合会、深圳孔圣堂、香港孔教学院、马来孔学研究会、德国儒学会、国家汉办网、孔子文化网、曲

---

① 陈来著，瞿奎凤选编：《陈来儒学思想录：时代的回应和思考》，上海：华东师范大学出版社，2014年，第2页。（代序）

② 陈来著，瞿奎凤选编：《陈来儒学思想录：时代的回应和思考》，上海：华东师范大学出版社，2014年，第204页。

阜国学院、中华文化标志城、孔子文化节、中国国学网、全球读经教育、中国儒风网、一耽学堂、百度儒学、MNS 儒学、网易儒学、腾讯儒学、雅虎儒学、搜狐儒学、Google 儒学、中国孟子网、光明网国学频道、中国朱子网、孔氏宗亲网、端木宗亲网、孔孟颜曾宗亲网、儒学百科全书网、传统文化网、原道、中国孔庙网、中国孔子基金会、中国儒商、国学新知、孔氏南宗家庙管理委员会、香港中华文化促进中心、新加坡南洋孔教会、马来西亚孔学研究会、孔子研究院、韩国成均馆大学、新加坡国立大学中文系、美国国际中国哲学会、四海孔子学院、国际儒家生态联盟、厦门大学宗教研究所、儒藏、天一国学启蒙、复旦大学儒学文化研究中心、中国人民大学孔子研究院、山东大学儒学高等研究院、武汉大学中国传统文化研究中心等。这些网站都有很大的信息储备资源，设置众多板块。经典作品、学术观点、专题热点等应有尽有，使得人们对儒学知识的检索十分便利。不少儒学网站设置了微信平台，用手机扫描二维码，受众便可快速便捷地关注网页信息。在新媒体语境中，这些传播路径和形式都迎合了当今大众对碎片化信息的接收习惯。让儒学的传播脱离了厚重、单一的纸质文本，变得更加便捷和灵活。

二、传播方式言说：娱乐作为传统文化传播的一种"意识形态"

儒学是国学①的核心，更值得将其放置在现代传媒时代的视野中去传承和发扬。从而使大众儒学或者叫民间儒学世界的传播更为生动。对于中国传统文化的传播，余秋雨曾提出过"枯燥文本"和"戏谑文本"的概念。所谓"戏谑文本"即："是幽默地进行了一种'解构'，让中国当代话语的官场化、模式化、骈文化趋向，受到了冲击。由此，也就启发大家可以把一切枯燥、艰涩的话题讲得轻松一点，有趣一点。"②此处的"戏谑"其实就是"娱乐"。虽然，余秋雨也注意到了这种娱乐形态下的文化文本可能会滋生着潜藏的学术问题。不过，他同时也承认了大众对这种文化传播方式的偏爱程度。因为比

① 所谓国学，也可以称之为中国传统经典、中国传统文化。就其内容涵盖范围来说尚有争议。章太炎将其分为五个门类：经学（《诗》《书》《礼》《易》《春秋》）；史学；子学（诸子百家）；文学（经史子集中的"集"）；小学（语言文字之学）。国学教育家张其成将国学的核心总结为"源"与"流"。其中的"源"，就是《易经》。"流"就是儒释道文化。曹胜高在《国学通论》中对国学的认识范畴更为宽泛，将经、史、子、集、儒、释、道、古典艺术、版本学、目录学、校勘学、文字学、音韵学、训诂学、天文地理学都笼统地算作国学范畴。

② 余秋雨：《北大授课：中华文化四十七讲》，北京：北京联合出版公司，2012 年，第 13 页。

起故纸堆里的"枯燥文本",添加了娱乐元素之后的文化信息,的确会以喜闻乐见的形态吸引着民间受众的关注。恰如《娱乐至死》的作者尼尔·波兹曼所说:"娱乐确实是一种思想体系,因为它带给我们一种新的生活方式以及一系列新的关系和观点。对于这一切我们没有表示同意,也没有表示反对,我们没有进行任何讨论,我们只能顺从。"[①]尼尔·波茨曼对娱乐化信息隐约担忧,不过作为一种现代传播的意识形态,娱乐元素显然已经在当今文化传播的过程中发挥了强大的作用。

无论是在传统的大众传媒抑或形态各异的新媒体之中,娱乐化信息自然而然地找到了最大的魅力展示空间。各种新媒体技术的出现,"不仅使娱乐的传播方式得以超身体、超自然、超时空,而且把先前各种地域性的、民俗性、季节性的娱乐内容普遍化、类同化、标准化……"[②]传统文化不再是需要人们皓首穷经才能体会的精英产品,而是以欢愉的传播形式,带给受众轻松的学习体验。意识形态是哲学概念,是源于社会存在而产生的一些观念、观点、价值观、思想等的有机整体。每一个社会历史阶段,都有着其特定的意识形态,作为一种形成共识或是产生大众某些想法的基础。当今的儒学面向大众的传播所面临的环境,是新媒体技术高速发展以及大众对娱乐元素的兴趣日益浓厚。于是,将儒学的娱乐化传播作为基于现实出发的指向性意识形态,是符合现阶段诸多实际情况的。

在纸质媒体的传播视域之内,国学文本自身在中国大陆的传播呈现小众的状态。国学教育家张其成曾统计了台湾和大陆在中学课本里出现的传统文化的含量,分别是 70%、40%。台湾的高中生必读书目中有一本《中华文化基本教材》,2013 年,这本书被在大陆的武汉市四所高中进行试行推广,效果并不理想,其内容的深度超出了大陆学生的文学功底。高校的情况也不乐观,除了中文专业的学生以外,完整读过一遍"四书""五经"的学生凤毛麟角,主动选修国学方面的公选课者寥寥。笔者和学生们谈及传统文化,发现不少人对中国传统文化大致包含哪些东西浑然不知,国内曾有哪些著名的国学大师更不清楚。对钱穆、梁启超、胡适等人的熟悉程度远远比不上对金秀贤、李敏镐演过哪部戏、哪位明星整过容、谁和谁又传出什么绯闻更有印象。

① 尼尔·波兹曼:《娱乐至死》,转引自刘畅:《传播:故事与思维》,广州:暨南大学出版社,2012 年,第 122、123 页。
② 蓝爱国:《好莱坞制造:娱乐艺术的力量》,银川:宁夏人民出版社,2007 年,第 11 页。

如何在这个极具娱乐精神的大众传媒时代去传播国学，前人并未留下可供参考的范本。传统书籍、课堂讲授式的国学传播"阐释时代"，已经顺其自然地向大众传媒所开创的"娱乐时代"让渡。"不苟言笑"的国学传播势必要在今后保持一个让观者看着舒服的"笑脸"。

早在 1987 年，日本信浓企画就开始筹备制作了动画作品《三国志》，耗时四年，其间还到中国大陆实地考察，1991 年制作完成，1992 年 1 月 25 日上映。被誉为最忠实原著的历史动画片，并荣获日本动画界最高荣誉——动画金座奖。台湾导演蔡志忠从 2003 年开始，相继拍摄了一系列含有传统文化元素的动画作品，算是不错的尝试。如 2003 年的《水浒传》《白蛇传》《鬼狐仙怪》《六朝怪谈》《孙子兵法》《韩非子说》《史记》《六祖坛经》《大学》《龙女》《孔子说》《孟子说》《中庸》《列子说》《禅说》《心经》《菜根谭》《世说新语》《封神榜》《老子说》《庄子说》《三国志》；2004 年的道家三部曲：《庄子说》《老子说》《道德经》；2006 年的《中国诸子百家》；2008 年的《星猫文化大讲堂民间传奇之龙女》《星猫文化大讲堂之名著故事》《星猫文化大讲堂民间传奇之白蛇传》《星猫文化大讲堂之文化故事》；2010 年的《快乐星猫水浒传》《星猫文化大讲堂民间传奇之封神榜》《五子说》。《老子说》有 50 集，《庄子说》长达 70 集，将国学原典中的一部分做了戏剧化处理，不能尽显文本中所有的精华。即便如此，还是在国学传播中增添了娱乐的成分，让学习国学的过程变得轻松有趣。

在数字电视的平台上，儒学娱乐化传播也是不断地被开发。2007 年 9 月 22 日，由山东电视台打造的大型文化栏目《新杏坛》开播，邀请台湾大学的傅佩荣教授、美国的杜维明教授、山东大学颜炳罡、张金光、丁冠之教授、孔子研究院副院长孔祥林等以"孔子九讲"作为开篇，围绕为官、为师、交友、情趣、修养、贫富、孝情等多个角度，对孔子思想进行梳理和阐发，汇集儒学思想精粹。2015 年 5 月 31 日，学者蒙曼从诗的角度来漫谈中国人的衣食住行，节目中蒙曼教授和主持人魏新以闲话家常的状态去畅谈中国文化。6 月 7 日，蒙曼谈酒与中国文化的关联。在 6 月 14 日节目中，她再次从茶的角度作为切入点，开篇从文字的"茶"讲起。她认为其实"如火如荼"中的"荼"字，最早就是指"茶"，而且连读音都是读"chá"。她开玩笑说，如果今天有人把"荼"字读成了"茶"，其实按照古音也是正确的，顶多说明他是从古代穿越过来的。再如"茗""蔎""槚"都表示"茶"的意思，据说贾宝玉当年喝茶就可以叫作"喝槚"。2010 年 9 月 11 号，推出系列节目《纪连海趣话节日》，该节目用娱乐化的语言对中国传统文化知识进行包装，点评中华传统文化中的趣谈。节目组还在线下创办了一个观众俱乐部，俱乐部会员两万余人，大家分属 78 个分支俱乐部。聘请赵启正、吴建民、傅佩荣、刘灿梁、于丹、韩毓海、钱文忠、易中天、马瑞芳、纪连海、张望朝、李里等专家，用娱乐化方式将儒学带到民众的生活之中。

2009 年 7 月 25 日，中央电视台的《开心学国学》节目开播，这档节目作为当时《开心辞典》暑假特别节目，聘请了文化名人季羡林为顾问。参加节目的选手来自杭州、北京、港澳台、武汉、重庆、西安这六个大的赛区，选手事先要参与选拔。主题歌《龙文》极具中国风，还成了 2010 年央视春晚的节目，由谭晶和陈奕迅共同演唱。《开心学国学》的另一个看点还在于：本次比赛最后胜出的前九名选手，可获得在北京大学国学班免试免费入学两年的资格，考试合格后便能得到学位；而总冠军则有资格作为中国文化中心的代言人。该节目的运作颇具娱乐精神，对观众有着很强的吸引力。

还有 2001 年 7 月 9 日中央电视台开播的《百家讲坛》、2007 年 11 月 17 日黄河电视台民生频道的《黄河讲堂》、2014 年 1 月开播的甘肃卫视的《大国文化》、2014 年 7 月 20 日开播的江西卫视的国学知识竞答类节目《挑战文化名人》，选题囊括国学的历史、民俗、礼仪、文学、戏曲、书画等方面。每期 70 多分钟，草根选手与国内知名文化人对决。从首播至今，已经邀请了蒙曼、纪连海、阿忆、康震、郦波等名人参与。在紧张刺激的氛围中，草根与精英站在同一高度，去探求国学的真谛，展示了传统文化的魅力；2012 年 4 月 21 日河北电视台科学教育频道的《燕赵大讲堂》、湖北电视台的《荆楚讲堂》等。

马克斯·韦伯曾讲过一个词叫作"祛魅"，就是消解知识和文化上的神秘性。在新媒体语境之下，儒学娱乐化正是做到了儒学面向大众传播的"祛魅"效应，娱乐元素使得儒学信息变得更加有趣，面容亲切。此外，山东卫视 2004 年 7 月开播的《天下父母》、中央电视台 2002 年开播的《感动中国》等节目，从孝道层面展示了儒家文化。还有 2012 年 12 月 9 日，武汉电视台开播的《问津国学》；2014 年 1 月，甘肃卫视一档综艺益智国学节目《大国文化》。2015 年 5 月 15 日，河南卫视的《文学英雄》开播，根据导演组的周旋介绍[①]，该节目以"向经典文学作品致敬"为主旨，内容涉及诗经、唐诗、宋

---

① 该信息是作者通过电话采访河南卫视的周旋导演而得来。

词、四大名著、神话传说及爱情小说等十三部文学经典。邀请演艺界和文化、文学界名人（张晓龙、蔡崇达、柯蓝、张晓晗、蒋方舟、李乃文、吴樾、李承鹏等）参与，嘉宾亲临这些文化经典相关的地方去体验，之后根据一天的感受，嘉宾现场阐述对经典的理解，作家即时地进行创作，由搭档的明星演说发布，再进行表演等。

娱乐化时代下，人们找到了如何将以儒学为代表的中国传统文化向大众普及的渠道和方式，新媒体的出现更是为儒学和现代人之间搭起了一道对接的平台，使儒学的门槛大大降低。在微信公众号搜索"儒学"字样，就会查到相关的儒学微信公众平台：腾讯儒学、志仁儒学、国际儒学联合会、儒学讲堂、民间儒学心灯、孔子研究院儒学会馆、儒学堂、古香轩儒学四书论语妙义、世界儒学大会、宁波弘儒学堂、孟子儒学、广石头新儒学堂、儒学领导力、青春儒学、中国当代儒学网、哈美儒学幼儿园加盟、百家讲坛——儒学文化、儒学动态、德美儒学、九间棚乡村儒学院、儒学艺术培训、上海儒学、太原市儒学促进会、潍坊弘儒学堂、儒风大家、新国家新儒学、孔子像、儒学之窗、哈美儒学教育、儒学与古典型论坛、圣儒学堂学习平台、净宽儒学茶社、大美儒学、儒学世家、大学生儒学社、儒学茶座、剑侠儒学文化、乡村儒学、尚儒学堂、龙朔儒学、儒学馆、儒学你我……这些儒学微信平台大都是通过娱乐的形式去普及儒学，用美文、美图去传播儒学思想，传播方式轻松活泼。有很强的去学术化特征，主要面向普通的大众。

譬如德美儒学微信平台的《活着，就是一份品尝》《无声的尊重》《不是路已到尽头，而是该转弯了》；腾讯儒学微信平台的《幸福感诞生于"礼"的存在》；儒学艺术培训微信平台的《世界这么大，我们一起去看看吧！》；新国家新儒学微信平台在2015年6月18日发布的《孔子萌萌哒，约孔子》，播出卢广仲的MV《哈喽，孔子》，歌词很有娱乐精神和时代感："昨天晚上梦见孔子环游世界，他来到你家和我家的中间。我买了杯咖啡，跑去找他聊天。他说你可以坐在我旁边，孔子穿着球鞋。做人任重而道远，他坚持的理念要用一生去实现。态度应该正确，用爱心去磨炼。君子是一步一步走向完美，他说孝顺不只是给钱。说话要真诚，还要爱你身边的人。认识孔子以后我变得超级正面……"有些微信平台更新信息的速度很快，如：新国学新儒家微信平台每天平均更新5—6条信息，图文并茂；腾讯微信平台每天平均更新3条信息。懒人学国学微信平台每天更新4条。

三、传播效果言说：对传统文化娱乐化传播的再思考

当今儒学传播以娱乐为其传播"意识形态"因子，在多个平台展开文化传播，这些对认识儒学，甚至是更具体更专业的精英儒学和大众儒学或民间儒学，都大有裨益。这一意义在传播效果层面表现在两方面。

其一，快乐与意义并存。2014 年 7 月 24 日，甘肃卫视一档综艺益智国学节目《大国文化》中，节目主打郭德纲的"郭氏国学"。主持人保留了其插科打诨的诙谐风格，在以相声段子的形式介绍国学的桥段，基本符合传统文化实际情况。节目每一期设定一个传统文化关键词，例如第一期的"吃文化"、第二期的"酒文化"。再如播放一段《甄嬛传》片段，进而提出片中所谓的"椒房之宠"中的"椒"指的是哪种椒。三个选项分别为：胡椒、花椒和辣椒。主持人郭德纲解读：辣椒原产地墨西哥，胡椒的"胡"字，也暗示了其产地为番邦，是外来之物，据说是郑和下西洋的时候带回到国内的。唯独花椒，从我国汉代开始就存在。用花椒和泥，给娘娘的住宅抹墙，有淡淡的香味。花椒还有多子多福的寓意。此外，花椒在古代还有辟邪的作用。主持人和嘉宾之间，时而调侃，时而针锋相对，的确给枯燥的国学内容赋予了快乐的元素，该节目已经获得较为扎实的观众基础。

今天，儒学知识以化整为零的篇幅被传媒所解构，再以碎片化的方式传播出来。早在 1987 年，日本信浓企画耗时四年拍摄了历史动画片《三国志》。该片在 1992 年 1 月 25 日正式上映，一举拿下日本动画界动画金座奖，堪称业界最高奖项，在内容上，最大限度地保持了对原著的忠实。快乐与意义并存是儒学娱乐化传播的最理想化目标和宗旨。主持人孟非曾经对"不孝有三，无后为大。舜不告而娶，为无后也。君子以为犹告也"（《孟子·离娄上》）进行了自己的阐释，被许多网友截图在微博上热议。孟非认为孟子的这句话里的"无后"指的并非是通常人们理解的没有孩子。而是指没人尽到作为晚辈应该对老人尽到的义务。[①] 暂且不谈对于这句话理解在学术层面是否讲得通，单就一种对经典文本的多元化阐释，也是有一定意义的，起码在视域上拓展了大众对儒学原著文本的不同认识。

其二，"有魅力的曲解"。黄俊杰在《假装在娱乐：被掩饰的焦点和不加掩饰的自渎》中说："娱乐化有七种武器：八卦、解构、恶搞、戏仿、无厘头、

---

① 此观点与方勇译注的《孟子》（北京：中华书局，2010 年，第 147 页）中的观点不符，该书认为："不孝顺的事情有三种，其中尤其以没有子嗣为最重大。"

冷笑话、自我矮化。似乎世界上已经没有不能娱乐化的事物。"①好莱坞就是通过娱乐化传播手段将美国文化模式成功地推向全世界，这些娱乐手段包括视觉盛宴、奇观叙事方针、大片情结、暴力美学以及面向全方位的市场策略等。学术界对于娱乐化传播一直有一种担忧，恰如赖黎捷所言："极尽刺激感官之能事，一味地迎合观众的本能欲望，制造了轰轰烈烈的媒体奇观，产生了剧烈的社会震荡效应……我们是否已经踏上了尼尔·波茨曼所言的'娱乐至死'的不归路？"②再如吴文科所言："阅读被视听替代，经典被流行覆盖；审美被娱乐冲淡，思考被狂欢置换；大师被明星淹没，传统被时尚逐灭。精神生活原本高格尊贵的理想情怀，正被现实社会喧嚣浮泛的消费刺激摧毁。"③而对于儒学娱乐化传播更有可能出现一种情况，姑且可以称之为"有魅力的曲解"。④明代李介有句话"不核实以证误，而反曲解以就舛"（《天香阁随笔》），这里就提到了"曲解"。此处对该词是持有否定的含义。然而作为一种修辞手法，适度的曲解还可以达到反讽的目的，营造出一种幽默的语境。譬如易中天在央视《百家讲坛》讲《品三国》时称："曹操对各路诸侯说：'现在是灭董卓的最好时机——董卓已经把洛阳烧掉了，还劫持了皇帝，基本可以把他定位为恐怖组织了。'"；郭德纲在节目中讲述王昭君的时候说："王昭君，为安抚北匈奴，出去和番。走在大漠里面，心里很难过，于是就把自己的琵琶拿起来了，坐在马上边走边唱：'你是我的小呀小苹果。'"

对于一些针对儒学文化做部分现代化拼接处理手法，还是应该辩证地看到其中的优点。娱乐为手段，传播儒学知识为目的。某些情节的虚构或是细节场景的营造，总归是并无恶意，也让儒学对于大众而言，多了一份亲和力。于是，这种曲解还称得上是有魅力的。传播媒介传播文化信息的时候，会或多或少地对文本的话语结构进行某些包装，譬如易中天的"麻辣式"讲解，那是他个人的风格体现，但是更多的还是为了对媒体受众接受趣味所做的一种迎合策略罢了，好处是让更多的大众关注了中国传统文化。做法不见得要鼓励，但是也情有可原。然而，前些年网络热炒的一位学者公开表示："佛字，就是一个'亻'加上一个'弗'，如果把弗反过来就是美元的'$'，所以佛

---

① 《不明觉厉》（《新周刊》2013年度佳作），桂林：漓江出版社，2014年，第117页。

② 赖黎捷等：《媒体奇观视域下的中国电视娱乐文化转型研究》，广州：暨南大学出版社，2013年，第226页。

③ 吴文科：《为文化娱乐三辩，误将通俗当低俗》，《人民日报》，2010年10月14日。

④ 余秋雨：《北大授课：中华文化四十七讲》，北京：北京联合出版公司，2012年版，第12页。

也爱钱。"这种观点乏善可陈，牵强生硬地对传统文化进行拼接和黏合。曲解到如此地步，何谈魅力？如果把四大名著粗浅地概括为：《红楼梦》是一个男人和一群女人的故事；《水浒传》是三个女人和一群男人的故事；《西游记》是一个男人和三个动物的故事；《三国演义》一群男人的故事。如此传播国学，对中国传统文化精神价值的重构弊端不小。2006 年，网络红人"国学辣妹"的出现纯属是打着国学的旗号走色情、恶搞的路线。她声称自己是白居易第 53 代传人，发表一系列放荡不羁的言论，亵渎传统文化形象。这种传播，有比没有更可怕，弊端不小。

此外，任何文本在被改编之后出现在影视剧中，在内容上会有很多变化。若是从未读过原著的人，怕是会对改编后的影视作品深信不疑。譬如大陆 2005 年版的电视剧《京华烟云》，其内容与林语堂的原著已有很大差异。仔细分析原著和电视剧中改编后的内容，笔者在粗略对比后，至少可以发现 11 处较大的不同，甚至连原著的结局和贯穿始终的故事主线都有天壤之别。2010 年上映的电影《孔子》，随后就有人撰文提出多处认为不合乎史实之处，如：颜回不老的传说（人物形象）、孔子原来是孔明？（移花接木）、孔子说"给个话啊"（现代语言）、春秋战争的规模（规模夸大）、颜回舍生救书（艺术加工）、"子见南子"的暧昧（保守与开明的影像处理）、卫灵公问政①（对话人物的嫁接）。可见，儒学娱乐化传播也要量力而行。不过，将儒学文化娱乐化的方式还是积累了不少成功经验的，儒学原著的内容对大多数普通受众而言存在信息接受障碍，而媒体介入后的儒学门槛变低。譬如韩国的电视剧《大长今》（2003）、中国的电影《白银帝国》（2009）、电视剧《胡雪岩》（1996）、《大清药王》（2002）、《乔家大院》（2006）等都成功地将儒学文化思想融合进故事之中，同时也取得了上佳的收视率。

综上所述，娱乐化时代之下，无论是传统媒体还是新媒体，毫无疑问地都崇尚娱乐，这毕竟是现代信息传播的一种行之有效的传播方式。目前来看，其传播效果可圈可点。根据联合国教科文组织对新媒体下的界定："以数字技术为基础，以网络为载体进行信息传播的媒介。"②新媒体语境作为娱乐与儒学传播的当下语境，应被赋予更大的关注度和传播力。因为新媒体传播的信

---

① 原著是孔子与冉有的对话，影片中改为孔子与卫灵公。

② 新媒体，http://baike.baidu.com/link?url=M1KpYqzN1LDg8vtsD4cqUu9pAKStyqhBldu4i93vv1PzEGVVoiSnU-hElRl-UE-SSxnGWPuebbuHkDz0F71kTSgBfk8VyAHxLXhXrUxsxcS，访问日期：2015 年 6 月 25 日。

息容量大、个性化、共享化、即时性、社群性、交互性与超文本链接性等多种特性都会满足了现代人对信息、娱乐以及互动式表达的需求，对当今社会的儒学传播发展大有裨益。儒学娱乐化传播本身并不是多严重的问题，而最核心的问题在于如何控制好娱乐与内容意义的并存。快乐和知识并非一定是此消彼长的过程，否则，古罗马诗人、文艺理论家贺拉斯也不会在其著作《诗艺》中提出"寓教于乐"的观点。给受众带来乐趣，的确对他们接受信息有好处。相信在新媒体的语境中，儒学娱乐化传播无论是在传播的速度、广度以及深度上，都会不断有所提升，欢愉的传播形式和儒学的精神内涵绝非不能并生互融、两全其美。

四、民俗视角：妈祖文化传播的娱乐化阐释与想象研究

作为中华优秀传统文化的一部分，妈祖文化精神是妈祖民间信仰的基础，从妈祖生平事迹、民间传说中所表现出来的道德、情感、行为的一种集中体现，是被海内外众多妈祖信众以及历代官方所认可和推崇的文化道德体系。妈祖文化历来牵系着海峡两岸同胞和海外侨胞的心，尤其成为大陆与台湾文化交流的重要桥梁和纽带，具有重要的政治意义。同时，有效传播妈祖文化也势必会促进大陆经济建设的良性循环发展。以丰富多元化的娱乐形态传播妈祖文化是行之有效的一种方式。2010 年湄洲岛举办了纪念妈祖诞辰 1050 周年的大型系列活动，央视在活动期间举办了一场以"和平颂"为主题的大型晚会。虽说像央视这种国家媒体在娱乐精神方面突破有限，不过，在其宏大、严肃的"民族根""同胞爱""华夏情"等主题篇章之中，也不乏出现极具娱乐精神和生活情趣的活动，以提升节目的可视性。比如组织 525 对新婚、铜婚、银婚、金婚、钻石婚夫妻共 1050 人，象征着妈祖诞辰的数字"1050"，在"妈祖"娘娘的庇佑之下，共同见证他们的"执子之手，与子偕老"。

妈祖文化传统中的出游、阵头等祭祀活动，本身就包含大量娱乐表演的成分。2012 年 2 月 26 日，台湾、东山、厦门三地联手举办"两岸妈祖文化交流感恩联欢晚会"，展示了有特色的歌仔戏、南音、铁技木偶等表演。不管我们承认与否，"娱乐"成了大部分信息传递的一种行之有效的价值尺度和传播技巧，通过娱乐手法浸润、塑型之后的妈祖文化信息，对普通民众而言更加具有现实贴近性。

2010 年开拍并于 2013 年播出的 38 集电视剧《妈祖》，成为继 2006 年的台湾台视制作的《天上圣母妈祖》、2007 年 6 集越剧电视剧《妈祖》以及

2008 年电视剧《怀玉传奇——千金妈祖》之后，大陆地区首次推出的有关妈祖题材的电视剧力作。编剧将妈祖在这部剧中塑造成一个活泼好动、善良热情的邻家女孩形象，妈祖成神之后口吐流利的英文，更彰显了这部剧的娱乐精神，契合了当下民众的娱乐取向。在这部电视剧里，妈祖救了几个外国人，外国人表示了对妈祖的感谢，她回答："You're welcome"，外国人惊讶道："妈祖，你会我们的语言？"妈祖淡定地说："Just a little，good luck to you." 当然对这部分情节，该剧的导演路奇是这样解释的：妈祖是一个国际上公认的圣母，不要说是英语，她还很可能会说法语、德语、葡萄牙语。这部电视剧后来被网友戏称为逆天神剧，更有把妈祖干脆奉为英语四六级考神的。无论世人怎样调侃这部电视剧，它都毕竟获得了人们的广泛关注，获得第 29 届中国电视剧"飞天奖"长篇电视剧二等奖。虽说这一设计遭到了部分观众的质疑，但是有质疑也恰恰说明其关注度的提升。

2013 年 5 月，计划投入 3000 万元人民币的电影《台北来信》正式开拍，多处取景地设在妈祖文化的圣地湄洲岛和贤良港。2014 年 4 月 5 日，由东南卫视直播，海峡两岸联手打造的大型电视晚会《妈祖之光，在我心中》在台湾台中市大甲体育场举行。这台晚会作为 2014 年大甲镇澜宫妈祖 9 天 8 夜绕境活动的一个序幕正式拉开。同时，百集全球妈祖宫庙系列专题片《天下妈祖》也借助这台晚会举办了开机仪式。通过电视即时、形象、便捷的信息传播，最大范围地强化妈祖文化在受众心中的印象。电视所开启的大众娱乐传媒平台重新塑造了一个妈祖文化传播的娱乐化叙事时代。

2014 年 6 月 3 日和 26 日，天津卫视播放了两部每集时长近十分钟的短片《<拾遗·保护>之<妈祖>第一集 海昇神韵》和《<拾遗·保护>之<妈祖>第二集 海神妈祖》。以动态的形式，从历时性的角度介绍妈祖文化的源头、发展及演变。2014 年 7 月，中国教育频道开播短片《话说民俗：妈祖——航海者的保护神》。大众传媒无疑在感官刺激和满足受众层面彰显了极致的效果。传统实物和书籍等媒介的线性传播被向各个方向无限延展，僵死的叙事流程变得活灵活现。妈祖文化本身所具有或者说是能被开发出来的娱乐潜质得以释放，尽管其释放程度还不充分，但是也已经显现出潜藏的巨大能量。现代技术手段使得耳熟能详的神话故事变得更加富有形象感，包括色彩、光线、音乐、虚拟的镜头再现、拼接的画面、现场的真实还原以及各种煽情的语言描写。被娱乐元素包装之后的妈祖文化构成了一个崭新的神话样式重新出现在观众视线之中。

2014 年 4 月 22 日，湄洲妈祖庙在天后广场举行春祭妈祖。除了仪式型的挂平安灯、升幡、宴桌展示等活动之外，娱乐形态的介入自然必不可少。如：拜妈祖莆仙话专题晚会、各种民俗表演、乐舞等。这些活动通过现场的组织传播及群体传播方式，对来自 1500 多家海内外妈祖宫庙的二十多万人次进行了妈祖文化的熏陶。此次参加活动的千人以上的进香团有 10 余个，其中人数最多的甚至达到了 3200 人。2014 年 7 月 7 号，在"中华妈祖网"上发布了一段视频，名字叫作《＜宝岛神很大＞之神明来讲古——北港妈祖专属暖寿派对》。卡通的神话形象围绕台湾北港的乡亲每年都会提早为妈祖过生日这件事娓娓道来，知识性、趣味性兼具的娱乐传播方式，远比文字介绍有更好的普及效果。大众媒体保持着一成不变的笑脸，为受众展示着具有娱乐元素的产品。人们接受大众传媒节目资源的目的，绝大多数不是为了单纯地接受教育。从施拉姆早期传播学著作《传播学概论》开始至今，所有的传播学类通识读物在探讨传播社会功能的部分，都无一例外地介绍甚至强调了传播的娱乐功能。妈祖文化在娱乐化时代下能持续保持其传播的活力，从历时性角度考量后不难发现，这个过程与娱乐因素的传播介入不无关系。

图 1-1：为阵头，妈祖祭祀活动中的"八家将"表演（2014 年 3 月 16 日拍摄于台湾鹿港玻璃天后官）

"媒体奇观"原是美国学者道格拉斯·凯尔纳在法国国际境遇主义运动者盖·德堡所提出的"奇观社会"（the society of spectacle）的基础之上提出来

的概念。这个概念是凯尔纳从诊断式批评的方式剖析当代社会上的各种现象，抑或是所谓的"奇观现象"。譬如 2014 年泰国局势动荡的政治文化奇观；巴西世界杯德国对战巴西的 7 ∶ 1 虐杀后所产生的世界范围性关注的体育文化奇观；以及 2013 年风靡亚洲的韩国电视连续剧《来自星星的你》成功营造出来的电视文化奇观，甚至带动了啤酒、炸鸡行业的火爆。此种媒介奇观的文化符号以批量规模生产，又以整合营销的方式，在最有限的时间内迅速膨胀。以极低的成本投入，获得了最大化收益。使抽象的文化意识形态得以具象，并且也为大众提供了意义及流行话语的审美享受。营造文化奇观的思路已经不知不觉、切切实实地凸显在社会生活的各个领域之中，不论其所承受的评价是褒还是贬。

　　作为中华优秀传统文化的一部分，妈祖文化从本质上来讲，其先天的根基建立在民间妈祖宗教信仰的基础之上，后天又受儒、释、道三种文化的沁浸，逐渐形成一种具有普世性质的中国传统文化精髓的一部分。纵然"媒介奇观"这一概念具有社会学层面的批判性，但是仅从传播传统文化精华这一角度而言，至少在想象的维度，有意将妈祖文化塑造成为一种传媒技术之下的社会传播奇观倒也无可厚非。妈祖（林默娘）是宋代湄洲岛上的真实人物，年纪轻轻就香消玉殒。普通民众通过宗教的形式将其精神传承下来，并一度得到官方的认可。抽象的精神得以传播和延续，是绝对缺不了物质形态和娱乐形态支持的。妈祖舞、妈祖乐、妈祖操、妈祖剧、妈祖故事动漫如《海之传说——妈祖》等新颖活泼的文化产品，正在试图形成这个时代最有影响的一股文化势力，抢夺媒介资源和受众的关注。娱乐元素还催生出一些如 Q 版妈祖 logo 的文化产物，反过来这些文化产业链的形成也支撑着媒介奇观下的妈祖文化的广泛传播。

　　在一个信息资源高度饱和的时代，想要成功地将文化信息在短时间内成为聚焦话题并不容易，营造出一种备受关注的媒体奇观，少不了前期的精心策划和仔细实施。妈祖文化所散发出来的极具正能量的信息不能像政治、纯娱乐信息那样劲爆或是无厘头。可操作的路径是透过一系列这一主题的影视作品、主题公园、电子游戏、文娱节目等相关文化产品及形式进入社会、经济、生活的各个领域，同时创造出妈祖文化的网络传播和信息交流空间。不必担心严肃的文化形态会渐渐为了取悦观众而变得庸俗。事实上，文化在不同的历史阶段，难免都会受媒介技术、社会环境、经济状况等复杂因素的影响而发生量变甚至质变。就像佛教从印度传至中国，其神话色彩被无限放大，从"佛曰：不可说"的只可意会不可言传的原始传播意识形态，过渡到著书立说，用形象、直观的讲经等做法以广泛地适应当地的文化氛围，逐渐形成了佛教在中国的各个派别。

时至今日，无论说是要积极营造妈祖文化的媒体奇观也好，抑或说炒作也罢，都应该以更宽泛、包容的心态对待这些想法和做法的合理成分。即便是妈祖文化也需要营造自己的传播奇观，只不过这种文化奇观的搭建并不是要走低俗路线，只是借助现代传媒时代的各种便利，有意识地去寻找可能引发关注的热点去积极运作而已，一旦促成了一个强劲的关注点，便会不断复制这种奇观的生成。这是时代促进了这种现象的产生，从此种角度而言，适当地"炒作"，对于妈祖文化本身的发展未必是坏事。

妈祖文化在娱乐阐释之后的传播在近五年间俨然形成了一种范式，其实体在娱乐化阐释下孕育着勃勃生机。在此基础之上，企望营造出妈祖文化在大众媒介上的传播热点，形成话题和关注点也是可以大胆探索的文化传播发展思路。当然，妈祖文化传播不能偏离健康的发展轨道，娱乐功能固然是满足大众需要的一种诱因，但是不能偏废其他，造成文化传播功能性的缺失的不良影响。因此，我们以后更应该在对妈祖文化加以整体分析考量的基础上，较为精细地探求如何在娱乐时代打造妈祖文化品牌，拓展妈祖文化的关注度。

综上所述，娱乐时代之下，大众传媒将娱乐精神推向极致，似乎无所不"娱"，一切皆可"乐"。无论是儒学还是妈祖文化，传统文化娱乐化传播本身并不是问题，问题的关键在于大众传媒能否控制住"快乐"与"意义"相融共生的"度"。传统文化和娱乐并非此消彼长的博弈，随着传媒技巧的成熟，活泼娱乐的形式与深刻的传统文化内涵兼容绝非一概不能两全。所以，有必要做进一步的理论和实践探索。

第二章　范式之思：中华传统文化内涵的通俗演绎

2017 年 1 月 25 日，中共中央办公厅、国务院办公厅印发了《关于实施中华优秀传统文化传承发展工程的意见》中提到，文化是民族的血脉，是人民的精神家园，要"坚持创造性转化、创新性发展"。如何进行传统文化的"双创"，是当代文化学者们亟待思考和解决的现实问题。十九大报告指出："深入挖掘中华优秀传统文化蕴含的思想观念、人文精神、道德规范，结合时代要求继承创新，让中华文化展现出永久魅力和时代风采。"[①] 就此而论，如何在保证不失传统文化原汁原味的基础之上，降低大众对于传统文化接受的"门槛"，使得传统文化能够以相对通俗化的方式进行有效演绎，显得十分重要与必要。本章主要以舞台剧本《三菩提》作为个案，从人物设定、叙事设定和风格设定三个层面，剖析其对中华传统文化中儒、释、道文化内涵的通俗化诠释及其传播技巧，借以从一个小的侧面，探讨中华传统文化在当代的传播方式与策略。

《三菩提》是广西师范大学出版社于 2013 年 10 月出版的一本小册子，呈现出一场完整的舞台剧。全剧共分为七幕："徐甲悟道""如来真言""曾参受命""儒门辩答""因果悖论""中心我执""三三归一"。虚拟了一场若有实无、虚实相生的三菩提大法会。时间背景定格在了公元前 489 年。那么，在华夏土地之上，这一年的确是多事之秋。到底发生了哪些事件呢？以表格形式简要罗列主要事件如下：

序号	事件
1	齐国内乱，国氏与高氏遭到陈氏、鲍氏合力驱逐。
2	孔子绝粮陈、蔡，处境艰难。返回卫国的途中，又受到隐者的规劝与奚落。
3	吴国讨伐陈国，楚国参战救陈国。

---

① 习近平：《决胜全面建成小康社会夺取新时代中国特色社会主义伟大胜利——在中国共产党第十九次全国代表大会上的报告》，北京：人民出版社，2017 年，第 42 页。

4	吴王夫差借齐景公去世之际攻打齐国，大败齐军。
5	年仅 17 岁的曾子，师从孔子。
6	中山国在内忧外患、屡受侵扰后，最终国灭。
7	孔子受到楚昭王的邀请前去讲学，遭到陈国百姓的反对，将其困在南坛湖的小岛之上。
8	孔子与楚国军事家、政治家叶公会面，并得到礼遇和重用。
9	越王勾践在吴国三年奴役期满，回到越国。
10	吴国先后来攻陈、鲁两国，大兴土木，开凿邗沟，以作为下一轮军事进攻的基础。
11	晋国灭了鲜虞国。

表 2-1

恰如《三菩提》剧本第一幕中徐甲所言："周天子成了一个摆设，诸侯们疯狂地打打杀杀，争当霸主，无数的百姓随时病死、饿死，到处发生人吃人的惨剧。"[①] 当时社会环境的复杂与时政的混乱，使得儒、道文化式微。而计划东渡弘法的佛教在印度本土也羁绊重重。儒、释、道三种文化内部的圣贤们内心有着种种无奈与困惑。在此种情况之下，《三菩提》假定了一场如此旷古烁今的大法会，烘托出舞台艺术的表现力，通过三圣三贤在观点上的交锋与杂糅，去弊澄明对很多传统文化问题进行了澄清与理顺，便于受众在最短的时间内分疏出儒、释、道文化的精髓所在。

就文本的构思而言，舞台剧本《三菩提》在人物选择、叙事思想及视角设定、传播语境层面都做了灵心妙运的构思，也为受众提供了新鲜的感官体验。人物方面，避繁就简地设定为儒、释、道的三圣与三贤。叙述思想和视角上，侧重对三种文化的彼此认证进行阐发。为了让传统文化有效地传播，该剧的文本还运用了现代话语模式，使受众熟悉传播语境，便于理解传播内容。通过对文本的解读，剖析因果并阐释出中国传统文化当代传播的一种通俗化传播范式。

---

① 泽英：《三菩提》，桂林：广西师范大学出版社，2013 年，第 5 页。

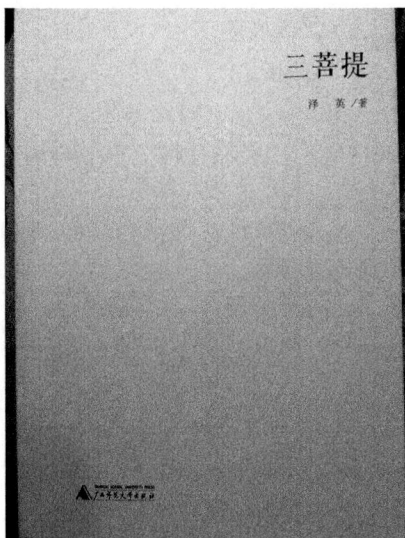

图 2-1：广西师范大学出版社 2013 年版《三菩提》

第一节　人物设定：人物聚焦之三圣与三贤

在构思一场虚拟的三大文化学派大法会之前，首要任务考虑的是对儒、释、道关键文化人物的聚焦。如此，才可以使人物关系明晰，思维脉络清楚，起到画龙点睛之传播效果。儒、释、道三家文化的代表人物纷纭众多，其中各家文化中的学说内部又往往多有细微之差异。道家学派代表人物老子、列子、庄子、伊子、张道陵、葛洪、陈抟、邱处机、王常月、陈撄宁、易心莹等。佛家文化分十三宗①，各派的代表人物和学说更是繁芜难计。儒家文化代表人物加孔子、孟子、颜回、曾参、子思等。若是逐一着墨探讨，便会让行文冗长内容繁杂，而《三菩提》剧本采用避繁就简的思维模式，锁定儒、释、道中最孚众望的三位创始人以及有代表性的三位贤人。分别为：道家文化创始人老子与弟子徐甲、佛家文化创始人释迦牟尼佛与弟子迦叶、儒家文化发代表人物孔子与弟子曾参。如此，舞台人物及其关系一目了然。整个叙事过程中，由于出场人物的锁定，从而降低了受众接收文化信息的模糊性。

---

① 佛家文化分十三宗指的是：三论宗、涅盘宗、地论宗、摄论宗、天台宗（法华宗）、净土宗、律宗、禅宗、法相宗（唯识宗，慈恩宗）、华严宗（贤首宗）、成实宗、俱舍宗、密宗（真言宗）。

前三幕的笔锋透露出三个层次：第一个层次，是儒、释、道文化在当时各自的生存环境；第二个层次，是三位创始人及其弟子的悟道境界和德行修为；第三个层次，是三圣、三贤的精神文化心理状态。

在第一个层次中，儒、释、道文化在当时各自的生存与拓展环境都不尽如人意。第一幕，引出道家遭到其他当世学者的攻讦，多是围绕道家清静无为的思想，对其进行曲解与否定。徐甲陈述："路过郑国时，我遇到一个辩者，自称是邓析的弟子，他大肆攻击您的学说，对别人说，清静就是把自己封闭起来，不跟社会接触，无为就是什么都不干，吃饱了混天黑。"①"是以圣人处无为之事，行不言之教。"②道家的"无为之事"常被人揪住字面的含义去直白地解读，这也是当代大众不易理解的文化难点。所谓"无为"是不妄为，道家不过是主张顺时而动，遵从自然。

道家之人并非只图自身安逸而置世事于不顾，而是身体力行，劝导人们不妄为，不赞同人们为了刻意的"有所作为"而违背自然之道强行为之。第五幕，借孔子之口，对老子说："夫子以这种方式展示正道，教化人们立身安命。"③尽管道家这样展示正道的方式在效果上仍有争议。譬如释印顺就认为："老、庄的哲学非常深彻，然而反造作的回复自然，返归于朴的理想，始终是不可能的。熟练人情的处世哲学，说来入情入理，而不免缺乏强毅直往的精神。独善的隐遁生活，对社会不能给予积极的利益。"④道家文化提供了一种文化精神标度，现实与理想之间，始终存在不小的鸿沟。

第二幕中，透露了佛教的释迦牟尼和弟子们经受着其哥哥提婆达多的数次追杀以及琉璃王的践踏屠杀，寄希望于向东土传播三藏佛法，让莲花香漫大千世界。在两汉之际，佛教正式传播到了中国内地。在此之前，佛教在印度的发展状况并不顺利。之所以还能够有所拓展，主要是因为下层人士的支持。阴法鲁等分析佛教当时在印度的状态时曾言："由释迦牟尼创立的佛教僧团得到了当时位于印度西北部的摩揭陀国、憍萨罗国等国的国王和工商业主的支持，因为主张在宗教信仰方面'四姓平等'，从而也得到农民、手工业者和从事低贱职业的劳动者的支持，发展迅速。"⑤

---

① 泽英：《三菩提》，桂林：广西师范大学出版社，2013年，第7页。
② 朱谦之：《老子校释》，北京：中华书局，1984年，第10页。
③ 泽英：《三菩提》，桂林：广西师范大学出版社，2013年，第67页。
④ 释印顺：《我之宗教观》，北京：中华书局，2011年，第120页。
⑤ 阴法鲁、许树安、刘玉才：《中国古代文化史》，北京：北京大学出版社，2008年，第462页。

第三幕中表现出了儒家正面对学术式微、礼坏乐崩的世道混乱之态所困扰。孔子的自身所处的情状概想可知，恰如剧本中孔子所言："直到五十岁才步入仕途，五十五岁离开鲁国官场，开始周游列国，希望能遇到一位明君，提倡儒学，推行仁政。可惜碌碌八年，都苦于没有碰到这样的机会，简直如同'丧家之犬'，甚至有几次差点被杀掉。"①唐开元十三年，李隆基到山东曲阜祭拜孔子时感叹："夫子和为者？栖栖一代中。"孔老夫子一身劳苦奔波，究竟有何所求呢？对于这个问题，孔子自己曾有过表述。《论语·宪问》有言："微生亩谓孔子曰：'丘何为是栖栖者与？无乃为佞乎？'孔子曰：'非敢为佞也，疾固也。'"②孔子在忙碌奔波中传播儒家思想，并非是为了卖弄口才与学识，而是无法忍受那些社会上顽固不通的人。生前的不遇对比身后被无限拔高，更让人唏嘘。法国作家法朗士说："生为一个伟大的人物，实在是种大不幸。在活着时，他备受苦痛，而死后，又被不相干的人作弄，最终使自己变成与己毫无相干的人。"

在第五幕中，释迦牟尼神游前进世界，看到孔子灭度六百年后的情景。他说："我此刻来到一座华丽的宫殿，宫殿里香烟缭绕，正中搭了一座神坛，神坛上供着一个巨大的黄金牌位，一大群峨冠博带的人整齐地排成队列，毕恭毕敬地跪在牌位前磕头祭拜。"③生前虽寂寥，但是，身后这般名声鼎沸，如此被推崇备至是否就是孔子内心所愿呢？《三菩提》中，作者让孔子直接表态。孔子认为被后世所欺，后患无穷。这里有个前提，就是儒学在后世是否真是由于学术本身而发端至无上崇高的地位？如果是孔子的学说被后人切实地践行，倒也符合孔子真心所愿。而事实却远非如此，释印顺在论及两汉时期儒家思想践行的情况时说："谨慎、老成、廉洁、忠实的儒者，在帝王心目中，一天天被重视起来。"

然而两汉的儒者，与孔子的非宗教精神，并不相合。他们神化了孔子，以为孔子预为汉家立法；五经的纬书也出来了；符谶也被尊重。论休征、天人合一的董仲舒，是代表者。取得政治权威的儒者，是一般宗教化的；虽然宗教的见解并不高明。这样的儒者，王莽是有数的人物。他模仿周公，实行禅让、复古，但终因拘泥古制，不达治道而完全失败。从此以来，儒家的理

① 泽英：《三菩提》，桂林：广西师范大学出版社，2013年，第38页。
② 杨伯峻译注：《论语译注》，北京：中华书局，2006年，第176页。
③ 泽英：《三菩提》，桂林：广西师范大学出版社，2013年，第70页。

想政治，再也不曾尝试过。"①

　　第二个层次中，依托形象的比喻及故事，分别阐述儒、释、道三位创始人及其弟子们的悟道境界和德行修为。第一幕，徐甲悟道。历史文献中对于徐甲的观照并不多，晋朝葛洪在《神仙传》中记载了徐甲是老子的用人，追随多年却未获报酬，后经老子将其化为白骨而得到点化。谭嗣同曾言："徐甲悦容心忏悔，愿身成骨骨成灰。"剧本通过师徒二人的对话，构建出了一条明晰的道家文化理论框架。以"天地不仁，以万物为刍狗。圣人不仁，以百姓为刍狗。"②的阐述为切入点，引出"无为"的道学核心精神。

　　如何解释这个看似玄妙的哲学概念呢？剧本代入了一个老子故意在日光下点亮蜡烛读书的场景，目的在于阐发日光下的烛火没有它存在的必要，而老子这样去做，便是违背了自然之道的刻意之举。老子之举在于帮助徐甲理解出"无为"的文化深意，即："道常无为而无不为。"③所谓"无为"，即是要顺应自然，不能反其道而行之。遵照老子之命，徐甲从集市归来，沿途数了3241步。老子此举的目的是为了引出另一个道学命题——"心志如一，不忘根本。"剧本借徐甲之口，对于"道"和"德"两个文化理论概念做了一番精妙的阐释："比如我，您的徒儿徐甲，我的血肉之躯，这种特定的存在形式，就是'德'；而支配我生命活动的精、气、神，一种内在的、因果性的原动力，便是'道'。"④值得一提的是，对于世间所谓"白骨真人""紫气东来"的两个传说，剧本则用祛魅⑤式手法，规避了道学文化的神秘化与世俗化，将其还原为质朴素雅的文化状态，对于中国传统文化在内容上的传播，起到了正本清源的作用。

　　第二幕，"如来真言"。迦叶三个扮相增强了剧本戏剧化的表现，他分别以乞丐、流浪汉、病人的角色，与释迦牟尼佛对谈，揭示了人生苦之根源，即："人生有八苦，只为贪嗔痴，灭掉无明火，正道不偏离。"⑥最后，释迦牟尼点出佛法传播要义："传法不外乎摆正自己，敬爱众生，告诫世人，成就大

---

① 释印顺：《我之宗教观》，北京：中华书局，2011年，第24、25页。
② 朱谦之：《老子校释》，北京：中华书局，1984年，第22页。
③ 朱谦之：《老子校释》，北京：中华书局，1984年，第146页。
④ 泽英：《三菩提》，南宁：广西师范大学出版社，2013年，第10页。
⑤ 此处的"祛魅"是从马克斯·韦伯所提出的"世界的祛魅"思想上引申而来的。"祛"，即为除去的意思。"魅"，事物所具有的神秘性、神圣性、魅惑性。
⑥ 泽英：《三菩提》，桂林：广西师范大学出版社，2013年，第22页。

欢喜心。"①

　　第三幕，"曾参受命"。在孔子与曾参的对谈中，先是道出了儒学的渊薮——周公之礼。申明是周公的礼乐文化确立了儒学的基本理论体系，即："忠孝做人，礼乐治国。"②剧本紧接着从鲁哀公打猎途遇麒麟并将其杀死之事作为重点，叹世局之混乱，感慨儒学之式微。然而，在传播儒学的现实窘境之下，剧本借曾参口中大雁飞行秩序为喻，宣扬儒学圣贤的终极精神文化心理状态。剧本中言："听说大雁的飞行队伍中，领头的是经验丰富的老雁，它认得路线，不会迷失方向，接下来的几只是体力强壮的雄雁，它们扇动有力的翅膀激起一股向上翻卷的气流，托住队伍中间的雌雁和小雁，最后面的是善于搏斗的雄雁，一旦遇上敌害，断后的雄雁就会扑上去抵挡，掩护整个飞行队伍逃离。"③此处，雁行秩序便道出了儒家在传承儒学过程中不忘初心的意志趋向。同时，也创立了一个儒家文化精神统观之下的人类终极大关怀的境界。接下来，立足于孝道，并推及"忠、仁、义"三种儒学思想，最后导出曾参心中的儒学文化核心——中庸④。

　　第三个层次中，表现了三圣、三贤的精神文化心理状态。《三菩提》中，三位圣人虽然面对现实的诸多传播困境，但仍不忘初心。对弟子们寄予厚望。佛教传入中国面临着文化的适应性问题，这也是迦叶的心中困惑，担心不能完成弘法的使命。释迦牟尼则宽慰说："虽然说佛法无边，但大道归一。如今你既然已经悟得正法，只要把你自身的佛性大而化之，自然会在东土开花结果。"⑤孔子一生致力于将周公传承下来的儒学思想体系发扬推广，却在实践环节屡屡不得志。然而，其信念不灭。他说："儒者无适无莫，我周游列国，为的就是坚守大道，确立一个大同社会的盛世精神教化中心！"⑥老子则对现实的诸多困扰和诋毁淡然处之，他对徐甲说："刚强者居下，柔弱者居上，牙齿虽然坚硬，却容易脱落，舌头虽然柔软，但永保平安，何必跟人家争执呢？

――――――――
　　① 泽英：《三菩提》，桂林：广西师范大学出版社，2013 年，第 29、30 页。
　　② 泽英：《三菩提》，桂林：广西师范大学出版社，2013 年，第 34 页。
　　③ 泽英：《三菩提》，桂林：广西师范大学出版社，2013 年，第 40 页。
　　④ 关于中庸思想，曾参的弟子子思在《中庸》中有详备的阐述。宋代理学家朱熹更是对其倍加推崇，认为中庸之道是为人和修养与规范道德的至上标准。徐儒宗将"中庸"二字归纳为："'中'，就是适度、正确、合宜而含有真理之意，体现了处理事物的正确性；所谓'庸'，就是平凡、普遍并含有运用之意，体现了适用于一切事物的普遍性。"（引自：陈晓芬，徐儒宗：《论语·大学·中庸》，北京：中华书局，2011 年，第 285 页。）
　　⑤ 泽英：《三菩提》，桂林：广西师范大学出版社，2013 年，第 19 页。
　　⑥ 泽英：《三菩提》，桂林：广西师范大学出版社，2013 年，第 83、84 页。

他说他的，你走你的，可道之道，都不是大道。"①

综上，对于儒、释、道关键文化人物的聚焦，为了更好地阐释清楚中国传统文化中这三家文化核心以及人物的精神风貌，奠定了很好的叙述基础。

第二节　叙事设定：儒、释、道文化互为印证

《三菩提》在叙事思想、叙事视角层面也自为佳构，下面将分别给予阐释。

其一，在叙事思想上，可谓是颇具特色。《三菩提》有意制造了一个文化幻象，以公元前489年为特定的时间背景，促成历史上的三位圣者同台论法的契机。在这场貌似波澜不惊的三菩提大法会上，83岁的老子、76岁的释迦牟尼佛以及63岁的孔子共同揭示了儒、释、道三种文化的会通与互为印证的内在关联。剧本采用的是"群像戏"②的传播手法，多个主角脉络的塑造与呈现。这种手法比较容易凸显出人物的多面性，常见于影视剧之中。2007年1月26日在美国上映的电影《五路追杀令》，就是采用"群像戏"手法拍摄的一部犯罪惊悚片，讲的是迥然不同的人物与事件，通过某种特定环境的作用黏合于一处。然后，表达出其中本质层面上的某些关联。整部剧本里既有吸引人的角色，又有好的故事结构。

《三菩提》也是运用了这种"群像戏"手法铺陈文本，既便于更深地刻画人物形象，又使历史文化的厚度赫然可观。从第四幕至第七幕，涉及了大量的儒、释、道文化印证的文本言辞。第四幕"儒门辩答"，孔子通过三幅画像回应迦叶和徐甲关于儒、释、道如何印证的提问。在孔子反复追问和启发下，三家学派的弟子在孔子身上分别看到了儒性、佛性和道性，三种文化属性兼具便造就了孔子的"元神"。三位贤人从孔子的站像、坐像和卧像之中渐渐参悟，曾参从老师的站像中见其儒家性情。曾参言及孔子儒性所见诸之处："恩师仁义忠孝，敬天爱人，是继周公之后的大儒。"迦叶以佛学家的视角，从孔子坐像中察觉其佛性，所谓："夫子慈悲觉悟，建功立德，佛性大乘。"徐甲以道学思想为视角，从孔子的卧像中发现其身上蕴含的道性。徐甲便言："上

---

① 泽英：《三菩提》，桂林：广西师范大学出版社，2013年，第7页。
② 所谓"群像戏"的含义为："一般指有多个主角或没有绝对主角的戏剧，但它绝对是承载主流意识形态内涵的最佳路径。"（引自：叶志良：《戏剧与影视的文化阐释》，北京：清华大学出版社，2014年，第235页。）

善若水，利而不争，夫子道德高深。"① 由此，也体现出儒、释、道殊途同归。

对于同一事物，站在不同的哲学思维起点，会做出不同的解读文本。在该剧本的第七幕"三三归一"之中，三位圣人对太极图都分别从自己的学术立场进行了详参。虽说是讲法不一，但却又互相形成文化印证，可谓剧本中的精彩之处。剧本中曰："宇宙一合相，诸色是诸空。生与灭互化，增在减之中。"（释迦）"天理一大同，人性守中庸。聚散形和气，善始即善终。"（孔子）"太极一为本，阴阳自在通。有中无还在，无中有不穷。"②（老子）

图 2-2：道家太极图

剧本对于这种思想的建构本身虽然立足于儒家的立场，然而，却并非仅仅为了确立儒学思想的独特三性，而是侧重于强调儒、释、道在文化层面的会通。这与儒学家方东美的学术思想暗合，方东美认为儒学思想并非能代表一切中国传统思想，三家文化思想虽独具个性，但又有通性。该剧本的第五幕因果悖论中，先是通过论证"太阳哪一天普照大地？"这个终极问题，对三家文化起点不同，却又殊途同归的特性给予阐发。儒家重人伦，强调善本；道家倡导道气，自在气定，揭示正道，怀柔万物；佛家凸显佛根，身担苦乐，以慈悲心使人彻悟。还有件有趣的事，过去在中国的直隶、福建一些地方，建有三教庙，内设儒、释、道三位代表人物加以供奉。主殿上的三位主神一

① 泽英：《三菩提》，桂林：广西师范大学出版社，2013 年，第 56、57 页。
② 泽英：《三菩提》，桂林：广西师范大学出版社，2013 年，第 102、103 页。

般中间是释迦牟尼佛或是老子，旁边是孔子。这从另一个侧面说明，在民间，儒、释、道三种文化是有着某种共通的内在联系的，或者说三者文化的融通有着民间群众基础。

《三菩提》中，释迦牟尼说："是法平等，无有高下，儒和道的智慧种子绽放的何曾不是莲花。"①此处言明儒、释、道文化是可以相互验证的，有融汇一处的基础。统观历史，自从佛教在两汉之际传入我国以后，在总体上来说，都是以融合为主流。儒释道三家渐渐融汇为一个整体。阴法鲁等曾总结其原因，他们认为："中国先秦文化中涉及哲学深层的思考是比较薄弱的，而佛教的'缘起说'等则是一套比较成熟的本体论思想。尽管佛学属于唯心主义哲学体系，但它却有助于弥补中国文化的不足。佛教与中国传统文化的接触、磨合，到了两晋时期，越来越受到玄学家们的重视，他们从印度大乘佛教的'一切皆空'、'万法唯识'等思想中汲取营养来阐述玄学。虽然道家的'无'与佛家的'空'并不相同，但双方都愿意借此靠拢。为了适应中国人的文化需求，佛教也主动淡化那些中国人难以接受的说教，而强调双方共同或相通之处，例如佛教就把儒家提倡的'仁''义''礼''智''信'等'五常'说成是佛教宣扬的'菩萨行'。"②

对于儒、释、道三家文化相互印证，有学者从学理层面进行论证。李甦平、何成轩就认为在心性、生死、宇观、伦理这些方面，三家都有互为融合的文化思想成分。尤其是在"和合"③的层面上，道家的"三合"、儒家的"因缘"、道家的"阴阳"皆有内在的融合性。④2010 年 9 月 18 日，在四川省都江堰青城山举行的"中华之道——儒释道巅峰论坛"上，道家的法融道长、佛家的传印长老、儒家的杜维明教授都用一个"道"字将儒释道三家文化精神一以贯之，三种学派作为中国传统文化的主体，都以"和"为境界通达古今。"儒、释、道都注重身心的修炼；'仁'（恻隐、同情、慈悲）是内在道德性；'礼'是社会和谐的基础。尤其从郭店出土的楚简中'仁'的书写，是

---

① 泽英：《三菩提》，桂林：广西师范大学出版社，2013 年，第 97 页。

② 阴法鲁、许树安、刘玉才：《中国古代文化史》，北京：北京大学出版社，2008 年，第 425、426 页。

③ 此处所谓"和合"，即是指："自然、社会、人际、心灵、文明中诸多元素、要素相互冲突、融合，即在冲突、融合的动态过程中各元素、要素和合为新结构方式、新事物、新生命的总和。"（引自于李甦平、何成轩：《东亚与和合：儒释道的一种诠释》，南昌：百花洲文艺出版社，2005 年，第 1、2 页。）

④ 此处论述详见于：李甦平、何成轩：《东亚与和合：儒释道的一种诠释》，南昌：百花洲文艺出版社，2005 年，第 7—10 页。

'身'与'心'二字的叠加。这使我们理解，儒家的'求仁'，与佛教的'修心'，与道教的'修道'，本意是想通的啊！"① 任法融道长则从道学的"德"字延伸开来，兼论其所谓"德"，其实与儒家的"仁"以及佛家的"善"同属一层含义。传印长老从"善恶"入手，指出儒、释、道三家意旨相辅。

在第四届佛教论坛上，星云大师曾以眉毛在五官的作用为例，提出无用即为大用，这本身就是体现了道家的文化思想。顺印法师以儒、佛两种文化论及其共通之处，他讲道："儒与佛的圣者，都建立于修身——自立成就的立场。所不同的，儒者囿于人格的尽善，而佛法有进一步解开死死生生的死结而到达以无漏慧为本质的圣境。"又言："仁义等道德，是人类文化中的重要部分。虽在不同的思想中，见解不一，而离恶向善，离邪向正，始终是人类的共同理想。"② 儒、道两家看似对立，却有着统一与互补的基础。"在中国文化发展史上，儒家和道家以对立统一，矛盾互补的模式，在中国的历史发展和社会进步中起着十分重要的作用。儒家崇阳，道家尚阴；儒家积极入世，道家超然世俗；儒家主动贵有，道家主静贵无；儒家强调道德教化，道家强调自然无为，它们又互为补充，达成社会进取与个人追求的均势与平衡。儒家和道家这种对立统一、矛盾互补的模式，促使其在中国思想史上形成了融合发展的趋势。"③ 以上是学理层面的学术论述，而回过头来再论《三菩提》剧本则是将该文化意识通过更加具象、简洁的通俗化言说方式，强化了传统文化的传播实践效果。

再看叙事视角维度，第五幕以"三界""十方"④ 恢宏的创新视角，统观儒学流变及其在后世之境遇。三位圣人在舞台上调整站位，戏剧化地游荡于不同的时间和世界维度，去观察儒学走势。释迦牟尼跳跃至前进世界，看到了孔子灭度六百年后的儒学独尊，引致百家被废。老子进入了退行世界，感叹后世"盗用古人，欺骗当世"。⑤ 孔子留在当下世界，对于后世将其推举至"大成至圣先师孔素王"颇觉懊恼。剧本中孔子径言："我孔丘怀三畏之心，

---

① 叶小文，任法融，传印，杜维明：《儒释道三家的当代对话——"中华之道儒释道巅峰论坛"纪实》，《中央社会主义学院学报》2010年第6期，第8页。
② 释顺印：《我之宗教观》，北京：中华书局，2011年，第97、117页。
③ 张恩普：《儒道融合与中国古代文论》，长春：吉林人民出版社2007年，第2页。
④ 所谓"三界"，是指书中提到的"当下世界、退行世界和前进世界"。"十方"，是指在前面提到的"三界"之中所存在的无限虚空的部分。
⑤ 泽英：《三菩提》，桂林：广西师范大学出版社，2013年，第71页。

倡仁义之道，当世非难，后世架空，如此悖乱，始料所不及也。"① 如此视角纵贯时空，目光宏远。此外，从当下世界、退行世界和前进世界视角去阐释，也便于三家文化之间的内在关联。

儒、释、道并非对立的学术文化，而是致力于不同着眼点而建构起来的哲学思想。儒学关注当下，以"礼乐"为依据，以"仁义"为圭臬。积极晋身仕途，谋求在政统之下的建功立业。道学本性恬淡无为，重视的是退行世界里人们自身内心思想的体悟和检视，追求的是以无为的心态去处理无不为的事物。相比之下，佛学侧重前进世界，关注的东西是对当下世界无止境的超越。总之，《三菩提》文本的这种将三种中华传统文化互为印证式的阐述思路与叙事设定，便于受众更好地接受与理解，也便于解释清楚彼此的理论特色。

第三节　风格设定：话语表象的驱旧求新

对于当代人而言，传统经典本身在语言风格上和受众是有一定距离感的，正因为如此，才会导致后世读者会对其有着不同的诠释。《论语》之中的某些文字，在今天的不同版本中就存在不少迥异的解读。譬如《论语·学而篇》中的"贤贤易色"，在中华书局 2011 年版的《论语·大学·中庸》中，解读为："尊崇贤者而改变喜好女色之心。"② 在陈祖范的《经咫》与宋翔凤的《朴学斋札记》中，他们都觉得这句话应该是指一种人物关系。杨伯峻的《论语译注》就明确表示这几个字和后面承接的话都是指人物关系而言的。后面讲："事父母，能竭其力；事君，能致其身；与朋友交，言而有信。虽曰未学，吾必谓之学矣。"③ 能与父母、君主、朋友一同并列相谈的，一定是重要的关系。杨伯峻将理解"贤贤易色"；"对妻子，重品德，不重容貌；"④ 再如道家经典中的语言，在今天更是显得充满难读难懂的语句。木心有言："曾经有一位外国学者，F·卡普拉（Fritjof Capra），记不得哪国了，他在一本《物理学之道》（*The Tao of Physics*）中说：'《道德经》就是以一种令人费解的、似乎不合逻

① 泽英：《三菩提》，桂林：广西师范大学出版社，2013 年，第 73 页。
② 陈晓芬，徐儒宗：《论语·大学·中庸》，北京：中华书局，2011 年，第 285 页。
③ 杨伯峻译注：《论语译注》，北京：中华书局，2006 年，第 5 页。
④ 杨伯峻译注：《论语译注》，北京：中华书局 2006 年，第 5 页。

辑的风格写成的，它充满了迷人的矛盾。'"①

佛教文化的语言对于当代大多数受众而言，其实也不易理解，需要大量背景知识作为阅读积淀。《心经》曰："是故，空中无色，无受、想、行、识；无眼、耳、鼻、舌、身、意；无色、声、香、味、触、法，无眼界，乃至无意识界；无无明，亦无无明尽，乃至无老死，亦无老死尽；无苦、集、灭、道，无智亦无得。"②理解清楚这段话，至少需要搞清楚佛教中的"六根""六尘""四圣谛""八正道"这些基础的佛学知识。

传统文化在当代的传播，可以对传播语言的风格进行考量。"使用语言，以某种方式来表达思想被称作风格。"③亚里士多德在《修辞术》中曾探讨过演讲中应该运用的语言风格策略，对如今传统文化在当代传播的语言风格确立也有着启发意义。"为了解决用词生僻和用词过于普通之间的矛盾，亚里士多德建议使用隐喻（metaphor），即有助于让不清楚的事物更加容易理解的表现方法。"④亚里士多德所谈及的隐喻，就是指用一种比较通俗的比喻去阐释所言说的内容。《三菩提》剧本以现代传播语境作为阐扬儒、释、道文化思想的语言表述起点。叶诚生认为："实际上，历史本文建构的想象与虚构不仅仅体现在对'过去'的描述中，而且常常见诸对现实与未来图景的解说与认定之中，当然，经典建构的话语实践正可视为某种'历史'想象。"⑤用现代语言风格范式，表述经典，不失活泼与谐趣，或可作为对传统文化传播的一种大胆的尝试。

第六幕，"中心我执"。从东西方教化是否存在中心为引子讨论开来。所谓"中心"，在儒家眼中，执着坚守"礼乐仁义"即为教化的中心。而在道家和佛家看来，所有的教化"中心"其实也是若有似无，其境况千变万化。儒家坚持的"礼乐仁义"作为教化的中心，然而，这个中心在佛家眼中，却若有似无。因为，人性中既有善本，也具有恶本。此消彼长之下，儒家的这个中心，也只能莫衷一是。而在道家的老子眼里，"礼乐仁义"本就是代表了对

① 木心讲述，陈丹青笔录：《文学回忆录》，桂林：广西师范大学出版社，2013年，第186页。
② 陈秋平，尚荣译注：《金刚经·心经·坛经》，北京：中华书局2016年，第137页。
③ 理查德·韦斯特著，林恩·H.特纳，刘海龙译：《传播理论导引：分析与应用》，北京：中国人民大学出版社，2007年，第348页。
④ 理查德·韦斯特著，林恩·H.特纳，刘海龙译：《传播理论导引：分析与应用》，北京：中国人民大学出版社，2007年，第348页。
⑤ 叶诚生：《经典建构的现代性语境及其反思》，《小说评论》2013年第1期，第60页。

大道的偏离。恰如《道德经》中有言："大道废，有仁义；智慧出，有大伪；六亲不和，有孝慈；国家昏乱，有忠臣。"①剧本为了使这种玄妙的思想得到更加形象化、现代化的爬梳和解读，在第六幕结尾设置了一个儒、释、道三位圣人参悟"卐"（佛教宇宙之舞的符号）的桥段。老子认为这个文化符号即代表了万事万物存在中心，却也可以说没有中心。他曰："大千世界，自在旋转，宇宙万象，各有中心。"②孔子手捻与"卐"符号形近的四叶小风轮，强调中心，无论风轮转动或是不转动，他看到的那个中心其实还在。这也是暗喻了他所代表的儒门所倡导和坚持的教化中心即"礼乐仁义"，会一直延续，只要中心坚持，在传承儒学的路途上便仍旧不改初心。接下来看一段该剧本的文本设计：

> 老子："我的孔子，请你把这间屋子的中心点找出来。"
>
> 孔子（收起风轮）："好的。"
>
> 孔子走动几步，选好一个点，站定。
>
> 孔子："这个点是屋子的中心吗？"
>
> 老子、释迦（点头）："不错！"
>
> 孔子："二位，我成了这个世界的中心了！"
>
> 老子（微笑，拉着释迦）："尊者，咱俩走吧！"
>
> 释迦（会心一笑）："好的，我们把世界的中心留给孔仁者，让他坚持去吧！"
>
> 孔子（故作惊慌）："不可不可，坚持这个中心，我就走不出这间屋子了！"
>
> 老子、释迦：（同声）："中心我执，我执中心，放下放下！"
>
> 孔子（走了几步，拉着老子、释迦）："放下了，这就走吧！"③

这部分文本很明显所使用的是现代人的语言风格表述模式，言辞间不乏诙谐、调侃。"国学文本自身有其'耐咀嚼性'，一部经典，非阅读数遍、数十遍不能参透其中精华，每一次阅读都有不同的体会。在反复阅读的过程中，国学文本的意义被无限延伸。这个过程需要人亲自阅读，并慢慢领悟古人在字里行间的意图。国学文本自身不会讲话，原典对大多数人而言又存在阅读

---

① 朱谦之：《老子校释》，北京：中华书局1984年，第72页。
② 泽英：《三菩提》，桂林：广西师范大学出版社，2013年，第90页。
③ 泽英：《三菩提》，桂林：广西师范大学出版社，2013年，第91、92页。

障碍。"①在第七幕"三三归一"中，释迦和孔子分别以口语化的现代语言讲述了两个小故事。释迦讲的是一只屎壳郎在紫竹林中推动粪球礼佛听法的故事，众人皆见到的是污垢，而佛祖则见其佛性。剧本中言："大众一阵震撼，但其中一个弟子厌恶地责骂屎壳郎，你这来自恶道的蠢虫，竟敢用肮脏的粪球玷污我庄严佛土，还不速速避开！屎壳郎一动不动地仰望着我。我对大众解说，万物皆有佛性，屎壳郎既生觉悟之心，前来礼佛听法，便是一场大功德……在屎壳郎眼里，美玉和泥土美玉什么差别，而粪球却是最好的礼物，它用自己最喜爱的粪球作为进献之礼，原本出自一片至诚，它已经参悟到了阿耨多罗三藐三菩提大法。"②在话语表象层面，用现代口语般朴质素纯的语言，佛门子弟口中之言与现代普通人无异，便于受众对文本信息的解码与译码。孔子讲的是乌龟降临人间的故事，采用的语言也是如此，此处不再赘引。

实际上，对传统文化进行时代风格的转化与传播已经开始出现一些有效的尝试。2017 年 6 月由江苏凤凰文艺出版社出版的《半小时漫画中国史》，辅之以有趣的段子和手绘，梳理东周至楚汉时期的历史脉络，语言轻松，易读易懂；同年 6 月，由长江文艺出版社出版发行的《权利脸谱》，依托漫画的形式，采用不正经，却很靠谱的语言风格，串连起 20 位皇帝的故事，反映了中国古代皇权更迭的游戏规则。此外，作家林欣浩先后出版了《哲学家们都干了些什么？》《哇，历史原来可以这样学》《佛祖都说了些什么？》。这些作品都是在语言风格维度，追求话语表象的时代感。怕譬如林欣浩在《哲学家们都干了些什么？》中，对比差不多处于同一历史时期的马其顿与秦国时，他是这样表述秦始皇与亚历山大大帝的："秦始皇是个很有争议的人。但秦始皇办了一件伟大的事，就是统一了中国。但秦始皇是怎么做到的呢？都给我用同样的度量衡，不用的，杀！都给我写同样的文字，不写的，杀！只能留官方规定的书，非官方的，烧！秦始皇敏锐地发现，国家统一的关键在于文化的统一。虽然他的手段残暴，但是他成功了。然而亚历山大没这么做。王国维说：'可爱者不可信，可信者不可爱。'我们说，可爱的皇帝没有能耐，有能耐的皇帝不可爱。秦始皇属于后者，亚历山大属于前者。所以雅典的哲

① 徐维玮，吉峰：《娱乐化时代下的国学传播探析》，《四川戏剧》2015 年第 10 期，第 23 页。

② 泽英：《三菩提》，桂林：广西师范大学出版社，2013 年，第 97、98 页。

学家们可以松一口气了。"① 该书不拘泥于教材或是一般学术读物在语言风格上的刻板与严肃，用貌似不严肃的语言，认真讲述着严肃的内容。又如，在言及亚里士多德时，他说："亚里士多德是柏拉图的学生，但是观点和柏拉图相悖，为此，亚里士多德还说了一句名言：'吾爱吾师，吾更爱真理。'你可以把这句话理解成亚里士多德对真理的浓浓爱意。但你也可以理解成：'有理就说理，别拿辈分压我！'"②

2017 年 1 月，中共中央办公厅、国务院办公厅印发《关于实施中华优秀传统文化传承发展工程的意见》，要求文艺创作要"善于从中华文化资源宝库中提炼题材、获取灵感、汲取养分"。2012 年 12 月 9 日，武汉电视台的《问津国学》开播，每期节目时长 30 分钟，总体上和央视 2001 年 7 月 9 日开播的《百家讲坛》并无二致。节目以专家讲授以及与现场观众交流互动为主，运用图画、影视资料、动画模拟等方式，努力提升节目的趣味性。娱乐重新赋予严肃的传统文化以市场价值，大众传媒在奇观的营造过程中重新给中国传统文化找到了一个和现代人对接的平台，降低了学习传统文化的"门坎"，是一种较为有效地传统文化通俗传播的尝试。

传统文化的"富矿"需要深挖，央视在 2018 年 2 月 16 起连续播出策划筹备历时一年多的原创娱乐节目《经典咏流传》。该节目将音乐与文学架构在一起，开辟传统文化通俗化传播的蹊径，拉升了电视娱乐节目的文化均值。新老明星助阵加盟，《三字经》《明日歌》《登鹳雀楼》《将进酒》《墨梅》《木兰诗》等经典都被转换成现代的表达风格，引发媒介奇观。"每期节目约有 6 首诗词改编，每首作品由主持人撒贝宁先吟诗词原篇，再邀经典传唱人现场用流行音乐传唱演绎，接着分享创作过程和内容感触，然后进入'鉴赏时刻'，由北京师范大学文学院教授康震，中国音乐学院院长王黎光和来自我国台湾、香港的艺人庾澄庆、曾宝仪组成的鉴赏团，为观众解读经典背后的文化内涵，其中还会穿插邀请和作品本身关系匪浅的特别人物。"③ 通俗演绎之下的传统文化，在价值观、文化认同、情感体验方面更加拉进了与受众的距离。

如何将过去完成时态的文化样式，转换创新成为现在进行时态的文化样式，仍需更多实践。舞台剧本《三菩提》堪称是一本中国传统文化通俗读物

① 林欣浩：《哲学家们都干了些什么？》，北京：北京联合出版公司，2015 年，第 19、20 页。
② 林欣浩：《哲学家们都干了些什么？》，北京：北京联合出版公司，2015 年，第 152 页。
③ 鲁娜：《原创综艺：深挖传统文化这座"富矿"》，《中国文化报》2018 年 3 月 3 日。

中的用心之作。微信公众平台"壹学者"于 2015 年 9 月 16 日将此书作为"一生必读的十本哲学经典"之一向读者进行推荐。得体有效的传统文化通俗演绎，一方面推动了静默无言的经典在当代的拓展与绽放。同时，也让充斥着娱乐喧嚣的大众文化产品变得人文静美。恰如陈龙所言："过去在农业化时代养成的品位、深思的慢节奏文化接受习惯，那种对叙事方式的期待以及对故事逻辑性的追求已经不重要了，重要的是要热闹、好看、有趣。因此，对奇观文化就不能循着经典的路线去寻找答案。"① 中国传统文化在当代仍具有这价值导向的作用，能够帮助重建人文精神。这种通俗化传播演绎，应当有别于西方国家，理应确立自己本土的传播特色。鲍震培认为："中国的通俗文化并非等同于西方流行文化，其中固然有很多西方的、现代的东西，但也有从中国传统文化、主导文化、民间文化乃至高雅文化中吸取的重要养分，它渗透着中国人的传统观念，有很深的中国文化的积淀。要在多元化中拥抱传统，找到我们的根，找到润泽我们心灵的光亮。"②

2013 年 4 月，北京联合出版公司出版《晓说》，该书依托于 2012 年 3 月份优酷视频脱口秀节目《晓说》，其中《千年科举那些事儿》《高晓松炮轰 汉人无音乐都怪老祖宗》《梦回青楼 爱与自由的温柔乡》《揭秘史上最牛太监 郑和七下西洋 开启大航海时代》《镖局 最后的江湖》，都是将传统文化以驱旧求新的话语风格表达出来。特别出彩的是书中的点评，绝不逊色于正文。张发财点评《千年科举那些事儿》这部分中，谈到唐朝商人地位低的状况。文中点评道："封建社会最受歧视的是商人，皇上认为他们不劳而获只凭一张嘴忽悠。这群人又整天东奔西窜不好管理，掐半拉眼珠子看不上他们。曾有法律规定：商人不能参加科举，不能与官员往来（官员也别去集市见他们），不能得到土地——这些都是能容忍，最不能接受的是商人不许骑马。想骑怎么办？只能《江南 style》。"③

要而言之，本章以个案分析的形式，通过对《三菩提》剧本在人物选择、叙事设定、传播语言风格维度的文本分析，该剧本点出了儒、释、道三家文化的诸多核心文化观点。常言道"三点定一面"，"三"是数学界具有最基本的规定性和稳定性。而在中华传统文化中，却又具备更加多元化的文化寓意。

---

① 陈龙：《传媒文化研究》，北京：中国人民大学出版社，2009 年，第 165 页。

② 鲍震培：《试论传统文化对通俗文艺的价值引领》，《中国文艺评论》2017 年第 1 期，第 55 页。

③ 高晓松：《晓说 2》，北京：北京联合出版公司，2013 年版，第 32 页。

三种文化的通过内在的关联性以及差异性，构建了中华传统文化的根基。本文的着眼点在于从该剧本的文本演绎进行分析，该剧本的文本构建和言说方式，或可作为一种对如何在现代社会传播中华传统文化方面的较为活泼的尝试。期望对于在现代传播语境中的中华传统文化当代传播范式的拓展多一点启发。

第三章 克己复礼：当代"礼"传播的社会学考察

当代"礼"的传播，在表征上则存在失序的状态，认知方面的异化与西化的倾向较为突出。中国人知"礼"传承在教育层面仍处于摸索前进的进程中，全盘复古儒家理想化生活缺乏可行性，取法于西方文化行不通，也显得缺乏文化自信。礼的复归关键在于时代化的重塑。以愉悦的意义输出方式，结合不同地域的风土人情，营造多样化的传播形态，以示范、教育为主，不生硬，不强制，内容上尽量去繁就简。内化于心，塑造"养之成德"的伦理秩序；外化于形，强化"齐之以礼"的社会管理；物化于情，夯实"礼尚往来"的社会联结。

人因"礼"而有尊严，社会因"礼"而有序，世界因"礼"而变得良善、和谐、包容。今天的中国比以往任何时候都更需要也更有条件恢复并重塑礼道。习近平同志指出："一种价值观要真正发挥作用，必须融入社会生活，让人民在实践中感知它、领悟它。"[①] 如同隔代基因，中国人生存在隐形的礼文化之下，虽然部分礼显得失传已久，但宛若乡音，总能听辨甚至脱口跟随。

"礼"在古代的发展脉络十分清晰，最初"礼"和华夏先民的祭祀与饮食密切相关，其后拓展至各种人事，形成了"吉""凶""宾""军""嘉"五大礼仪类别。春秋时期，"礼"在百家争鸣的过程中衍生了多重含义，其中，儒家从"仁政"出发，进行阐释。战国时，儒家基本担当了"礼"倡导和承继的历史使命。古礼涵盖了文化、政治和制度，强调的是整体主义；秦统一全国，封建王朝建立，由于秦尚法家，对儒家"礼"文化施行灭绝之政策。进入宋代，程朱理学赋予了"礼"新的含义。宋代以后的礼偏重基层社群的"乡礼"与"家礼"，从宋代的朱子《家礼》与司马光《书仪》，甚至清代曾国藩的《曾国藩家书》皆可窥见一斑。五四运动时期，儒家礼教思想被全盘否定。这段时期对礼文化有着很大的冲击，至今还难消其影响。恰如彭林所言："由

---

① 习近平：《习近平谈治国理政》，北京：外文出版社，2014年，第165页。

于我们对于传统的轻视和错误评价，……我们至少有两代人是从极'左'思潮盛行的年代走过来的，绝大多数人已经不知道礼仪为何物，说话粗俗、举止粗鲁，失礼行为触目皆是。"[①]进入新时期，又逐渐得到重新的认识和重视，用之以规范公民的举止行为，维护社会的秩序。

国有礼器、礼制，社会有礼节、礼仪，个人有礼道、礼貌。"礼"不能仅仅表现为一种"范儿"。克己复礼，朝向完美进化才是目标。礼分三个层面：仪礼、民礼、物礼，仪礼是官方之礼，本文暂不论及。民礼、物礼属于个人之礼，是本文主要阐发的对象。当代"礼"的传承与推行，存在一些值得审视的状态，其异化与西化的表现是当代礼失序状态主要的社会症结。在礼文化认知教育和推广的维度，仍有许多未尽之意。本文旨在沿着礼文化在当代的失序、传承、重塑与探讨这个脉络逐一展开阐释。

第一节　失序：当代之"礼"的认知与异化

中华传统"礼"文化价值观的当代走向，是传统与现代、东方与西方价值观角力的过程，也是对传统文化观念质疑和反思的过程，是礼文化当代传播需要直面的问题。"中华民族号称礼仪之邦，但百年来西潮冲击、传统解体，我们越来越少了承继自己民族的文化传统、代表今天文明程度的诸种礼仪，包括怎么吃饭，怎么睡觉，怎么穿衣，怎么走路，怎么跟人谈话，基本上都处于失序状态。"[②]礼的失序最直观的表现就是日常生活中普遍出现的失礼状态。"中华民族是一个讲文明礼貌的民族。礼是维护社会秩序和表明文明程度的。"[③]中华之礼在海外流波甚广，在国人中却呈疏远状态。《新周刊》曾总结过十大失礼的行为包括：不讲个人卫生、随意插队、乱扔垃圾、大声喧哗、腿脚不安分、不顾及后座、停车占位、制造二手烟、偷拍私照、不留口德。[④]随着礼仪、礼节、礼义的淡化，礼从秩序、仪式、关系，渐渐流于礼品、送礼这种表层的行为。"在物化之后，礼变成了嘴上有心中无，无法融入实际生活中的精神。本来礼的核心价值——尊重，逐渐消失。"[⑤]

---

① 彭林：《儒家礼乐文明讲座》，桂林：广西师范大学出版社，2017年，第245页。
② 刘梦溪：《礼仪与文化传统的重建》，《光明日报》2004年4月28日。
③ 许抗生：《儒家思想的过去、现在和未来》，北京：中华书局，2015年，第279页。
④ 窦浩：《十大失礼》，《新周刊》2015年第4期。
⑤ 唐元鹏：《礼的当代复兴："仓廪实而知礼节"的时候到了》，《新周刊》2015年第4期。

礼的异化则体现为对原有礼的歪曲与对人的极端苛求。譬如在乘坐公共交通工具的场景中，强制让座、霸座的新闻逐年不绝。2017 年 11 月 22 日，南方网报道了上海地铁内一名老年男性乘客用拉扯、辱骂的方式强逼一位年轻女乘客让座；2018 年 11 月，一个女大学生在公交车上因生理期不舒服坐了爱心座，遭到同车一个大妈的怒吼并骂其"下三滥"。最后，司机将大妈请下车。让座行为属于个人美德，是礼的一种外在体现，构成一种和谐的公共生活与社会秩序。然而，迄今为止，我国没有任何一条法律规定乘客必须让座给他人。尊老爱幼是礼的体现，不能用道德胁迫甚至暴力的方式去实现。"不管多么精巧地把社会价值强加到个人身上，如果一个人没有自己的内在决断，那么他所能得到的最好的结局也不过是一个使人联想到'乡愿'般的消极顺从。"① 倚老卖老的弱势思维走向就是我弱我有理，可以为所欲为。不能与我争辩，不可挑战我的想法。乘客买票入座是权利，公共交通工具上的每一位乘客都处于公平的契约关系之中。"人不能没有'礼'而生活。但当'礼'变得对人具有完全决定性时，他就不再是一个真实的人了。"② 也就是说，除非当事人有意让座，否则，任何人无权以"弱势"为由，以道德暴力的手段逼其就范。

此外，国人对于"礼"文化的认知存在诸多瑕疵，动辄以西方文化的诸多标准蠡测中国传统文化也绝非聪慧之举。"事实上，中国民众正面临着信仰危机，国外已成型的价值观的涌入，填补了经济发展带来的思想领域的空白，因而颇受欢迎。"③ 中华民族的礼与西方之礼虽有部分共性，但总的来说仍各有渊源，不能强行嫁接或是盲目崇外。中华之"礼"承载的是华夏民族传统文化的记忆，是维系这个民族文化的血脉。"与共同遵守的规范和共同认可的价值紧密相连、对共同拥有的过去的回忆，这两点支撑着共同的知识和自我认知，基于这种认识和认知而形成的凝聚型结构，方才将单个个体和一个相应的'我们'连续到一起。"④ "礼"文化植根于华夏大地，文化渊源和表征自

① 杜维明：《杜维明思想学术文选》，孔祥来、陈佩钰编，上海：上海古籍出版社，2014年，第 16 页。

② 杜维明：《杜维明思想学术文选》，孔祥来、陈佩钰编，上海：上海古籍出版社，2014年，第 9 页。

③ 周晓虹等：《中国体验——全球化、社会转型与中国人社会心态的嬗变》，北京：社会科学文献出版社，2017 年，第 64 页。

④ 扬·阿斯曼：《文化记忆：早期高级文化中的文字、回忆和政治身份》，金寿福、黄晓晨译，北京：北京大学出版社，2015 年，第 7 页。

然应该有独到的特点，自然不必处处取法于西方。

东西方文化方面存在很多差别，彭林表示："西方文化是以神为中心的宗教文化，人的灵魂是要靠上帝来管理的。中国文化不然，它是以人为中心的，人的灵魂是要靠自己来管理的。"①国内某些高校、民间培训机构和大众媒体热衷于在中国普及西方的礼仪，而对中华"礼"文化却推广不足。在审视中西方文化的时候，不妨试用儒家"执两用中"的思维方式。一方面，从宏观的文化视角而言，西方科学重在探索"物道"，中国传统文化的科学旨在追寻"人道"。一个是以"物"为根本，另一个是以"人"为对象。侧重点不同，各有短长，不必厚此薄彼。另一方面，从礼文化的微观维度而言，中华之"礼"也似乎比西方之"礼"更具包容性。譬如在《创世纪》中，亚伯拉罕要将自己的儿子献祭，这一举动在儒家文化的界定之下，就显得不可理喻，因为这超越了律法，更超越了"礼"的人性化范畴。所以，当代中国人应该对中西文化择善明用，并序兼容。"在世界诸古文明中，中国是唯一一个标榜礼治的国家。"②

第二节　传承：中国人知"礼"教育的摸索

传统文化的价值认同在当代中国人的心中仍有待提升，传统文化价值让渡给了所谓的实用性。有人直言："和科学相比，国学不擅长解决实际问题。"③物质文明的进步反而使诸多消极的观念乘虚而入，甚至在高校中也存在礼教缺失的现象。人们现在不缺少知识，而是缺乏规矩。什么叫规矩？其实就是礼。曾有个学生希望笔者把一份学习资料提供给他，或许是求知欲太强了，就在晚上十一点的时候给笔者发信息。笔者快休息了，特意把电脑打开，帮他传过去。然后，笔者就等着他接收完资料，按照基本的礼仪惯例，对笔者说声"谢谢"，笔者回复"不客气"，说句晚安，准备睡觉。眼睁睁看着他把资料接收完毕，然后，他竟然下线了，这显得很突兀，该学生没有按照正常的礼仪规则跟人沟通。

"礼"文化是华夏文明的重要组成部分。"在中国，礼文化是以礼治为核心，由礼仪、礼制、礼器、礼乐、礼教、礼俗、礼义等诸方面的内容融汇而

---

① 彭林：《中国礼仪要义》，南京：南京大学出版社，2014年，第4页。
② 彭林：《儒家礼治思想的缘起、学理与文化功用》，《湖南大学学报》2016年第6期。
③ 林欣浩：《佛祖都说了些什么？》，武汉：长江出版社，2018年，第300页。

成的一个文化丛，它就是中国文化的代表。"[1]传统与现代，在很多中国人眼里是非此即彼的两种不同的文化选择对象，国人对于中华传统的文化认同感逐渐消弭。"礼"文化的精神、逻辑思维方式不断受到国人质疑，其主体内容在现代人的错解与误读中离我们的生活似乎渐行渐远。知"礼"的教育在孔子的年代就已经被提到了重要的高度。孔子的儿子伯鱼对陈亢讲述自己与父亲之间的对话。《论语·季氏》记载："他日，又独立，鲤趋而过庭。日：'学礼乎？'对曰：'未也。''不学礼，无以立。'鲤退而学礼。"[2]在这个交流与竞争并重的时代下，"礼"文化更有着积极的文化探究与推广意义。礼文化的延续是中华民族精神延续的必然要求，民礼的失序、中国人知"礼"教育层面上的事倍功半、公民教养的退步等情状，是对中华民族精神的损耗。

"中国的礼实际是儒家文化体系的总称，是中国社会的行为规范和准则，认同了礼仪这种行为规范和准则，社会生活就会逐渐纳入有序的轨道。"[3]目前为止，中国人知"礼"教育层面上的实践尚可商榷，当代对于中国人知"礼"教育的良好氛围仍有待形成。苏州太湖大学堂是由南怀瑾于2006年夏天筹建并开办的，其初衷是振兴中华传统文化，如今，南怀瑾已逝，苏州太湖大学堂在商业的助推之下，俨然成了富人的学堂，小学部年学费10万人民币，在国内的小学收费中也算是高端了。笔者检索其官网，"2019太湖大学堂人文与户外教育营开始招生简章"中显示，12天的费用为9800元人民币（含课程、食宿、保险、上海及大学堂定点接送，不含机票）。商业运作姑且不论，仅靠着这样的高收费学校去承载中国人"礼"的教育目标，怕是只能限于富人的阶层了。在商业模式推动下，如果礼文化仅仅限于精英式教育推广，对于文明的传承是杯水车薪的。

朱熹当年提出"童蒙养正"的观念，今天仍不失其合理性。目前，社会上的一些志愿者在分散地传播着礼文化。笔者在2018年11月24日，参加了由中华妈祖文化交流协会慈善部主办的《妈祖大学堂》——大爱妈祖国学班（第二期·汕头站）的活动。在潮阳地区面向当地的初中生，以公益活动的形式，开展讲座《＜弟子规＞解读及其现实意义》。通过穿插趣味故事的传播技巧，结合时下的话语言说方式，介绍当代年轻人应该恪守的礼文化之下的行

① 谢清果，钟海连主编：《中华文化与传播研究》（第3辑），北京：九州出版社，2018年，第1页。

② 杨伯峻译注：《论语译注》，北京：中华书局，2006年，第201页。

③ 蒋璟萍：《礼仪的伦理学视角》，北京：中国社会科学出版社，2007年，第4页。

为法则。阐释出整部《弟子规》就是教人怎么立规矩，核心思想就四个字：
孝、悌、仁、爱。这其实就是礼文化的体现。对孩子们的言语、行动、举止、
待人、接物等方面的规范提出了详细而明确的要求。此类活动，多多益善。

图 3-1：图为笔者参加《妈祖大学堂》——大爱妈祖国学班（第二期·汕头站）
的活动现场，2018 年 11 月 24 日拍摄于潮阳。三排左五为笔者。

　　此外，全盘复古儒家理想化生活的状态是否可行仍值得考量。2005 年，
净空法师筹集 5000 万善款，在安徽汤池创办了一所民办非营利性的中华文化
教育单位，取名庐江文化教育中心。在这个人口仅为 4800 人的小镇上，旨在
培养社会急需的伦理道德教育师资力量和社会文化教育工作者。以各种办班
教学活动，配合汤池镇人民政府，试图构建和谐社会示范镇的样本出来。那
里没半点工业文明的痕迹，传授儒家经典给"种子教师"，希望他们学有所成
后将传统文化传播各地，在汤池极力打造所谓"夜不闭户，路不拾遗"的净
土。构想是美化的，媒体和当地官方也总结了不少"成绩显著"的文字报道。
然而，在 2008 年 12 月，这所曾被当地镇上年轻人戏称为"古装真人秀"的
传统文化教育中心，在开办了三年后终于停办。安徽庐江文化教育中心的兴
衰，让"礼"的教育与传承者们心中再次萌生困惑，寻回缺失的精神寄托这
个出发点不会错，不过不能仅仅将对礼的教育停留在一些行为操作层面。
　　"礼法和礼义，二者缺一不可。有礼义没有礼法，再好的礼义也无从体现；

有礼法没有礼义，礼法就成了真正的形式主义了。"①彭林以中国人父母去世之后穿丧服为例，阐释礼法和礼义。他认为："每天看到这个丧服，你就会想起老人家生前对你的种种慈爱，对你的抚养。……悲痛达不到的，要把它提升起来。你父母死了，应该要有悲伤的，不能这样无所谓。目的就是让人的心情要打到合于礼的境界。"②

在当前，特别是针对青年人的知"礼"教育，更是当代高校思想教育以及人文素质培养的应有之义。习近平同志指出："青年人正处于学习的黄金时期，应该把学习作为首要任务，作为一种责任、一种精神追求、一种生活方式，树立梦想从学习开始、事业靠本领成就的观念，让勤奋学习成为青春远航的动力，让增长本领成为青春搏击的能量。"③对于当代知"礼"教育而言，多集中在礼法的层面，也就是说兴奋点都喜欢在怎么做的方面停留。于是，人们被告知走路转弯时要怎么走、握手要停留多少秒钟、鞠躬时身体要弯多少度等。这些并非不重要，而是要配合礼义才能真正将"礼"文化侵入人心，也就是要告知国民其中的意义，否则就成了行为艺术。

第三节　重塑："礼"作为社会模式的复归

"礼"作为一种中华民族传统的社会模式，在当代需要重新审视与重塑，从而达到复归的目的。内化于心、外化于形、物化于情。从这三方面入手，将"礼"作用于当代的伦理秩序、社会管理、社会联结的层面。

其一，"礼"内化于心在于塑造"养之成德"的伦理秩序。德是礼的内在纲领，礼则是德的细节体现。礼作用于人的内心、性情乃至情感，恰如冯友兰所论："礼之用除定分以节人之欲外，又为文以饰人之情。"④梁漱溟对礼的功效也给予很高的评价。他直言礼的效用："直接作用于身体，作用于血气；人的心理情致随之顿然变化于不觉，而理性乃油然现前，其效最大最神。"⑤凡是违背了德，便不成称之为礼，礼围绕德而开展。"在儒家看来，道德是在人与人交往的具体行为中实现的，这些行为的共同模式则为礼。礼是相互

① 彭林：《礼乐人生——成就你的君子风范》，北京：中华书局，2006年，第242页。
② 彭林：《礼乐人生——成就你的君子风范》，北京：中华书局，2006年，第10页。
③ 习近平：《在同各界优秀青年代表座谈时的讲话》，http://news.xinhuanet.com/politics/2013-05/04/c_115639203.htm，访问日期：2017年7月10日。
④ 冯友兰：《中国哲学史》，重庆：重庆出版社，2009年，第247页。
⑤ 梁漱溟：《中国文化要义》，上海：上海人民出版社，2011年，第106页。

尊重的表达，也是人际关系的人性化形式。"[1] 一个人的举手投足、讲话方式、待人接物的气质修养，反映了其价值观和世界观。也有人将礼视为中国人的一种生活习惯。李亚农表示："在我们看来，'礼'就是恩格斯所说的'数百年来的习惯'。整整一部《仪礼》都是记载古代社会生活各方面的习惯的。"[2] 彭林教授曾言及在课堂教学中会躬身垂范，在课前课后向学生行鞠躬礼，引导学生们向老师行礼，师生间重塑礼文化，强调彼此尊重。礼的教化着眼于将人的道德本性好的一面激发出来，并涵养、扩充、大而化之。所谓"礼者，所以经天地，理人伦，皆人性所固有，而非伪貌饰情之具也。"[3] 基于此，礼文化在当代的推广，目的旨在让人成为精神自我与道德自我的存在。

其二，"礼"外化于形在于强化"齐之以礼"的社会管理。清代康熙曾高度评价礼的重要性，他在《日讲<礼记>解义》的序言中曰："朕闻六经之道同归，而礼乐之用为急。"[4] 华夏民族在自觉调控社会运行时形成了礼，而礼又作用并渗透至中国社会的不同层次和领域内。荀子强调礼对人们行为的外部规范之用，他认为礼的起源也正是基于社会管理为目的。《荀子·礼论》曰："礼起于何也？曰：人生而有欲，欲而不得，则不能无求；求而无度量分界，则不能不争；争则乱，乱则穷。先王恶其乱也，故制礼义以分之，以养人之欲，给人之求，使欲必不穷于物，物必不屈于欲，两者相持而长，是礼之所以起也。"[5] 基于此，《孝经》便言："移风易俗，莫善于乐。安上治民，莫善于礼。"[6] 梁漱溟也认识到了这一点，他说："以我推想，孔子最初着眼的，与其说在社会秩序或社会组织，毋宁说是在个人——一个人如何完成他自己，即中国老话'如何做人'。不过，人实在是许多关系交织着之一个点，做人问题正发生在此，则社会组织社会秩序自亦同在着眼之中。"[7]

"礼的文化包括三个层面，礼的精神、礼的态度、礼的规定。我们可以说，中华文明的礼是以'敬让他人'为其精神，以'温良恭俭让'为其态度，以

---

① 陈来《中华文明的核心价值》，北京：三联书店，2015 年，第 44 页。

② 李亚农：《李亚农史论集》，上海：上海人民出版社，2016 年，第 232 页。

③ 鄂尔泰、朱轼、甘汝来、张廷玉等：《日讲·<礼记>解义》，北京：中国书店，2017 年，第 1 页。

④ 鄂尔泰、朱轼、甘汝来、张廷玉等：《日讲·<礼记>解义》，北京：中国书店，2017 年，序言第 1 页。

⑤ 荀子著，方勇、李波译注：《荀子》，北京：中华书局，，2011 年，第 300 页。

⑥ 胡平生：《孝经译注》，北京：中华书局，1999 年，第 28 页。

⑦ 梁漱溟：《中国文化要义》，上海：上海人民出版社，2011 年，第 115 页。

对行为举止的全面礼仪化修饰与约束为其规范的文明体系。"①2017 年 10 月，山东省委宣传部在传统文化与社区（乡村）文明读本中列出了近 200 余条礼仪规范。涉及仪表举止、日常家居、处世言谈、迎客待客、拜访做客、用餐饮酒、寒暄称呼、电话书信、出门对众、交通旅行、国内外旅游行为。②《新周刊》总结了十大复礼的行为：称呼他人、不迟到、不闯红灯、让座、说声谢谢、孝顺父母、不看手机、尊敬师长、文明出行、注意公共卫生。③礼的产生最初就是应人类社群的需要而建立和完善，旨在保证社会生活的和平无争。"礼不是法律，也不等于道德；礼有法的功能，有道德的含义，但礼作为社会组织和管理方式的模式，是以习俗和仪式来实现社会的秩序与和谐；或者说把仪式和礼节化为礼俗，实现某种社会的功能。"④这些总结算是给当代的礼一个低配版的标准。对于物不能澹、势不能容的争夺，靠礼义的规范，便能适度限制人本来的自然欲望，从而适应社会管理。

其三，"礼"物化于情在于规制"礼尚往来"的社会联结。物化之礼主要体现于三个层面：其一，仪表之礼；其二，衣食住行之礼；其三，礼物。这些都可以视为社会沟通的重要介质。譬如仪表之礼可以表现在一个人的服饰方面，孔颖达在《春秋左传注疏》中就对"华夏"二字中的"华"字解释为"服章之美"。"'华夏'的得名来源之一就是中国人得体美观的服饰。'华夏一也'说明礼仪和服饰在本质上是统一的，而'华'与'夏'组合成词的时候，'华'在'夏'的前面，充分表明了古人对服饰的高度重视。"⑤《礼记·王制》中其至提道："作淫声、异服、奇技、奇器以疑众，杀。"⑥故意穿错衣服的后果，会被直接处死。如今，政治人物最擅于发挥服饰礼仪的正面作用为自己的形象加分，通过服饰提升亲民形象，在出席正式的场合的时候大都身着西装，而当他们深入基层与市民聊天时，则身着便装，显得平易近人，与普通民众打成一片。通过服饰传递着其平凡、亲和的领导者形象。

再如衣食住行之礼之中的称谓之礼，就是人际沟通中最为普遍的。《论

① 陈来《中华文明的核心价值》，北京：三联书店，2015 年，第 45 页。
② 于媛：《不知礼 无以立——礼仪文明伴我行》：北京：中华书局，2017 年，第 201—212 页。
③ 窦浩：《十大复礼》，《新周刊》2015 年第 4 期。
④ 陈来著，翟奎凤选编：《陈来儒学思想录：时代的回应和思考》，上海：华东师范大学出版社，2014 年，第 136 页。
⑤ 张立敏：《温良恭俭的中国礼》，南京：凤凰出版社，2017 年，第 1 页。
⑥ 丁鼎：《礼记解读》，北京：中国人民大学出版社，2010 年，第 195 页。

语·季氏》便言：“邦君之妻，君称之曰夫人，夫人自称曰小童；邦人称之曰君夫人，称诸异邦曰寡小君；异邦人称之亦曰君夫人。”① 又如《红楼梦》第十五回中，北静王初见贾宝玉时的一段话，最能体现称谓之礼。“水溶见他语言清楚，谈吐有致，一面又向贾政笑道：‘令郎真乃龙驹凤雏，非小王在世翁前唐突，将来雏凤清于老凤声，未可量也。贾政忙赔笑道：‘犬子岂敢谬承金奖。赖蕃郡余祯，果如是言，亦荫生辈之幸矣。’”② 此处，“令郎”“世翁”属于敬称，“小王”“犬子”属于谦称。古礼中对于称谓是很讲究的，清代梁章钜还编写了《称谓录》一书将自称、谦称、敬称、婉称、美称等详见说明。这些是日常人际沟通中文雅化的语言表达，粗鄙的语言无法体现出对他人的尊重，也体现不出自身的教养。

　　笔者发现，如今有相当多的年轻人给长辈或是不太熟络的人发信息时不习惯使用敬语。譬如学生给老师发信息表述一件事情时，很多年轻人用“你”多于用“您”，读起来口气很生硬，有人甚至将其解释为代沟或是南北方文化的差异。笔者的一个学生在毕业临离校那天特意送笔者母亲一束花，卡片上竟然称笔者的母亲为“师母”，老师的母亲，被年轻人按照字面含义理解为“师母”。南怀瑾感慨过当代称谓礼仪的问题，他说：“目前这个文化很混乱……现在有许多称呼很怪。如‘世伯’的称呼，就有许多人不懂，而称‘王伯伯’‘李妈妈’，以前称姓是不敬的；如‘敝处’一词年轻人就不懂，而自称‘府上某地’的，那就太普遍了。至于‘台甫’‘贵庚’就更不懂了。这个时代，不知道是我落伍了，还是文化衰落了，但一切人文规范显得非常紊乱，社交礼貌也是花样百出，各行其是。”③ 这些礼仪的零星式普及，目前总体效果还并不理想。

　　再看物礼中的礼物的层面，礼物是“礼”文化的常用表达工具，作为礼尚往来的中介物，礼物的馈赠最为常见。“礼是我们作为个人进入社会关系的途径，礼是我们得以进入这一社会关系的编码，因为这个社会是由礼所结构的。”④ 在中国以及亚洲其他一些国家，甚至有记录礼单的习惯。像一张张社会地图一样，标注着人与人之间的关系网络，刻录着人际间的感情、恩惠、

① 杨伯峻译注：《论语译注》，北京：中华书局，2006年，第201页。
② 曹雪芹，脂砚斋评：《脂砚斋评石头记》，北京：线装书局，2013年，第206页。
③ 南怀瑾：《南怀瑾选集·论语别裁》，上海：复旦大学出版社，2016年，第662页。
④ 陈来著，翟奎凤选编：《陈来儒学思想录：时代的回应和思考》，上海：华东师范大学出版社，2014年，第138页。

关照以及物质交换的关系。接受了他人的礼物，就要在适当的时候有所回报或还礼，礼物与人情在交换，与送礼者想办的具体事务在交换，这就是中国古老传统的人际关系中所形成的礼尚往来①思维模式。总体而言，"礼物馈赠是人类社会中最为重要的社会交换方式之一。义务性的礼物往来维持、强化并创造了各种——合作性的、竞争性的抑或是敌对性的——社会联结。"②按照礼物馈赠送出的场合来分，可以将物礼粗略地归为三个大的类别，如下图所示：

场合类别	具体
仪式型物礼场合	生日、生育、订婚、婚礼、乔迁、盖房、祝寿、丧事、偶然性的喜事（如升学、参军等）、绝育或流产（中国农村部分地区）等。
非仪式型物礼场合	探病、孝敬长辈、压岁钱、信物、食物交换等。
工具型物礼场合	贿赂、攀附、酬谢等。

（表 3-1：礼物馈赠分类）

在中国，无论是上述哪种场合类别，礼物的馈赠总体而言都是在以人情为主线做发出的沟通行为。人情是中国人"礼"的一种重要的精神形态，人们借助礼进行社会交往的编码，从而顺利地进入到社会关系网之中互相沟通。"通过一次你我收的礼品赠送过程，中国人完成了一系列分类、定位、互动模式，最后落到个体的自我统一和社会运行，这就是所谓的'社会化'，也就是中国人特有的人情世故。"③《新周刊》在 2014 年第 23 期专门整理了从 100 元到 100 万元人民币的不同"亲人礼""朋友礼""商务礼"的各种礼品组合，为现实生活中的物礼沟通提供了多种指南。中国是礼所结构的社会，所以，需要强调作为德性之一的礼。在当代，送礼的走向已逐渐向品位和情谊层面让渡，丰俭由人，不从众，形式要低调，价值要轻奢。烟酒糖茶与奢侈品在以前充斥的物礼名单，而现在私人定制成为潮流，价位不等的一切商品都有可能成为礼品。以前选贵的，现在选个性化的。

作为一种社会模式，"礼"传播的社会走向应朝向内化、外化与物化的统

---

① 中国人在礼物馈赠长辈的时候自有其不同于西方国家的一面，当收礼者的地位高于送礼者的时候，礼物会呈现单向流动的模式。

② 阎云翔：《礼物的流动——一个中国村庄中的互惠原则与社会网络》，上海：上海人民出版社，2017 年，第 7 页。

③ 陈旧：《如何正确地送礼？》，《新周刊》2014 年第 23 期。

一，而非停留在虚情假意的表层上。"克己复礼为仁。一日克己复礼，天下归仁焉。"①礼的规范是群体的秩序与和谐不可或缺的，当代人应该自愿而自觉，自动而自主地去实践礼的要求。对比国外而言，笔者近些年发现，在日本，超市收银员会将小票整齐地叠放好，鞠躬并双手呈给顾客；在新加坡，公共场所内没人会大声喧哗；地铁中，人们接打电话也是轻声细语，力求让自己不打扰到别人；在韩国，人们在日常语言交流中，多用敬语；韩国、日本的电视台播音员在节目结束的时候，都会向电视机前的观众鞠躬，而非互相聊天、整理稿件或是收耳机线。凡此种种，不一一列举。全球化背景之下，很多国家对中华"礼"文化存在"形式上的接受和内容上的割取"。②从自身的需求出发，选择性接受和重塑。中华礼文化从古代就已声波至海外，这种文化的传播与接受并非是靠武力推广，而是凭借文化本身的力量。毋庸置疑，中华礼文化加速了这些国家文明的演进，即便在当今社会也仍然发挥着作用。

未来我们可在以下几个方面进行礼文化的拓展：其一，需要进一步探究古代典籍中有关礼文化的内容。譬如《红楼梦》折射的清代礼文化，其中的座礼、家规、人物言谈举止、衣食住行、丧礼等仍具有当代价值。礼文化还可以结合影像视觉的技术，譬如电视剧《琅琊榜》《芈月传》，纪录片《记住乡愁》《玉石传奇》，微电影《汉礼文化》《缘定三生》等。以当代人的信息接受习惯，进行轻松活泼式的礼文化意义输出；其二，可以结合不同的地域文化，充分尊重不同地区的风俗习惯，拓展礼的精神，让礼文化在当代的传播趋向多样化。譬如沿海地区民众多信仰妈祖，于是，便从妈祖信仰中提炼出礼文化的东西进行传播，拓展妈祖立德、行善、大爱的精神。2017年8月30日至31日，湄洲妈祖祖庙董事会和善雅文化公司联合举办"学现代礼学，行妈祖典仪"礼仪培训活动。礼仪讲师围绕参加人员形象要求和工作情况，结合小游戏，以通俗的语言，生动的实例向学员们详细讲述学礼仪的意义、仪容仪表礼仪、神态仪态礼仪等。此外，笔者在前文中提到的中华妈祖文化交流协会慈善部还会面向全国不定期举办公益讲座活动，聘请专家学者赴各地讲授传统文化，提升年轻人对包括"礼"在内的中华传统文化的认知。其三，呼吁官方层面对礼文化传承的大力助推，不能仅靠民间力量零散地传播，更要依托官方之力系统化、全面化地推广。当然，也要避免强制性，应当以示

① 杨伯峻译注：《论语译注》，北京：中华书局，2006年，第138页。
② 侯巧红、刘俊娟：《中国礼文化在日本的传播、影响与认同建构》，《郑州大学学报》2018年第3期。

范、教育为主，引导人们自觉接受和遵守。其四，去繁就简是礼文化在社会发展过程中的必然走向。古礼中的规范细化而复杂，不够灵活宽松，给当代人一种疏离感，不符合时下人们渴望放松的生活追求。婚丧嫁娶、节日庆典等礼仪不能脱离规范，但也要去掉缛节繁文。增加人际沟通中情感的交流，提升礼仪的中的文化品位，尊重人格、体现个性即可。

综括以上，礼文化对世界文明做出了重要的贡献，对于当代的中国而言，提炼与升华适合时代的"礼"之精神，提升文化软实力与国人的文化自信观念意义重大。"古代的礼制有严格的等级制度，这是我们要抛弃的，但从遵守社会制度和做文明有礼貌的人来说，我们今天也是要讲究的。"① 礼的复归不等同于在当代试图恢复全部儒家古典庞杂而又繁多的礼俗、礼制，而是重在将儒家古礼的原则、气质、精神、结构、范式创造和批评性地淬炼出来。本着传承和发展的原则，重塑"礼"，以适应当代社会的需要。

---

① 许抗生：《儒家思想的过去、现在和未来》，北京：中华书局，2015 年，第 279 页。

第四章　朝向当下：中国古代神话的当代传播思考

中国古代神话在当下仍有积极的传播意义，它是民族文化的记忆，是艺术作品的母题，具有华夏民族文明的释源功能。我们通过神话可以寻绎出人类历史的"真相"，这也是提升民族文化自觉、自信与自强的一种言说方式。在当代视野下，中国古代神话的存在与传承依然具有时代价值。着眼于国家"双创"传统文化的战略意识，从传承的时代价值入手，再对中国古代神话的当代传播方式与传播叙事内容入手进行综合诠释与思考。在当代传播语境中，我国对于古代神话的传播不缺乏"朝向当下"的意识，"新神话"的创作与市场化推广，让传统文化延续与推广多了一种新的神话言说方式。通过检视已经具有的传播案例，不难发现，我们在叙事方式、市场化运作模式以及文化输出的手法与效果方面，与西方国家仍有差距。

在当代视野下，延续与重述中国古代神话传播是一个亟待思考的课题。这涉及两个层面，其一，是延续传播的意义；其二，是叙事内容与方式的重构。中共中央《关于实施中华优秀传统文化传承发展工程的意见》提到的要"坚持创造性转化、创新性发展"，即"双创"传统文化的战略意识。依此而论，对中国古代神话传播进行检视与思考，可以为"双创"战略与党十九大报告关于传统文化的传承提供理论依据和实践参照。更进一步而言，对于建立中国社会的文化自觉、自信与自强，延续中华文脉、全面提升人民群众文化素养有一定助益。

21 世纪以来，日新月异的媒介生态不断对中国神话传播的内容及效果发起挑战。着重从传播意义、传播叙事内容与方式两个维度入手进行诠释与思考。具体说来，分析中国古代神话在当下有何时代意义？如何从传播学角度去诠释中国古代神话的存在与传承？在当代传播语境中，又如何去对中国古代神话的传播内容进行叙事的重构？本文试图从传播学的维度去考察中国古代神话的传播意义以及怎样做到使其传播能够"朝向当下"，以弥补该领域研究涉猎之不足。

第一节　中国古代神话的存在与传承的时代价值

在晨光熹微的人类历史发展初期，先民们以极其薄弱的生产装备和少量的知识，同周围的自然环境做斗争。自然界给予他们太多惊奇与不解，身处蒙昧状态下，他们笃信万物皆有灵魂，所谓"万物有灵"，遂拜其为神。神话作为一种存在于民间的历史文本，给那些没有权利和能力借助文字刻录历史记忆的先民们，提供了一种传承文化和延续民族记忆的工具。鲁迅提出："昔者初民，见天地万物，变异不常，其诸现象，又出于人力所能以上，则自造众说以解释之：凡所解释，今谓之神话。"①从历时性角度而言，神话构筑了当代人与远古先民交流与理解的拟态空间。

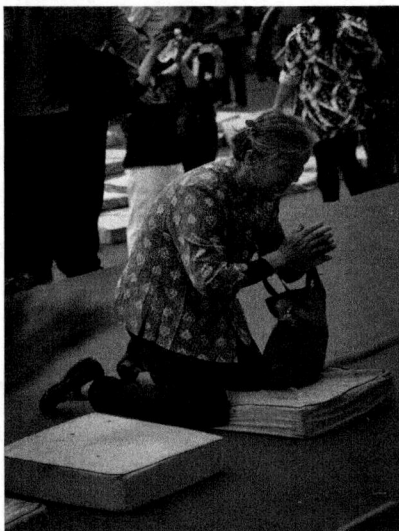

图 4-1：妈祖信众在湄洲岛祖庙祭拜（2010 年 5 月 6 日拍摄于湄洲岛）

对于神话母题原型叙事的传播，不同时代的讲述者都有意无意地叠加自己的理解和记忆。在历史发展中，神话被不断地改造、加工。上古时期的河神，其神性随着朝代的推移，渐渐在民众心中失去祖先崇拜和生殖崇拜等依附其身的观念。河神的称谓也多有变化，譬如在《山海经·大荒东经》《穆天子传》《楚辞·天问》《庄子·秋水》《艺文类聚·帝王部》《史记·河渠书》《晏子春秋·内篇谏上》《韩非子·内储说上》中，称河神为"河伯"；在《淮南子·原道训》《水经注·河水一》《楚辞·远游》中称其为"冰夷、冯夷、无

---

① 鲁迅：《中国小说史略》，北京：人民文学出版社，1981 年，第 12 页。

夷"。又如西王母的形象随着时间的推移，不断地演进。《山海经·大荒西经》曰："有人戴胜，虎齿，有豹尾，穴处，名曰西王母。"[1]凶神的形象是其早期被塑造的形态；《淮南子·览冥训》曰："譬若羿请不死之药于西王母，恒娥窃以奔月，怅然有丧，无以续之。"[2]此处，西王母掌握不死之药的稀缺资源，可视为吉神。《穆天子传》中，其形象又趋于美丽；魏晋时代《汉武帝内传》中的西王母更是绝世容颜；《枕中书》将其描述为众仙领袖；《西游记》中，她是设蟠桃宴礼仪天下宴请诸仙的天上王后；而到了明清文人的笔下，她则成了拆散牛郎织女爱情的封建卫道士。屈大均经考证后认为，在广州地区"多有祠祀西王母，左右有夫人，两送子者、两催生者、两治痘者，凡六位，盖西王母弟子。相传西王母为人注寿、注福、注禄，诸弟子亦以保婴为事，故人民事之惟恐后。壁上多绘画保婴之事，名'子孙堂'。"[3]其神职功能与形象在清代已经趋向多元，送子、催生、祛病治痘，乃至福禄寿等皆为其职责范畴。总体而言，西王母的神话形象在不同时期呈现出多元一体的传播形象。

"神话的成型及传播过程，折射出中国社会各阶层按照各自的诉求，动员资源和符号，再创造具有开放性特质的神话母题，并衍生出多样文本的演进历程。"[4]神话的流变具有历史化、政治化、哲学化、系统化等趋势。李炳海认为："神话有原生态和次生态之分。原生态神话指最初生成的神话，是神话的原始状态；次生态神话是从原生态神话演变来的，它虽然以原生态神话为母体，但又发生许多变异。"[5]譬如伏羲女娲的传说在淮阳地区的叙事就并非僵化，特别是在当代，官方倡导唯物主义历史观的趋势下，在传播伏羲女娲的神话时，会尽量剥离掉宗教性的元素，强调伏羲作为华夏始祖在文化上的功绩。

王增永《神话学概论》中总结了神话的 6 个文化价值，分别为：宗教、规范、凝聚、教育、娱乐和解释。笔者认为神话的存在与传播还具备两个突出的价值。其一，神话是人类艺术的母题，也是对华夏民族性的释源；其二，神话是对本国历史文明的寻绎与映照。

———————
① 方韬译注：《山海经》，北京：中华书局，2011 年，第 322 页。
② 陈广忠译注：《淮南子》，北京：中华书局，2012 年，第 333 页。
③ 屈大均：《广东新语·神语》，北京：中华书局，1985 年，第 208 页。
④ 王长命：《"关公战蚩尤"神话及其早期传播》，《历史研究》2015 年第 4 期。
⑤ 李炳海：《中国古代神话演变的基本趋势》，《延边大学学报》2003 年第 1 期。

一、艺术母题与文明的释源

所谓"神话"是指："神或'超自然的存在'的行为之说明，常在原始思想的界限里表现；神话企图说明人类与宇宙的关系。在述说神话的人们，有重大的宗教的价值。神话又是因为说明社会组织、习惯、环境等的特性而出现的。"① 马克思说："任何神话都是用想象和借助想象以征服自然力，支配自然力，把自然力加以形象化，神话是已经通过人民的幻想用一种不自觉的艺术方式加工过的自然和社会形式本身。"② 中国古代神话是我国文学艺术的母题和创作源泉，譬如：屈原《九歌》中的《湘夫人》《山鬼》；宋玉的《神女赋》《高唐赋》；东汉曹植的《洛神赋》；刘向《烈女传》；唐代李朝威《柳毅》；明代《大唐三藏取经诗话》《西游记》《封神演义》；郭沫若《女神》《湘累》；鲁迅《补天》《奔月》等。雅斯贝斯《历史的起源与目标》中提出了人类历史起源"轴心说"③ 的概念。无论是《山海经》《淮南子》《列子》等，还是西方的《荷马史诗》，其中有关神话的素材，都可视作人类艺术的土壤与发展原点。

此外，言及中国古代神话的释源功能，一方面在于神话的传播能够便于今人了解古人在当时遇到的一些无法解释的现象，并对无法解决的问题进行探索。另一方面，释源中华民族文化，不外乎是在试图开启一种文化自觉的意识。所谓文化自觉，"指生活在一定文化中的人对其文化有'自知之明'，明白它的来历、形成过程、所具有的特色和它发展的趋向，不带有任何'文化回归'的意思，不是要复旧，同时也不主张'全盘西化'或'坚守传统'。自知之明是为了增强对文化转型的自主能力，能取得适应新环境、新时代而进行文化选择时的自主地位"。④ 这是费孝通的世界文明理想。

文化自觉观的逻辑延伸就是文化自信。有了文化自觉的意识，才可能实现行动的自觉，进而树立文化的自信，前提是真正了解自己的文化。无视并抛开传统文化宝库中的精品，非明智之举。朱熹有诗云："半亩方塘一鉴开，天光云影共徘徊。问渠那得清如许？为有源头活水来。"何谓"源头活水"？即为本民族优秀的传统文化。广泛而深入地吸纳本民族传统文化之中的有益养分，端正对异质文化的接受心态，有助于当代人打开中国文化宝库，拓宽

---

① 谢六逸：《神话学 ABC》，北京：知识产权出版社，2017 年，第 5 页。
② 马克思：《政治批判学》，中央编译局译，北京：人民出版社，1973 年，第 113 页。
③ 雅斯贝斯：《历史的起源与目标》，北京：华夏出版社，1989 年，第 14 页。
④ 费孝通：《文化与文化自觉》，北京：群言出版社，2016 年，第 291 页。

文化创新思路。中国古代神话不等同于迷信，其中包涵先人们对积极的生活态度，具有人民性，不屈从命运，勇于反抗权威。

叶舒宪在对比中西生态哲学后提出："如果说西方哲学的思维是在扬弃了神话思维之后发展起来的，那么可以说中国哲学思维的模式是直接承袭神话思维模式发展起来的。原因之一是，中国汉字的象形特征使直观的神话思维表象得到最大限度的保留，而语言文字作为思维的符号和文化的载体，必然会对中国人的思维方式、文化心理结构产生潜在的铸塑作用。早期的中国哲学家如老子、庄子等在很大程度上表现出神话思维的特征。"[1] 神话的延续构成了中华民族一种记忆言说方式，展示了一个民族的文化想象力，这也是文化自信的源泉。"如果一个民族忘却了自己的所在、所源，那么，他所面临的将是失去自己的记忆。失忆之后，我们常常就忘却了自身存在的价值。神话传说对于一个民族来说，是最古老的记忆。"[2] 综括以上，中国传统文化自成生态，其发展或可视为对于古代神话观念的承续与再发展。不仅是中华艺术的母题，也可释源中华文明，提升国人文化自觉与自信的意识。

二、寻绎人类历史的"真相"

神话绝非是先人在头脑中的空想，它来源于现实，涉及的事件、人物、地点往往都有一定历史根据。伊利亚德认为神话叙述是一种"真实的历史"[3] 我们可以视神话为一种历史文明的记忆或想象。"这种想象是有自己的背景的，但是这个背景并不是完全真实的，而真实与不真实的这个问题相当复杂。"[4] 虽然不能等同于绝对真实历史去看待神话，但也难掩其文化传播价值。

古时候诸夏族与诸羌族之间的文化沟通如何，从西王母与昆仑山的故事中可见端倪；生活在南太平洋和蒙古高原的人与中原地区最早的交往情状如何，可以在皇帝和蚩尤的战争神话中得以窥见一斑。又如作为开创文明造就人类的初母女娲，她的系列神话之中抟土造人之说，还原了先民对生殖能力的祈求、膜拜与敬畏；女娲与伏羲以兄妹关系成婚并繁衍人类，这也的确是再现了当时的社会发展阶段，母系氏族之内兄妹婚配并不鲜见，这种情况是人类从亲婚制到对偶制发展过程中的一个阶段；在原始公社制度瓦解之后，

① 叶舒宪：《中国神话哲学》，北京：中国社会科学出版社，1992 年，第 2—3 页。
② 高有鹏：《神话传说与民族记忆》，郑州：河南大学出版社，2015 年，第 296 页。
③ Eliade M. Myth and R eality：London：Gerge Allen & Unwin Ltd. 1963, 6.
④ 高有鹏：《神话传说与民族记忆》，郑州：河南大学出版社，2015 年，第 299 页。

随着私有制的产生，神话之中也暗示着劳动阶层被剥削的状态。那些"不耕而食，不织而衣"的神话里，反映了劳动者内心渴望减轻负担远离被剥削命运的真实处境。袁珂认为："从表面看这种神话似乎是懒汉思想的流露，实际上却是古代劳动者对于劳动的剥削者的一种嘲讽和抗议，也可以说是他们的一种天真烂漫的幻想：假如人人都无须劳动就可以快乐地生活在世间，那么就没有人能够利用种种方法来剥削他人的劳动了。"① "后羿射日"的神话中，有天有 10 个太阳之说。叶舒宪就曾解释为是古人从历法制度中产生的想象，古代历法中每月共 30 天，分三旬，每旬有 10 天。"日"即"天"，所以才有了所谓天有 10 个太阳之说。神话绝非独立的统一体，其叙事和现实生活存在共生的关系，未曾游离于生活，是华夏文化不可或缺的一部分。

在中国古代封建王朝的体制下，神话的传播被当世在位的统治者加以发挥和利用。通过官方信息传播和以谣言为载体的非官方传播，在民众心中建构其王朝天命的印象，巩固其君权神授的地位，增强其威信。"国家利用民族神话宣扬国家意志，于是国家的神话披上了民族神话的外衣，散布到大众心灵中去。所以，进入了国家制以后，没有一种民族神话不浸染着国家神话的成分。"② 一方面，这部分神话具有政治传播目的；另一方面，也是先民为了崇敬某些对人民有突出贡献的先祖或偶像，所附加在他们身上的一些带有神迹的东西，以突显这些人的卓尔不群。自商代起，神话就发挥着控制思想的功能。随着朝代更迭，前朝的神话逐渐会被后继之朝摒弃和改造，造成部分神话凋零。

纵观世界范围的神话，人类的生命体验与所传承下来的故事中，大都有一些"偶然的类似"③。自然神话中的太阳神，在中国可以对应炎帝，在日本可以对应天照大神。洪水神话更是普遍，鲧受命治水，因无功而受尧制裁，愤懑而亡。《创世纪》中就有对洪水的描写，天破雨注，在印度神话、北欧日耳曼神话和希腊神话中，对洪水的起因大都归结为人类本性的堕落，天降其灾。袁珂考察甲骨文字形时，就发现"昔"字的创造与洪水神话关系密不可分。"画一个太阳，下面或上面画作水波汹涌的光景，意思是说：从前曾经有过可怕的洪水泛滥的日子，大家不要忘了。"④ 禹治水时与水神共工有一场大

---

① 袁珂：《中国古代神话》，上海：华东师范大学出版社，2017 年，第 3 页。
② 田兆元：《神话与中国社会》，上海：上海人民出版社，1998 年，第 130 页。
③ 谢六逸：《神话学 ABC》，北京：知识产权出版社，2017 年，第 97 页。
④ 袁珂：《中国古代神话》，上海：华东师范大学出版社，2017 年，第 190 页。

战。禹号召众神齐聚会稽山，防风氏因迟到而受罚，葬身会稽山。此后，《国语·鲁语下》记载："吴伐越，堕会稽，获骨焉，节专车。吴子使来好聘，且问之仲尼，曰：'无以吾命。'宾发币于大夫，及仲尼，仲尼爵之。既彻俎而宴，客执骨而问曰：'敢问骨何为大？'仲尼曰：'丘闻之：昔禹致群神于会稽之山，防风氏后至，禹杀而戮之，其骨节专车。此为大矣。'"①

神话未见得是虚构，可作如是观。

第二节 当代化语境下中国古代神话的叙事重构

在当代化语境之下，中国古代神话的需要在"重述"问题上进行探索。在表达方式和叙事内容上进行创造性转化与创新性发展。"朝向当下"这个概念最初是在杨利慧《当代中国的神话主义：以遗产旅游和电子媒介的考察为中心》中提及的。"将神话研究的目光瞄准了遗产旅游和电子媒介，考察了遗产旅游与电子媒介中神话的传播、变异等诸多问题。为了突出研究视角的转移，提出了'朝向当下'的口号。"②拓展其思路，如下问题有待深度思考。"神话语言"在表达上如何实现国际化，涉及国家文化品牌和本国文化自觉、自信与自强的问题。"新神话"的产生于市场化运作，让追溯与发展中华文化之源有了更广阔的传播空间。

一、"神话语言"的国际化交流与思考

媒介技术的发展与创新，为世界范围内的文化塑造与交流提供了可能性。文化传播呈现出即时性、跨地域性与互动性。从本国的文化视角阐释神话，打造属于中国文化产业的独特品牌，实现国际化交流是当前我国神话传播面临的藩篱。仅以古代神话中龙的形象为例，我国尚未有较为成功的对外推广的典型案例。"神话的建构与解读，应先考虑何种符号对文本做出的解读，其中包括文本所在的场所，读者所在的历史时期以及读者的文化背景。读者之所以会自然而然地对其神话进行消费，是由于神话自始至终都是一个符号系统，而这种符号系统是一种价值观的体现。"③

---

① 左丘明撰，鲍思陶点校：《国语》，济南：齐鲁书社，2005年，第103页。

② 吴晓东：《"朝向当下"的神话研究》，《长江大学学报》2017年第5期。

③ 约翰·斯道雷著，常江译：《文化理论与受众文化导论》，北京：北京大学出版社，2010年，第148—149页。

费孝通在 20 世纪八九十年代分别实地考察了蒙古鄂伦春族、赫哲族等少数民族，发现少数民族的原生态文化面临灭绝的困境。忧心于此，于是倡导"和而不同"的文化愿景。1900 年，他在自己八十寿宴的演讲中提出了著名的"十六字箴言"，即"各美其美，美人之美，美美与共，天下大同"。最初的理论旨趣在于对弱势民族文化的尊重与保护，呼吁社会各界重视此问题。在谈及保存民族民间文艺遗产时，他甚至还主张用少数民族自己的文字或符号记录其原始材料，力求还原其风格，不能根据自己的口味而粗暴式的翻译。后来，这个理念渐渐被拓宽了范畴，发展成为中国面向世界时一种互相认知与相处的智慧。

中国古代神话中体现了华夏民族对于"天、地、人"朴素的认知，承载着民族文化密码。中国智慧的继承与发展的最终方向就是文化自强。从宏观角度看，全球化不可规避地引发文化的对冲与融汇，费孝通当年深忧各民族文化的生存及发展权，批判"文明冲突论"等观点，企望构建出"天下大同"的世界文明格局。他的理论推进脉络分四个层次：其一是反思，对自身文化长短的全面审视，尽量做到"各美其美"；其二是尊重，舒展胸怀，展示出"美人之美"的包容态度；其三是学习，以他人之长补己之短，达到"美美与共"；其四是共处，以求"和而不同"的文化愿景。这是推进世界文明进步的大趋势，更是中国传统文化智慧的沿革。

美国极为重视通过运用继承与自创相结合的神话语言体系，对外传播其本国的文化。2017 年 11 月 3 日上映的超级英雄类型的电影《雷神3：诸神黄昏》，将发端于二战时期的一些超级英雄人物如蜘蛛侠、绿巨人、钢铁侠、美国队长等形象，归纳为美国文化语境中的众神。剧中通过对欧洲古代神话体系的指认，也极为自然地将美国定义为某一个神话体系的合法继承人。神话话语看似虚拟，但是却和现实空间息息相关，也作为美国文化输出和交流的有效传播路径之一。

我国在古代神话跨文化传播方面，已经开始尝试面向国际的多元化沟通。2005 年，我国参与了由英国坎农格特出版社发起的"重述神话"活动，这是大型跨国出版合作项目。中国作家目前已出版《碧奴》《人间》《后羿》等作品。2017 年 7 月 6 日，在上海开幕的第十三届中国国际动漫游戏博览会上，展出的创世神话连环画绘本作品。2017 年 8 月，在 FM107.2 上海故事广播播放 26 集小说《鸿蒙世纪》，精选数十个神话故事，串连起一部简化版的华夏神话史；2017 年 9 月 26 日，《中华创世神话——电视书场》启动样片录制。

该节目共 48 集，是由上海广播电视台、上海文化广播影视集团有限公司主办，炫动传播有限公司承办的"中华创世神话文艺创作工程"的子项目。主讲人将评书的表现形式进行创新。评人、评事、评情和评理，变单向传输为双向交流。

在诠释神话故事的同时，将相关文史知识穿插于叙事之中，以当代人视角对其中的是非曲直进行思摩玩味。在 2018 年 4 月 27 日的第 35 届"上海之春"国际音乐节上，以"追溯中华文化之源"为创作主旨的"中华创世神话原创作品音乐会"拉开序幕。5 月 17 的闭幕式上，交响幻想曲《炎黄颂》通过多乐章交响幻想曲体裁，分为"源""生""化""祥"四个乐章，对创世神话华夏始祖炎黄二帝的神话故事进行"双创"。礼赞华夏文明，讴歌四海归一的愿景。2018 年 8 月 8 日浸入式 3D 戏剧《创世神话漫游记》首映，作为"开天辟地、中华创世神话"文艺创作与文化传播工程的重点题材项目，这部由上海宝山区文学艺术界联合会与上海星拓文化传播有限公司共同打造的作品，通过写意、魔幻、风格化的美学理念，运用全息、3D、人影互动等技术为观众重塑神话世界，让虚拟空间与现实空间融合在一起，实现观众浸入式观影体验。

反观美国好莱坞成功输出的文化产品中，不乏中国古代神话元素的东西。譬如中西方文化中龙的形象迥异，西方的龙邪恶凶猛，不具备崇高的文化地位。《圣经·启示录》中出现的龙，被演绎为魔鬼撒旦的化身。东方的龙则代表善良与祥瑞，是华夏民族的文化标志以及精神符号，具有强大的民族凝聚力和象征性。只有中华民族才称自己为"龙的传人"，这种文化含义在西方是没有的。然而，好莱坞给我们带来的震撼与反思体现在对中国龙文化形象的处理上。动画片《花木兰》中，象征中国神话形象之一木须龙被构建成体态矮小的样子。在美国文化操控下，经过重新诠释和角色定位，有效地将龙的文化形象推向世界。不过，在这场以美国为主导的跨文化传播中，中国龙真正的文化意蕴却被有效掩盖，他们只是借助了中国固有的神话元素，以文化转译的方式，将其作为一种文化经济的符号化意义表征。

二、"新神话"的创作与市场化传播

发端于 20 世纪后期的"新神话"思潮，带动了一批畅销世界的神话作品。如：《魔戒》《指环王》《哈利·波特》《塞莱斯廷预言》等。"它表现在文学和艺术创作、影视动漫产品及其他各种视觉文化方面，以至蔓延至整个文化创意产业。其共同特征是在题材和主题上，回归前现代社会的神话想象和民间信仰传统，在价值观上反思文明社会，批判资本主义和现代性，向往原始、纯真的初民社会。"①所谓"新神话"，是指将以中国古代神话的原型为依托，将远古神话与现实生活联系在一起，通过对奇幻世界建构，塑造独有的精神世界，为当代人营造出一个可供安放心灵的栖息之地。

"现代传播媒介记忆下改编的民间文学保留传统的东西很少，更多的是个人思想作用下的现代精神和时代色彩，口头文本中缺失的内容常以创作者的创作来补充。"②笔者在莆田市湄洲岛妈祖祖庙参观时曾发现，导游的口头传播文本中常混杂着现代世俗化的解读。导游告诉游客，在危机出现的时候，大声求救"娘妈"比唤"妈祖"会得到更快的救援。其中的道理是，后者的称呼比较官方，神灵将梳洗打扮后以凤冠霞帔的姿态出现，势必会耽误救援时间。而"娘妈"的称呼较为生活化，神灵出手援救前则无须过分考虑出场形象问题。导游口中的神话被重新讲述，鲜明的地方叙事色彩与传统文本的面貌有了很大的不同。再以古代神话的网络传播为例，影视作品中《搜神记》《佛本是道》《三生三世十里桃花》等，皆是取材于上古神话；桐华网络小说三部曲《曾许诺》，便是基于《山海经》的神话内容，重新将故事和人物加以丰满；2009年1月30日，23集神话剧《天地传奇》在央视1套首播；2018年8月2日，神话剧《香蜜沉沉烬如霜》在江苏卫视首播。以上作品有个共同特点，都是将对神话的叙事中融汇了大量爱恨纠葛、天神争斗的现代艺术加工，趋向于大众文化消费者的多元需求。

据笔者私见，中国古代神话的推广要主动迎合市场经济的发展，缺少了市场经济元素的推动，文化的传播是举步维艰的。而缺乏文化浸润的商品经济，也势必会后劲不足，难以树立自己的品牌。以民间信俗为情感依托，以传统文化的精髓为参照基础，建立一个健康的消费状态和市场营销文化具有积极的意义。基于此，"新神话"的产生，不失为一种足资尝试的文化传播模式。文化和市场经济一体化是当代社会的必然趋势，尽管这种想法和做法一直伴随着批评和质疑之声。首先要预设一个理论前提，即中国古代神话的当代传播是可以在消费文化的宏观经济环境下进行观照的，其本身具备了消费文化的潜力。

① 杨利慧：《21世纪以来代表性神话学家研究评述》，《长江大学学报》2014年第6期。
② 马文辉，陈理：《民间文学类非物质文化遗产保护研究》，北京：中国社会科学出版社，2015年，第232页。

　　肇始于宋代的海上女神妈祖在当代的传播，对内容和叙事手法层面都进行了包装和创新。投资1500万元的动画片《海之传说——妈祖》，以海妖作怪作为切入点，渐次地沿着妈祖诞生、十二岁得观音菩萨指引、后拜玄通道人为师苦学法术、扶危济困最后羽化升仙等故事脉络展开讲述。故事中林默娘元神出窍，将千里眼、顺风耳变化成两个可爱的小宝贝，增添了动画片的可视性和娱乐性。在后期的市场推广时，又用闽南话、粤语、英文三种语言录制，并在全球发行，基本规避了该片在语言方面的传播障碍。邀请著名歌手朱哲琴演唱主题歌《一首歌》。[①]歌词去掉了政治化与主旋律化。歌词中的"山谷""沃土""草枝""风浪"……凸显了鲜明的海洋文化的地域特色和民族韵味，没有厚重的历史感，只呈现了最为自然、朴实的文化精神和境界。此外，还有2008年12月在福州软件园开始制作并计划于2015年7月面世的大型动漫连续剧《妈祖》，2011年投资6000万的大型动画片《汇玄经典神话》系列，其中就包含《妈祖传奇》的制作。

图4-2：湄洲岛的海景（2018年4月1日拍摄于湄洲岛）

　　神话的重述还体现出了传播语言符号使用上的时代贴近性。"重述神话借

---

　　① 《一首歌》的歌词："一枝草枝啊沾着一点露，一朵花一种倾吐。一个人啊越过一面海洋，面对自己辛与苦。一方水土啊养着一群人，一阵风抚过山谷。一首歌为多少人识，风浪变成了沃土。因为爱是可以不计算，所以美好才发芽。因为梦想可以更绵长，累累的果实都想养。一双脚走啊想远远的路，一步都有一领悟。一双眼遇过多少人与书，学习着知道幸福。因为爱是可以不计算，所以美好才发芽。因为梦想可以更绵长，累累的果实都想养。一枝草枝啊沾着一点露，一朵花一种倾吐。一个人啊越过一面海洋，面对自己辛与苦。"

由崭新的话语叙写神话传说，寄托在原型意象上的含义实际上表达的是人与现实世界的关系和对所处现实世界的态度。"①2017 年上映的电影《西游·伏妖篇》，将青年群体视为目标受众，先期宣传时运用大量网络表情，以期用这种文化解码方式吸引青年受众的关注。影片中的语言表述呈现当代话语模式。试举几例：

玄奘："孙先生你觉得我扮女人怎么样？"悟空："陈先生请自重啊！"

渔妇："你死过老公吗？我问你死没死过老公？！"玄奘："大姐，你相信我，我真没死过老公。"

悟空："从南天门砍到蓬莱东路，砍了三天三夜，眼睛都没眨一下！"

玄奘："你眼睛不干吗？"悟空：我 TM 说我杀人不眨眼睛，你 TM 问我眼睛干不干？"

　　传统文化在当代的传播，可以对传播语言的风格进行考量。"使用语言，以某种方式来表达思想被称作风格。"②"历史本文建构的想象与虚构不仅仅体现在对'过去'的描述中，而且常常见诸对现实与未来图景的解说与认定之中，当然，经典建构的话语实践正可视为某种'历史'想象。"③用当代语言风格范式，表述经典，不失活泼与谐趣，或可作为对中国古代神话传播的一种市场化传播的尝试。神话文本因时因地产生变化，传递不同的时代风貌和观念。

　　在"新神话"的传播中，叙事能力仍有待提升。电影《无极》视角多，逻辑不清楚，人物感情的交代缺乏应有的铺垫；影片《画壁》叙事节奏显拖沓，部分桥段无实在意义，即便删去也不影响剧情。再对比美国影片《哈利·波特》，纵然是人物众多，情节复杂，但叙事脉络清楚，人物关系发展井然有序；韩国 2017 年上映的《与神同行：罪与罚》以及 2018 年上映的《与神同行：因与缘》，叙事质朴易懂，切中实际。这些流畅的神话叙事手法，值得借鉴。

① 武学军：《论传播学视野下的"重述神话"》，《黑龙江社会科学》2013 年第 2 期，第136 页。

② 理查德·韦斯特著，林恩·H. 特纳，刘海龙译：《传播理论导引：分析与应用》，北京：中国人民大学出版社，2007 年，第 348 页。

③ 叶诚生：《经典建构的现代性语境及其反思》，《小说评论》2013 年第 1 期，第 60 页。

　　由是观之，在当下传承并重述中国古代神话，一方面，可以为打开中国
传统文化宝库提供新的思路。叶舒宪将其提升到了文化寻根以及当地人类文
明危机拯救者的高度。"在理性出现危机的今天，以隐喻、情感取胜的神话被
推到了现代文明转折点的最高位置，用神话思维来弥补理性思维的不足，两
者并用是未来人类文明的发展模式。"① 在对神话的国际传播与交流方面，我
国已经有所尝试。但与西方的叙事方式、市场化运作模式以及文化输出的手
法与效果方面相比较，仍有较大的差距。"新神话"的创作与市场化推广，多
了一种新的神话言说方式。将神话传承放置于市场化传播的思维模式之中，
可以使中国传统文化以新的姿态呈现于世界。同时，中国古代神话的传播与
重述为我国建立文化自觉、自信与自强的目标提供助缘。在不断超越的神话
构建中，人们追慕华夏先民的精神境界，诠释神话意象。

_____

　　① 马宏伟：《略谈神话学理论在当代中国的传播接受状况》，《社会科学论坛》2008 年第
12 期，第 100 页。

第五章　教育反思：传统文化与大学生的人文素质

　　本章从当代新闻传播类学生人文素质的现状分析入手，指出当代高校学生对传统文化认知不足，缺乏精准的语言表达能力以及人文关怀意识。立足于中华传统文化的基础之上，提升大学生人文素质的途径和方法，可以通过高校竭力培养人文基础并营造文化氛围，包括课程的设置等。促进文化间交流与合作借鉴等方式开展，并塑造健康的校园人文环境。学会用现代视角审视中华传统文化，培养出符合当代社会发展需求的传媒人才。

　　到目前为止，中国新闻传播学科蓬勃发展，不算林林总总的本科教育点，硕士点就近百个，一级学科博士点15个，新闻学二级学科博士点3个，为社会输送了大量传媒人才。2005年11月19日，由中国人民大学发起的"首届新闻传播学院院长国际论坛"上，中外新闻传播学院的院长达成这样的共识："新闻传播教育的核心任务是培养具有神圣的职业良知、宽广的国际视野、深厚的文化修养、科学的思维方法和精湛的专业技能的新闻传播工作者。"[①] 如此看来，人文素质的提升有其深远的现实意义。

第一节　新闻传播类学生的人文素质的现状

　　所谓人文素质就是指"对广义的人文科学所创造的人类精神财富的认知与运用程度；从精神层面上说，人文素质就是具有对感性生命深切的关怀以及对个体能动性积极倡导的相对稳定的气质、修养和行为方式。包括哲学思想素质、审美素质和行为素质等方面。就整个人文素质而言，人文知识与方法是基础，人文精神是核心。"[②] 外在层面要体现在一个人的语言表达能力、积极健康的价值观、缜密的逻辑思维、较为深厚的文化底蕴等层面，对新闻

---

　　① 钟新，周树华：《新闻传播教育的若干核心问题》，《国际新闻界》2006年第4期。
　　② 沈湘评：《人文素质与人的发展——高度重视人文素质现状的调查研究》，《北京师范大学学报》2003年第1期。

传播类学生更有必要重视在这些层面上的培养。

首先，当代部分新闻传播类学生对于自己国家的文化是缺乏认知的，表现在对本国的文化典籍、文化名人以及文化现象不关注。四川大学文学与新闻学院的蔡尚伟教授2012年在给硕士上课时，说到传播，说到文化传播，说到人文，顺便当场测试了一下学生们对文化名家的了解程度。龙学泰斗杨明照因为是川大的宗师，还有几个学生知道，也仅知道而已，对徐中舒、缪钺、蒙文通等几乎无人知道，对清华国学院无人知道，对王国维、吴宓基本不了解，这让蔡教授颇为惆怅。笔者在给本校本科生上课时，也曾问及教室里近一百二十位同学是否读过几部中国文化史上的经典名著，结果显示曾完整看过《庄子》《论语》等几部最基本的文化典籍的寥寥无几，不免让人感到遗憾。"中国的古代文学是世界上历史最悠久的文学之一，它经历了长达3000多年的没有中断的发展历程，以其辉煌成就而成为全人类文化遗产中的瑰宝。中国文学是中国传统文化中最重要、最具活力的一个部分，深刻而且生动地体现着中国文华的基本精神。"①

曾有个学生向老师抱怨，说感觉中国文学里没有什么值得可读的作品。这真是笑话了，这种观点说轻了是狂妄，说重了就是无知。有学者就曾指出："在很多时候，学生们对名著的反感都是出于对传统和历史知识的无知。"②一个优秀的民族是从不对自己的文化妄自菲薄的，中国的经典里反映了鲜明的人文色彩和理性精神。中国先民即便是在对神话传说的传播中，也不会像西方人那样崇拜天神，而是将目光投向具有丰功伟绩的人间英雄，表现出中华民族自强不息、刚健有为的精神。"在整个中国古代文学中，无论是抒情文学还是叙事文学，作家总是把目光对准人间而不是天国，他们关注的是现实世界中的悲欢离合而不是属于彼岸的天堂地狱。"③蔡尚伟教授曾在自己的微博中总结多读中华经典的妙处："用旨深意远、极尽考究的文字，把蹦蹦跳跳、张牙舞爪的现代人带入一座宝库，那里处处陈列着价值连城的青花瓷，逼迫你按住狂躁的心，学会小心翼翼地、平静甚至宁静地去触摸、玩味那些珍宝，熏染于那种气息，久而久之，再粗放的心也会'被细腻'……"在中国文学里，你可以读到"文以载道"的教化传统，"达则兼济天下，穷则独善其

　　① 张岱年、方克立：《中国文化概论》，北京：北京师范大学出版社，2004年，第159页。
　　② 腾守尧：《文学社会学描述》，上海：上海人民出版社，1987年，第364页。
　　③ 张岱年、方克立：《中国文化概论》，北京：北京师范大学出版社，2004年，第174页。

身。""修身、齐家、治国、平天下"是大多数中国先哲们的人生目标。典籍文字中的中和之美和写意的手法，则体现中华民族宽容、平和的文化性格。

部分大学生对外来文化存在盲从的现象。文化盲从就意味着文化自卑，也是缺乏基本人文素质的表现。"一部分大学生产生了一种倾向，即认为中华传统文化经过几千年的发展与演变，已经丧失了其先进性和优越性，而应该以西方文化来改造中国传统文化。"① 我们可以选择去看欧美大片，可以去吃外国的快餐，可以乐此不疲地过这西方的节日，你也可以说着一口流利的外语。但是这一切都要理性，不可盲目崇拜西方一切文化事物。任何一种文化都是优劣并存的，更何况文化的传播也要结合实地，一种文化到了异域便缺少了原有的成长环境，无法生根。正如胡适先生当年极力在中国推行美国文化，甚至一度提出过"全盘西化"的观点，当时持有此观点的学者也不在少数。

另一位学者陈序经认为："文化本身是分不开的，所以它所表现出的各方面都有连带及密切的关系。设使因为内部或外来的势力冲动或变更任何一方面，则他方面也受其影响，他并不像一间屋子，屋顶坏了，可以购买新瓦来补好……所以我们要格外努力去采纳西洋的文化，诚心诚意地全盘接受他，因为他自己本身是一种系统，而他的趋势，是全部的，而非部分的。"② 历史证明，"全盘西化"的结果都不尽如人意，这文化的引进方面我们有过失误和曲折。历史就是用来引以为鉴的，当代的大学生立足于新时代的起点，更是没有理由重蹈覆辙。

其次，缺乏精准的语言表达及人文关怀意识。今天的新闻学子日后成为新闻传播从业人员，需要有准确传递信息的能力。央视前著名编导陈虻曾经给同事范铭、柴静解释"深入浅出"的内涵。"有位同事看不懂，跟他说片子不能编太深了，'我妈看不懂'。陈虻说：'思想、你、你妈，这是三个东西，现在你妈看不懂，这是铁定的事实，到底是这思想错了，还是你妈水平太低，还是你没把这思想表达清楚？我告诉你，你妈是上帝，不会错，思想本身也不会错，是你错了，是你在叙述这个思想的时候，叙述的节奏、信息的密度和它的影响化程度没处理好，所以思想没有被传递。"③ 李建中教授在《文心

① 刘林涛、杨柳春：《论大学生传统文化自信的培育与提升》，《长春理工大学学报》2013年第2期。

② 陈序经：《东西文化观》，《岭南学报》第5卷1—4期。

③ 庄建：《由＜看见＞看见的》，《博览群书》，2013年第5期。

雕龙讲演录》中提到过一件事，2005 年巴金辞世，当时李教授正在给学生讲《文心雕龙·征圣篇》，里面有句话叫作"百龄影徂，千载心在"。就是说人满百岁，身影虽然消逝，但思想却历经千年依然留存。正值巴金也是百岁去世，李教授觉得特别适合用这个做新闻题目。结果发现，媒体上没有一篇文章用过这个词，说明写文章的人都没有读好《文心雕龙》这篇文章。李建中还举过一个有趣的例子，强调要提高语言的运用能力。"春节前，你给别人发短信，老是说'圣诞快乐''元旦愉快'之类的，使用久了就很乏味。如果你用刘勰《物色》篇中的'献岁发春，悦愉之情畅'，效果就完全不一样了。"[1]

　　笔者给新闻系学生讲《新闻采访与写作》这门课时，曾经让学生对比两段新闻稿的语言清晰性。第一句："市委从科技战线的实际情况出发，踏踏实实地贯彻全国科学大会精神，使全市科技战线出现了蓬勃的新局面。"第二句："近日，记者走访了市委办公室，一个新的现象引起人们的注意。书记办公室的墙上贴着科学技术日程表，办公桌上放着科学技术图书或科技情报资料……"在报道工业污染造成的危害的时候：有这样两种表述："污染非常严重，降低了空气、水质的纯净度，使该市生态失衡，整个环境受到破坏，并有进一步恶化的趋势。"另一句为："黑烟上空翻腾，遮天蔽日，弥漫一片，覆盖整个市区，能见度只有 30 米（扬沙能见度 1000 米，沙尘暴能见度 500 米）工业和生活污水使原本清澈的清水河，变成油迹飘浮、浑浊不堪的污水沟；呼吸道疾病发病率升高，癌症死亡率由 1999 年 0.26% 增至 2004 年 0.64%。"很明显，两个例子都是后一句表达更清晰。良好地运用语言，是一种写作能力的表现。

　　"马克思主义是一种人道主义，它的目的在于发挥人的各种潜能。"马克思主义关心的是人，而且他的目标就是让人从物质利益的支配下解放出来，让人从他自己的安排和行为所造成的束缚自身的囚笼中解放出来。"[2] 培养的传媒人才要具备起码的人文关怀意识，读柴静的《看见》，能感受到柴静写的不仅仅是自己或是新闻事件的本身，而是强调写"人"。在她做的新闻背后，我们读到的是一个个具体的"人"。笔者阅读的过程中，不断地把书摘一条条发到网络上，一个学生在空间里给我留言说："在看到描述非典、同性恋、药家鑫事件的时候，自己被感动哭了。"笔者在阅读过程中脑子里想象着柴静柔

---

① 李建中：《文心雕龙讲演录》，桂林：广西师范大学出版社，2008 年，第 62 页。
② 埃里希·弗洛姆：《人的呼唤——弗洛姆人道主义文集》，上海：上海三联书店，1991 年第 11 页。

和、淡然的声音，无论是从作为记者的柴静身上，抑或从书中的新闻调查对象身上，我几乎都能从他们的生命轨迹中找到与自己生活重合的部分片段。尽管个体细微的经历迥异，但人性的本质是相通的，感受是趋同的。阅读过程中数度哽咽、落泪，被字里行间中人与人之间的共鸣所感动。比如有的新闻报道中，农民工索要拖欠的工资无果后，选择跳楼。新闻中出现了刺眼的题目《农民工上演跳楼秀》《恶父母煮食女儿尸》《天桥上行人扔石块……高速路桑车"中头彩"……上海小伙命丧"流星"》《嫖客未尽"性"？敲碎小姐头》，诸如此类新闻，明显缺乏人文关怀。

第二节　提升人文素质的主要途径和方法

　　首先，要做好文化素质导向工作。我们的教育理念和选拔人才的机制也是存在问题的，譬如我们从小到大都要把英语视为必修课，不仅如此，就连事业单位的职称评定、学生考大学、考硕士、考博士都要把英语作为重中之重去复习，这样不少年轻人甚至误认为英语是最有用的语言。以博士入学考试为例，考生考取中国文学或是文字学的博士，实在让人搞不懂为什么要去考英语。当年陈丹青向清华大学提出辞职，原因是他对于现行招生体制的不满。2000 年，清华美院成立 4 个艺术研究室，陈丹青主持"第四研究室"，面向全国招收首届艺术学院"美术学"博士生。当年共有 24 人报考，经过陈丹青的严格挑选，专业入围 5 个人。结果在英语考试环节，5 个考生全军覆没。[①] 韩美林也表示考英语是教条主义的做法，"严重妨碍了因材施教与艺术人才的培养"。[②]

　　笔者的学生曾经请教为什么我们如此重视英语，这个问题的确很难三言两语去解释清楚。尽管我们可以罗列出精通一门外语的种种好处，但是仍旧无法搞懂一个具有悠久历史的文明古国，缘何对他国的语言如此痴迷，以至于全民皆为之疯狂。当代部分大学生的中文表达让人堪忧，每年对学生毕业论文的修改过程，让不少导师为之头疼。相当数量的论文逻辑混乱、文理不通、错别字过多，就连标点符号的使用都存在问题。一句话三四十个字读下

　　① 陈丹青出走，http://www.cctv.com/news/science/20050422/101724.shtml，访问日期：2013 年 5 月 16 日。
　　② 韩美林批艺术院校考英语 称不能止于陈丹青的"叫喊"，http://culture.ifeng.com/whrd/detail_2012_04/18/13972481_0.shtml，访问日期：2013 年 5 月 16 日。

来，中间竟然连一个逗号都没有。当我们让孩子们一头猛扎下来奋力学习他国语言和文化的同时，不妨冷静下来，好好吸纳并普及本国的传统文化。不要种了别人的田，却荒了自己的地。

其次，高校竭力培养人文素质并营造文化氛围。一方面，是在课程设置方面有意识地提升人文课程的比重和深度。Jams Carey 认为："新闻学原本的学术本源在于人文学科以及人文主义的社会科学。"① 目前不少新闻传播学科的课程设置还是过分偏重本专业理论和实践课程，对其他人文知识关注不够。教育家朱九思将其总结为："过弱的文化基础，过窄的专业训练，过强的功利主义。"②"美国新闻专业的新闻学课程只占全部课程的 25%，而且只用一年的时间即可以修完，其余 75% 的时间则安排学生学习人文社会科学方面的课程。大部分美国院校的新闻专业都开设多达几十门的人文社科选修课供学生自由选修。日本的一些大学甚至不设新闻专业或将新闻学专业更名为社会情报系或信息系，目的是从更深的社会背景来认识新闻传播活动。"③

笔者在长春调查了东北师范大学和吉林大学两所较有代表性的学校。吉林大学新闻学本科开设的主要课程为：文学概论、现代汉语、古代汉语、中国文学史、中国现当代文学史、欧美文学史、新闻学概论、传播学概论、新闻采访与写作、新闻编辑学、新闻评论学、新闻摄影、广播新闻学、电视新闻学、中国新闻传播史、外国新闻传播史等。广告学专业开设的主要课程为：文学概论、现代汉语、古代汉语、中国文学史、中国现当代文学史、欧美文学史、广告学概论、传播学概论、中外广告史、广告文案、广告策划、广告设计基础、广告专业设计等。研究生教育方面，新闻学硕士开设的课程为：新闻传播思想史、传播学理论研究、中国新闻通史、传播语言学、舆论学、国际交流与跨文化传播、新闻报道方法比较研究、报刊形态研究、媒介言论研究、实践教学、媒介文化研究、新闻史研究方法、媒介经济研究、新闻报道现代方法、近现代中国自由主义新闻思想研究、广播电视专题研究、传播学方法论研究、电脑报刊编辑、新闻摄影与摄像、广播电视节目制作。完全围绕着本专业理论和技能。

东北师范大学文学院新闻系本科生的课程设置中规定：新闻学专业的学

---

① 李希光：《新闻教育未来之路》，北京：清华大学出版社，2010 年，第 199—200 页。
② 顾明远：《高等教育改革的国际动向》，《中国大学人文启示录》，武汉：华中理工大学出版社，1999 年。
③ 肖燕雄：《新闻学专业课程性格浅探》，《新闻大学》2000 年第 5 期。

生最低须修满 155 学分，其中通识教育课 48 学分，专业教育课 91 学分（其中专业基础课 43 学分，专业主干课 28 学分，专业系列课 20 学分），涵盖在本学科以外的四大学科领域（社会、人文、自然、艺术）。除了新闻传播类专业知识外，还增设了如：古代汉语、现代文学、古代文学、文学概论、外国文学、语言学、宗教文化与文学、写作语言学、文体学、儒家经典导读、美学原理、西方美学史、文本解读论、国学基础、中国古代小说理论、中国文化概论、文体学社会语言学导论、神话学基础、西方语言学流派等大量人文学科。新闻传播系硕士的课程中除专业课程外增设了必修课语言文化哲学。

相比较而言，更加注重了对学生人文素质的提升，有助于全面培养学生的人文素质，值得地方性本科院校借鉴。此外，香港岭南大学的做法也值得借鉴。"该校 2001 年开始推行'综合学习课程'，通过正规课程以外的一系列课程、工作坊和活动，多方面培育学生的潜能和批判性思维，给予学生全面发展的机会，培养'全人'。"①重庆工商大学推出的"读书、感悟、写作、实践、创意"五位一体的人文教育。2003 年 9 月 12 日《光明日报》撰文《在商业气氛中增添文化底蕴——黄志亮教授和他的"36182"工程》。"写 30 万字的读书笔记、读 60 部名著、发表 10 篇论文、参加 8 次社会实践、做 2 次活动策划。这就是黄志亮的'36182'工程。""很多学生在进入大学前，在心理、道德、文化基础、个性、想象力等诸多方面，均未受到充分重视。这些有缺陷的'中间产品'，需要高校更加精细的加工。既不能'喂养'，又不能'放养'，创造条件帮助学生拓展素质，从而造就精英。这是'36182'工程给大学生们描绘的未来。"②

另一方面，是要力求塑造健康的校园人文环境。环境对人的影响是很大的，可以潜移默化地吸引人们去接触并体味事物。要让传统的东西深入人心，不能靠板起面孔的说教，活色生香的传播形式是必不可少的。譬如：定期举办人文艺术相关的讲座，邀请名家、学者为大学生介绍中华传统文化。据说国外的大学生无论你所报考的专业是文科还是理科，在入学前每个人都会收到校方提供的一份书目单，多是向学生推荐的一些本国人文类学科的经典读

---

① 王君超：《融合新闻传播教育的理念、实施与对策——香港公立大学新闻传播教育的经验》，《国际新闻界》2011 年第 11 期。
② 张国圣：《在商业气氛中增添文化底蕴——黄志亮教授和他的"36182"工程》，http：//www.gmw.cn/01gmrb/2003-09/12/05-5766FE2FDC81253A48256D9E00837E83.htm，访问日期：2013 年 10 月 28 日。

物。这种做法值得我们所有高校去借鉴，在学生进入专业学习之前，打下一个良好的人文基础，提升文化意识，强化文化自信度。同时，有意识地面向全校开设高水准的传统文化方面的基础课，系统地向学生们普及中国传统的文化知识。开展各类校园文化节，丰富高校校园文化等。

最后，应该帮助学生树立文化自信的意识。"文化自信是人类特有的一种具有超生物性、超自然性、超现实性的文化生命机能，是人类社会实践在个体生命内部建构的高级文化结构，也是人类主观能动性和文化创造性的具体表现。"① 中国文化的自信根源在哪里，有人总结了三条。"其一，在人类文明史上，多种文明已经湮灭，惟中华文明五千年生生不息，其所造就的文化传统未曾中断。其二，它道法自然、天人合一，讲矛盾有讲和合，和而不同。其三，对于文学艺术来说，中华文化传统中的'意象思维'和'立象尽义'的审美方式，以及积极入世却又特立独行的人文操守。"② 中华文化值得骄傲的当然不仅仅是这三点，单就传统伦理道德的层面而言，中国文化素来提倡的仁爱孝悌、谦和好礼、诚信知报、精忠爱国、克己奉公、修己慎独、见利思义、勤俭廉正、笃实宽厚、勇毅力行等无一不是中华民族的文化瑰宝，还有很多东西值得一代代年轻人去学习、挖掘。

中国的文字有很强的表意性，汉字的造字构词往往反映出了浓厚的文化信息。例如：很多表示颜色的字通常选用"系"作为义符，如"红、绿、绯、绛"等。这是因为中国历来以丝绸闻名于世，所以人们对于颜色的感知，多是和丝织品发生联系，这种文化现象反映在文字上是中国所独有的。在宗教方面，中国也能持有开放的态度，佛教从异域向我国的成功传播就充分说明了这一点。包罗万象、海纳百川，体现出来中华文化宽大的包容性。当然，这种文化的吸纳也不是非理性的全盘接受。而是立足于本国文化的现实，对外来的佛教进行本土化改良，使其在中华文化的土地上生根发芽。于是，"佛教传播的结果，一部分变为中国式的佛教（如禅宗），一部分反而消融于宋明理学之中，成为中国文化的一部分。"③

吐故纳新，加强文化间交流和借鉴。文化自信不等同于自大、傲慢，历史上没有哪一种文化是孤立成长的，中华文化的成熟与发展更是博采了众家之长。所以，必要的文化间交流与合作是良性自我发展的有效措施。"交流是

---

① 刘士林：《中华文化自信的主体考量与阐释》，《江海学刊》2009 年第 1 期。
② 张器友：《今天我们需要怎样的文化自信》，《杂文月刊》2013 年第 1 期。
③ 张岱年、方克立：《中国文化概论》，北京：北京师范大学出版社，2004 年，第 269 页。

相互的，但并非所有的空间和时间都对等交流，信息流向主要是由高向低的规律，文化犹如气体，从'浓聚点'向'稀释区'扩散。由此可见争取话语地位，要先把自己的事情办好，发展好，首先建立起自己的内部话语体系，才能在国际话语体系的构建中，对抗话语专制和话语霸权，更好地维护国际道义。[①]"目前，中国同世界上160多个国家和地区保持着良好的文化交流关系，与145个国家签订了政府间文化合作协定和近800个年度文化交流执行计划。'欢乐春节''中国文化年''中非文化聚焦'等大型品牌文化活动成功举办，影响广泛。同时，中国还通过举办高峰论坛，使思想文化领域的对话与交流更加深入，增进了不同国家人民之间的理解和认同。"[②]在课堂上可以适当地介绍外国文化，"笔者开设的《跨文化沟通》这门双语课，为学生提供了解读异质文化的方法，并把对文化的理解与对具体的跨文化沟通问题的分析有机地融合在一起，为学生提供了坚实的理论基础。同时，这两本书里还包含很多作者亲身经历的事例、跨国公司的真实案例以及各种文化偏好、文化价值观如何在有效的跨文化沟通中的具体应用。同时，为了适应课堂的客观需要，笔者还尝试自编或改编了原教材的部分章节。这些措施在实际的教学实践中，起到了不错的效果。"[③]增强了教学的人文性和实践性。

综上所述，以上举措都开了个好头，但还远远不够。当代部分新闻传播类大学生在人文素质特别是文化意识方面是匮乏的。中华传统文化历经数千年的历练和传播，有着丰富的资源可以挖掘。对新闻传播类学生人文素质的培养不能仅仅建立在口号上，政府和高校既要发挥文化导向作用，又要认清当今全球文化多样性的局面。广泛交流、并用新的视角重新审视传统文化的传播，以更加灵活、生动的形式让大学生们充分汲取中华文化的营养。培养大学生人文素养，还要学会用现代视角去审视传统与现代的关系，满足当代大学生们的文化需求，培养新闻传播类学生的人文情怀。深入挖掘传统文化的现代传播意义是如今亟待解决的问题，这是个有待官方、学者和高校管理者们日后持续探索的课题。

---

① 任淑艳：《全球化下的文化自觉与文化自信》，《中国国情国力》2013年第1期。
② 长弓、景爱明：《文化力量》，《晚霞》2013年第2期。
③ 吉峰：《应用型本科院校双语教学运行模式的反思与再探》，《鸡西大学学报》2012年第12期。

第二篇

中华传统文化典籍本土化传播视角阐发

第六章　主体论：先秦文化的传播主体

本章以先秦两汉时期文化传播者流变作为个案，研究传播主体在这段时期的流变。传播主体（传播者）处于信息传播链条的顶端。"传播者是传播活动的编码者、发起人，制约着信息传播的数量、内容、传播渠道、选用的传播技巧、传播流向以及传播信息的质量等。"[1]通过理顺先秦两汉时期文化传播者的流变，从历时性角度，考察先秦两汉每段历史时期的文化传播主体的变化及差异。同时，又从共时性角度，探究不同时代的文化传播主体的身份、宗旨及传播目的。如此，便于更清楚地弄清楚中华传统文化传播的最初情状，对于进一步理解华夏文明以及拓展中国的本土化文化传播的研究大有裨益。

第一节　文化传播的源头：劳动者、神话故事口传者

其一，劳动者。在远古时期，社会不分阶级，精神文化成果共享，劳动者自然地成了文化传播发生的起点。有的学者从文学角度去审视此问题，鲁迅曾提到了一个原始文学创作的"杭育杭育派"，他认为劳动者在劳动的过程中，促成了原始文学的产生和传播。这或许也可以说是原始文化传播的肇始。童庆炳也表示："史前人类在集体进行的劳动中，为了协调行动，交流情感与信息，减轻疲劳等，就由这些需要产生了语言和最初的文学。"[2]曹萌认为："文学是劳动的副产品，它在劳动过程中，或是因为劳动而产生，劳动者是作家，是原创文学的传播主体。"[3]可见，劳动是先秦文学与文化传播的重要组成部分，那么，劳动者自然也就担负起了一份当时文化传播的主要任务。

《诗经·大雅·绵》作为周部族的一篇史诗，将周族太王亶父率领部族造社、立庙、兴宫、柝城的劳动场面做了动感的描绘。诗中有言："乃慰乃

---

[1]　吉峰：《闽台妈祖文化传播》，厦门：厦门大学出版社，2017年，第31页。

[2]　童庆炳：《文学理论教程》，北京：高等教育出版社，2004年，第45页。

[3]　曹萌：《中国古代文学传播的主体》，《沈阳师范大学学报》2008年第6期。

止，乃左乃右，乃疆乃理，乃宣乃亩。自西徂东，周爰执事。乃召司空，乃召司徒，俾立室家，其绳则直，缩版以载，作庙翼翼。捄之陾陾，度之薨薨，筑之登登，削屡冯冯。百堵皆兴，鼛鼓弗胜。"①该诗记述了周部族祖先古公亶父迁居岐山、开创新生活、发展壮大的一些生活片段。诗中"陾陾""薨薨""登登""冯冯"这些象声词，与当时的劳动场景和内容相吻合。描写了远古时期的劳动人民在筑版时同心协力的操作情景以及白手起家的冲天干劲。在劳动中，劳动者获得了创作的灵感，周部族从野蛮向文明过渡，其过程艰辛，却又从容不迫。在繁忙的劳动之中，人们展示着喜悦之情。筑土建城之声，预示着周部族未来的兴旺发达。"任何一种文学艺术样式都应该是人类的精神需求与承载这种需求相适应的物质表现能力紧密结合的产物。"②远古时代劳动者的精神需求，不仅仅是文学的创作源泉，自然也是文化传播缘起的原动力之一。再如《诗经·国风·召南·采蘩》中云："于以采蘩，于沼于沚；于以用之，公侯之事。于以采蘩，于涧之中；于以用之，公侯之宫。被之僮僮，夙夜在公；被之祁祁，薄言还归。"③女主人公忙碌地采集白蒿，忙到无暇顾及自己的头发妆容，仪表凌乱不堪。劳作的过程中，女人的足迹遍布沙洲、山涧之滨、野外的池沼、山谷溪边之中。

其二，神话故事口传者。罗兰·巴尔特将神话视为一种言语，一种传播体系，一种符号学系统。余志鸿甚至认为："从传播学的角度来考察，神化无疑是人类最古老的传播形式之一，其传播生命力之久远胜过科学时代的任何传播，并显示永恒的魅力。"④不仅仅在中国是如此，在世界上其他国家，其社会历史发展的最初期也是靠神话传播文化并使之历久弥新的。中国有女娲娘娘用泥土造人的传说。《风俗通义》中有言："俗说天地开辟，未有人民，女娲抟黄土作人，剧务，力不暇供，乃引绳于泥中，举以为人。故富贵者黄土人；贫贱凡庸者，絙人也。"⑤希腊也神人以抛石筑土的方式造人，在《圣经》中，耶和华用泥土创作了世界上第一个男人亚当，再用亚当的肋骨塑造

---

① 刘毓庆、李蹊译：《诗经》，北京：中华书局，2012年，第656、657页。

② 王金寿：《中国古代文学传播学概论》，兰州：甘肃教育出版社，2009年，第4页。

③ 《诗经·国风·召南·采蘩》中，采集白蒿的具体用途不详。蘩，就是白蒿，秋季的白蒿用水煮熟后可食用。汉代学者普遍的说法是采蘩是以祭祀为目的，还有另一种说法是说采蘩为了养蚕。

④ 余志鸿：《中国传播思想史》，上海：上海交通大学出版社，2005年，第2页。

⑤ 《太平御览》卷七十八引，转引自余志鸿：《中国传播思想史》，上海：上海交通大学出版社，2005年，第4页。

出了夏娃。在中国，无论主题是创世神话、洪水神话还是英雄神话，主要还是华夏先民当时对待宇宙以及自身生活的一些基本思考与美好的憧憬。

　　神话故事是在人类的精神需求下所产生的文化产物，并作为最为古老的文化形式，经由人们代代口耳相传，所以，神话故事的口传者也是远古时期重要的文化传播主体。中国上古时期的神话故事，能够反映出当时先民生活记忆、生活状态的记述。由于上古时期物质条件与生产环境的制约，先民们用口耳相传的方式，将自己民族最初的社会历史内容作为真实世界的一部分传播下去。通过漫长的口头传播时期，才开始用文字给予保存并传播，留下了其中的一鳞半爪。口语传播时代是人类文学传播史上第一个发展阶段。"这种个人与个人之间的交流时刻发生、延续不断，其重要性是无与伦比的，在一个小小的社会单位范围内尤其如此。在过去，这种交流无疑有助于加强互相之间的友爱合作关系，以抗衡由于受制于外来势力而形成的分散局面。不管怎样，它总是起着一种社会化的作用：鼓励人们工作、协调群体生活、团结一致来和大自然作斗争，并促进作出集体性的决定。它今天仍然是人类交流中无以取代的一个方面。"①

　　保存至今的神话故事可以追溯到远古，如后羿射日、燧人氏钻木取火、大禹治水、女娲补天、皇帝大战蚩尤等。《山海经》中就集结了大量口耳相传的神话故事，汉代的学者刘歆考订该书的成书时间应该在上古时期的虞夏之际，推测其作者可能是大禹以及他的属臣益。当然，这个观点在现代也碰到了不同的意见。很多现代学者觉得该书的作者不能限定为一人，更不可拘泥于一时。其成书应该是出自多人，通过总结上古口传的故事，不断地增补其内容。譬如《山海经·西山经》中记载："西王母其状如人，豹尾虎齿而善啸，蓬发戴胜，是司天之厉及五残。有兽焉，其状如犬而豹文，其角如牛，其名曰狡，其音如吠犬，见则其国大穰。有鸟焉，其状如翟而赤，名曰胜遇，是食鱼，其音如录，见则其国大水。"② 又如《山海经·西山经》有言："有兽焉，其状如豚而有牙，其名曰当康，其鸣自叫，见则天下大穰。"③ 山里的某种野兽，一出现，便会带来好的收成。从这两段文字中不难看出，先民们在艰难的生活状态下，渴望控制自然，洪水、收成、灾难、疾病等，因为这些都是

---

　　① 联合国教科文组织国际交流问题研究委员会：《多种声音，一个世界》，北京：中国对外翻译出版公司，1981年，第6页。

　　② 方韬译注：《山海经》，北京：中华书局，2011年，第50页。

　　③ 方韬译注：《山海经》，北京：中华书局，2011年，第128、129页。

他们无法在现实生活中把握的，于是，产生了支配自然的神话。

神话体现了先民的求知欲以及对社会和自然的认识。神话故事的口传者们力图通过对故事的建构，来对难以捉摸的自然现象和某些人世现象进行解释。"民间文学理论认为，口头文学具有传承稳定的特点，因此较晚记载的神话仍可能是原始神话在民众口头的遗留，特别是在那些较少受到理性化、历史化浸染的文献比如古代的'巫书'《山海经》中，原始神话被忠实地保存下来。"①在文化传播史上，神话故事的口传者们以讲述故事的方式，传播着先民的生活状态和人文背景。"许多神话都包含了原始族群中的原始英雄的成长。在原始英雄与魔鬼斗争的故事里，展现人类早期的善恶观念和原始伦理观念，反映出人类童年时代对宇宙的遐想和试图对自然或身边事物进行解释的愿望。神话作为无时间性的真理的表现远远超出其本身的价值。神话的传播对人类以后的发展，起着极大的影响。人们对神话的分析和解释紧密地与历史结合一起，成为传播思想的重要构成部分。"②神话故事的口传者们反思并试图改变着自己与他人的生活，神话故事渗透着他们对现实的思考，从而形成了华夏民族深层次的原始思维。

神话不是历史原貌，它们肇始于人类理性思考之前，不能将其穿凿附会成真实的历史去看待。不过，神话本身仍具备很大的文化传播意义。恰如朱宏所言："神话表现了人们对动物、植物或自然物的生殖力、生命力的信仰。作为中国先民的文化构成基础和信仰图腾，神话中寄寓着丰富的文化信息。一方面，上古先民的思维方式为我们认识本民族文化的生成方式提供了丰富的原始素材；另一方面，上古神话与民间信仰相互缠绕、相互渗透，并借助民众的生活习俗得以保存。"③神话是一种依托于现实世界而产生出来的幻想，神话故事中的具体人物与事件是否真实存在过，这并不重要。我们不妨将那些神话人物视为先祖们在不同文化历史时期的文化象征，彰显了各个文化历史阶段文化传播特点。在于对于神话的认识上，应当以一种包容的心态去看待。木心讲过一则寓言："在万国交界处有一片森林，林中有一个猎人定居，起木屋，仅能容纳一人、一枪。有一年冬，狂风暴雨的黑夜，有人焦急敲门。开门，一位老太太迷路了，求躲雨。才安顿，又有人敲门，启，一对小女孩，迎进来。顷刻门又响，启，一位将军出战迷路，带着数十个兵，于是迎进

---

① 赵敏俐、谭家健：《中国古代文学通论》，沈阳：辽宁人民出版社，2005 年，第 42 页。
② 余志鸿：《中国传播思想史》，上海：上海交通大学出版社，2005 年，第 2 页。
③ 朱宏：《中国远古神话的文化意义与现代境遇》，《长江大学学报》2015 年第 8 期。

来……再有人来，是西班牙公主，携众多马车……都要躲雨。雨终夜，屋里有笑有唱，天亮了，雨止了，众人离去。"① 神话故事的口头传播，是通过另一种特别的方式使中华民族的传统历史文化得以保存并传播，拓展了我们对于这个民族更为广阔的文化想象与理解。

第二节　原始宗教意识下的文化传播：巫觋、史官

这一时期的文化和文学的传播均是以原始的宗教为主。宗教中的许多表演性、情感性和仪式性特征，本身就是对原始文化的一种传播。"巫术作为原始传播是人的觉悟中的自我信赖的最早最鲜明的表现之一。在巫术的传播思想里，人不再感到自己是听凭自然力量或超自然力量摆布的动物，开始介入死去的祖先或超自然的神灵之间进行的对话。"②

《楚辞》《诗经》里所反映出来的人类早期文化，都与原始宗教文化有着难以割舍的关系。《礼记·郊特牲》中："天子大蜡八。伊耆氏始为蜡。蜡也者，索也，岁十二月，合聚万物而索飨之也。蜡之祭也，主先啬而祭司啬也，祭百种以报啬也。飨农及邮表畷，禽兽，仁之至，义之尽也。古之君子，使之必报之。迎猫，为其食田鼠也；迎虎，为其食田豕也，迎而祭之也。祭坊与水庸，事也。曰：'土反其宅，水归其壑，昆虫毋作，草木归其泽。'皮弁、素服而祭。素服，以送终也。葛带、榛杖，丧杀也。蜡之祭，仁之至，义之尽也。黄衣、黄冠而祭，息田夫也。野夫，黄冠，黄冠，草服也。"③ 就是一首农事祭歌，目的是为了祈福驱祸。人们相信咒词的力量，认为巫觋的这种语言能够帮助人们实现美好的愿望。

这一时期文化传播主体由"巫觋"和"史官"承担。泰勒指出："巫术是文化较高的社会妄加到较低社会的魔法力。是建立在联想之上而以人类的智慧为基础的一种能力，但是在相当大的程度上，同样也是以人类的愚钝为基础的一种能力。这是我们理解魔法的关键。人早在低级智力状态中就学会了在思想中把那些他发现了彼此间的实际联系的事物结合起来。但是，以后他就曲解了这种联系，得出了错误的结论：联想当然是以实际上的同样联系

---

① 木心讲述，陈丹青笔录：《文学回忆录》，桂林：广西师范大学出版社，2013 年，第 6 页。

② 余志鸿：《中国传播思想史》，上海：上海交通大学出版社，2005 年，第 28 页。

③ 丁鼎：《礼记解读》，北京：中国人民大学出版社，2010 年，第 320、321 页。

为前提的。以此为指导，他就力求用这种方法来发现、预言和引出事变，而这种方法，正如我们现在所看到的这种，具有纯粹幻想的性质。"①人神之间，通过巫觋似乎得以沟通。原始文化时期，人们笃定这种与神共享信息的可能，并且，他们也觉得通过祭祀的行为，可以提升甚至改变部族成员的素质及能力。这其中就包括一些巫术的形式，如：祈求式巫术（战事、农业收成、自身安全）；交感式巫术（通过某种接触，将魔力、疾病等让别人带走）；语言式巫术（禁忌或是诅咒）；占卜式巫术（判断吉凶福祸）等。当然，这种情况随着社会不断地发展，后来渐渐弱化。

在中国古代，巫觋是男女巫的合称，女为巫、男为觋，在商代地位颇高。巫觋作为一个特权阶层，随着祭祀活动的延续和发展，开始承担了一些文献载录和传承的工作。今存的《易》卦爻辞、甲骨爻辞还有《诗经》中祭祖题材的作品，都是出自宫廷巫师之手。譬如《诗经·小雅·楚茨》中所描述的整个祭祀神灵先祖的场面描述细致入微。酒食美、祭祀盛、执事敬，贵族告慰神灵，送神礼毕，宴请同姓。岑家梧先生在《西南民族文化论丛》中还介绍过其家乡的祭祖场景，基本情状与这首诗中的祭祀场景差不多，可以看出文化的一脉相承。丰厚的祭品配上场面肃穆隆重的祭祀仪式，巫觋通过这种公共仪式，带着庄重与喜庆的情绪，与神灵先祖进行友好的"沟通"。同时，巫觋作为传播者，也将"神灵的意志"传递给人们，这其实是在强化人们自身原有的文化精神意识。

"主持祭祀的是那个时代最具知识、技术和最具有文化意义的象征性人物，于是，在王的周围就形成了一批专门从天帝那里讨回旨意，负责沟通鬼神人之间的神秘主义者，他们是代王行驶神权的人，有一定的知识与技术，并且以思想为职业，以他们的思想沟通着神界与人界，又以他们的记载给后人留下了思想史的资料。"②在殷商和西周之初，巫觋和史的界限不明确，史官③初期的工作内容是带有宗教性质的，身兼巫职。葛兆光在《中国思想史》中称巫史是知识与文化思想的首批传承者。赵敏俐、谭家健认为："他们（史官）所执掌的文献除了名姓之后、昭穆之世、礼节之宜外，还负责祭祀过程

① 爱德华·泰勒著、连树声译：《原始文化——神话、哲学、宗教、语言、艺术和习俗发展之研究》，桂林：广西师范大学出版社，2005年，第93页。
② 葛兆光：《中国思想史》，上海：复旦大学出版社，2002年，第38页。
③ "史官为记录王事活动的官，与作册职掌相近。在甲骨文中有'乍（作）册'、'作册右史'等值官出现。"（引自阴法鲁、许树安、刘玉才：《中国古代文化史》，北京：北京大学出版社，2008年，第199页。）

的载录和文献的保存，也享有祷祝等宗教权利。最初的史家的载录，如甲金铭文甚至册、诰等，既具有神圣天命的因素，同时也起着指导现实生活的作用，为现实的合法性提供依据。"①足见，史官与巫觋的身份在当时是相融合的，并且文化地位很高，在文化传播的方面发挥着举足轻重的作用。

进入西周初期，鬼神地位逐步下降，史官的巫职日渐淡化，从原始宗教中剥离出来，专心投入到人事方面，进一步提升了其作为文化传播的主体功能，成为新兴文学、文化的代表。大体的任务就是主管国家的典册文书、传命、册命、傧右、赴地方视察、适当参与军事战略活动等。他们的职务范畴越来越宽泛，数量也比较多。龚鹏程认为："文献中可考的史更多。如《周礼》谓天子见天官，先六太，太史居其一，掌建邦之六典，小史掌邦国之志，内史掌八柄之法，外史掌书，使乎四方，外令掌三皇五帝之书，御史掌赞书。此外尚有女史、州史、闾史。四官所属，可数者就有986人，冬官尚不可知，足见其多。还有些不可考的，如商肆之史等等。"②这是言其史官的数量之多。那么，史官的范畴之广也能够显示出其文化传播的地位之重要。"史官这么多，似乎凡章书册（《左传序疏》）、造文书（《周礼天官序疏》）、载笔（《曲礼上》）、执策（《穆天子传》卷六）者都被称为史，亦即所以官僚系统中主管文书档案记录的都算，不像后代史官只是众多职官中的一种官。他们被称为史，显然与'史'这个字的字义相符，因这个字就是以手持笔之形，在机关中掌文书做记录的人乃因此而均称为史。"③史从其数量与职权范畴上，便可以见其官的地位与文化传播的功能之强大。

巫觋、史官实际上就是中国第一批掌握文化知识并从事文学、文化传播的知识分子。除了负责册命、载录氏族谱系等活动，还要熟悉旧典、观测天象、记录人事。这一时期文字传播较之远古时代先民的口语传播有了更大的便利。时间愈久、空间更远。传播者们在商代已经能够使用文字。当然，这时的文字传播还是紧密地与宗教活动联系在一起的。由巫觋将祖先与神灵的指示性信息，刻录于龟甲和兽骨上，即后世所谓的"甲骨文"。"文字传播的贡献在于它克服了声音的即逝性，可以保存信息，促进了知识的积累，不再单纯依赖人脑记忆，而且突破空间局限，使文化传承不再依赖神话或传说，

---

①　赵敏俐、谭家健：《中国古代文学通论》，沈阳：辽宁人民出版社，2005 年，第 335 页。
②　龚鹏程：《中国传统文化十五讲》，北京：北京大学出版社，2006 年，第 130 页。
③　龚鹏程：《中国传统文化十五讲》，北京：北京大学出版社，2006 年，第 130 页。

产生了文献。"①之后的文化传播者更是注重对文字的整理和运用，这种传播的便利正如同奥斯瓦尔德·斯宾格勒所描述的那样："书写是有关远方的重大象征，所谓远方不仅指扩张距离，而首先是指持续、未来和追求永恒的意志。说话和听话只发生在近处和现在，但通过文字则一个人可以向他从来没有见过的人，甚至还没有生出来的人说话；一个人的声音在他死后数世纪还可以被人听到。"②简言之，巫觋与史官在原始宗教意识下，通过文字的方式承担了当时的文化传播主体的历史任务。

第三节　礼乐传播：采诗者、教育者、贵族阶层、瞽

西周时期的文化传播主体主要由采诗者、官学的教育传播者与贵族阶层以及瞽（乐官）构成。这一时期，礼乐是文化传播凸显的主要内容。"周之所以为周，不只是它的封建井田等制度，更是它的文德礼乐。这套周礼周文，凝合了克殷以后的四裔万邦，也让几百年后王室业已衰微时，孔子孟子仍对之钦迟向往不已，这就是文化的力量。中国人自诩礼乐文明之邦、自觉文化高超、相信文化力优于政治力，都是在这段时间确定的。"③在这个阶段，史官虽然依然继续发挥着文化传播的作用，只是形式上并没有显要的突破。值得注意的是，这一时期文学传播在"内容上贯彻'礼'的精神是其一大特征，它们把'礼'作为指导思想与灵魂，在真实、准确的基础上又提出了更高的标准——善德，即强调史籍始终要贯彻封建礼法道德。不论西周铜器铭文中对分封、赏赐的颂扬，还是《尚书·周书》中周公连篇累牍的说教劝善，都体现了这一点。"④

其一，采诗者。《汉书·艺文志》曰："古有采诗之官，王者所以观风俗、知得失，自考正也。"⑤采诗官的转播比较特殊，不是自上而下，而是从民间采集诗歌，准确地说是将民间传播于口头上的有关生活和社会的信息，自下而上地传播给天子。天子通过读取采集而来的诗歌，继而判断施政的得失状态。《礼记·王制》中言："天子五年一巡守，岁二月，东巡守至于岱宗，柴而

---

①　周庆山：《传播学概论》，北京：北京大学出版社，2004 年，第 25 页。
②　奥斯瓦尔德·斯宾格勒著 齐世荣等译：《西方的没落》，北京：商务印书馆，1963 年，第 280 页。
③　龚鹏程：《中国传统文化十五讲》，北京：北京大学出版社，2006 年，第 214 页。
④　赵敏俐、谭家健：《中国古代文学通论》，沈阳：辽宁人民出版社，2005 年，第 274 页。
⑤　班固撰，（唐）颜师古注：《汉书·艺文志》，北京：中华书局，1983 年，第 1708 页。

望祀山川；觐诸侯，问百年者就见之。命大师陈诗以观民风，命市纳贾以观民之所好恶，志淫好辟。"① 从这个层面而言，采诗者作为文化传播的一个主体身份，担负的是政治传播的任务。

白居易曾有一首诗《采诗官》，说的就是这种采诗者在将民情上达的过程中，保证了民情对上传播的通达。诗中云："采诗官，采诗听歌导人言。言者无罪闻者诫，下流上通上下泰。周灭秦兴至隋氏，十代采诗官不置。郊庙登歌赞君美，乐府艳词悦君意。若求兴谕规刺言，万句千章无一字。不是章句无规刺，渐及朝廷绝讽议。净臣杜口为冗员，谏鼓高悬作虚器。一人负扆常端默，百辟入门两自媚。夕郎所贺皆德音，春官每奏唯祥瑞。君之堂兮千里远，君之门兮九重闭。君耳唯闻堂上言，君眼不见门前事。贪吏害民无所忌，奸臣蔽君无所畏。君不见厉王胡亥之末年，群臣有利君无利。君兮君兮愿听此，欲开壅蔽达人情，先向歌诗求讽刺。"② 由于采诗官的存在，使得风情民俗、百姓心声原汁原味地传播至天子，也为后世还原中国古代的文化环境及状态做出了贡献。《诗经·载驱》曰："载驱薄薄，簟第朱鞹。鲁道有荡，齐子发夕。四骊济济，垂辔沵沵。鲁道有荡，齐子岂弟。汶水汤汤，行人彭彭。鲁道有荡，齐子翱翔。汶水滔滔，行人儦儦。鲁道有荡，齐子游敖。"③ 该诗中，百姓唾骂齐襄公与同父异母的妹妹文姜纵淫的行为，虽未曾言及一个"淫乱"的字眼，但是却通过一个客观的叙述，将两人的恶名加以讽刺。

其二，官学的教育传播者与贵族阶层。礼教主要的传播场所在学校，学校在夏商时期就已经出现，《孟子·滕文公》中曰："设为庠序学校以教之。庠者，养也；校者，教也；序这，射也。夏曰校，殷曰序，周曰庠，学则三代共之，皆所以明人伦也。"④ 到了西周时期尤为完善，办学体制较之殷商时代更为严密，官学传播者由官吏兼任。学校因创办者等级不同而叫法不一，"国学"是由天子及诸侯在首都所兴办，教师分为师氏、保氏、大司乐、小乐正、大乐正等。诸侯于封地所设的学校叫作"乡学"，为地方一级学校。其中，"国学"又含两个级别，即：太学与小学。招收的都是贵族阶层。贵族独享受教育的权利，遂形成文化垄断。"故天子听政，使公卿至于烈士献诗，瞽献曲，史献书，师箴，瞍赋，矇诵，百工谏，庶人传语，近臣尽规，亲戚补

①　丁鼎：《礼记解读》，北京：中国人民大学出版社，2010年，第180页。
②　王汝弼选注：《白居易选集》，上海：上海古籍出版社，1980年，第89页。
③　刘毓庆，李蹊译：《诗经》，北京：中华书局，2012年，第256、257页。
④　方勇译注：《孟子》，北京：中华书局，2011年，第91页。

查，瞽史教诲，耆、艾修之……"①其中的烈士、公卿就属于贵族阶层。所谓"古者，学在官府"（章太炎《论诸子学》）就是指这一时期的官学垄断状况。此时的文化传播以礼乐为标志，将六艺（礼、乐、射、驭、书、数）；六德（智、信、圣、仁、义、忠）；六行（孝、友、睦、姻、任、恤）作为主要传播内容。

"贵族子弟学前阶段在家就要习礼，奴隶主贵族们编撰了许多守礼的故事来教育儿童。西周的小学学习礼、乐、读、写、算等知识，但最根本的是学习'事亲敬长'的礼节。西周大学所教的是贵族生活中所常见的'五礼'：吉礼、凶礼、宾礼、军礼、嘉礼。'五礼'共三十目，皆邦国之重大典礼，贵族子弟想从政必须谙熟。保氏负责教授'六仪'：祭祀之容，宾客之容，朝廷之容，军旅之容，车马之容。礼仪不仅要求学生懂得礼典，还要让学生'演礼'，使他们的行为举止合乎礼节。"②礼乐器具、文化典籍都牢牢地受控在贵族阶层，以此掌握文化传播并把握社会舆论的走向，从而自然地使贵族阶层自身也成了当时文化的主要传播主体。

其三，瞽也是西周时期重要的文化传播主体。这里讲的瞽主要就是指乐官，也称为瞽史，即瞽和史官的合称。主要的任务是审定音律、创诗配乐，将由民间采集的歌谣修正、加工，演奏给统治者听，以此让天子观风俗、知得失。瞽在西周时期发挥着重要的文化传播作用，现存《瞽史之纪》《瞽史记》都对其有专门的记载。根据《周礼》所记载，周代国家的乐官职务设置细化，职位众多，人数大约在1463人，这其中还不包括舞者。"不仅如此，活跃在民间的'瞽'还四处传唱自己创作的诗，当时的诗多为配乐诗，游走在民间的'瞽'到处散播着文化，在民间形成流动的文化宣传队。"③瞽的身份其实最早是由"巫觋"演化而来的，《尚书·夏书·胤征》曰："惟时羲和颠覆厥德，沈乱于酒，畔官离次，俶扰天纪，遐弃厥司。乃季秋月朔，辰弗集于房。瞽奏鼓，啬夫驰，庶人走。"④日食出现，瞽开始敲鼓，上奏以求对太阳进行"救助"。这明显有巫觋的作用。

瞽他们比较擅长的是讽诵，以其说唱技艺活跃于宫廷和民间之中。有

① 尚学锋，夏德靠译注：《国语》，北京：中华书局，2007年，第10页。
② 傅林凯，王立仁：《西周思想政治教育内容研究》，《东北师大学报》2009年第6期。
③ 杨永军：《先秦文化传播研究》，山东大学2005年博士学位论文，第53页。
④ 王世舜，王翠叶译：《尚书》，北京：中华书局，2012年，第376页。

人称将其称之为"上古时代的游吟诗人"。^①最早的瞽乐官承担着正式的礼乐文化，要通过太师、小师等专门对其进行训练。他们歌词诗篇均是以"歌""讽""诵""赋"的不同弹唱形式得以展示。后来，渐渐向民间过渡时，娱乐成分也就越来越多。"随着礼乐文化的衰落，弹唱诗歌的瞽乐人逐渐淡出宫廷，渐渐泯入民间……也可以想见，游走民间的瞽乐人为了生存，不得不改变以前程式化的伎艺表演，向娱乐化的方向发展。也许，甚至他们会向'优'学习滑稽娱人的技巧；他们师徒相授，口耳相传，使艺不断改善，成为民间很受欢迎的说唱艺人。"^②

第四节　学术下移的多元文化传播："士"文化上的崛起

春秋战国时期，随着分封制度开始瓦解，贵族阶级日趋没落，宗法关系遭到破坏。在贵族和庶人之间产生了一支活跃的文化传播主体——"士阶层"。他们在生存状态上，其实并不理想。由于国家动荡，曾经的"士食田"很难再维持。龚鹏程总结："战争的频繁、从军资格的松弛、征兵界限的缩小，使大量的平民涌入军队，士垄断甲士的局面也被打破。诸侯大夫在势力斗争中往往打破宗法界限，任用信息的士人，亦使传统的士阶层失去了担任家臣的垄断地位。总之，士阶层曾经拥有的田地、宗庙和社会地位都受到冲击，当然就无法继续尽其宗法职责了。"^③不过，这种生活状态的变化，却在文化传播方面推动了"士"的地位，使其在特定的历史时期脱颖而出。

"士"是中国历史上首次出现的知识分子群体，游离于贵族家族之外，且数量较大，社会影响力也强。西周的官学体制开始动摇，出现了学术下移的倾向。"从传播学角度，从贵族下降为平民，有利于上层文化普及到民间；从下层上升到贵族，为了一些文化巨人的涌现开辟了渠道。"^④这一时期的文化传播空前繁荣，民间私学应运而生，诸子并起于世，各家学派均形成了具备一定规模的学术团体。"先秦诸子冲破了'学在官府'的封闭式传统教育垄断格局，学校从官府移到民间，向民间开放，教师以私人身份自由讲学，学生

---

① 蔺文锐：《瞽：上古时代的游吟诗人》，《中国戏曲学院学报》2003年第4期。
② 蔺文锐：《瞽：上古时代的游吟诗人》，《中国戏曲学院学报》2003年第4期。
③ 龚鹏程：《中国传统文化十五讲》，北京：北京大学出版社，2006年，第126页。
④ 余志鸿：《中国传播思想史》，上海：上海交通大学出版社，2005年，第88页。

亦可以自由择师，教学内容与现实生活发生了较广泛的联系。"①这一时期文化传播主体纷纷著书立说，催生出大量的文学作品，呈现多元化文化思潮。他们擅于通过口语（游说、私学、身教）、文字媒介（著书立说）这类传播介质，表达自己的文化与政治态度。余英时指出："中国史上有一个源远流长的'士'阶层似乎更集中地表现了中国文化的特性。"②春秋诸子常常针锋相对、纵横捭阖、互相辩驳，并且不断提升自身的传播策略，加速了文化思想上的碰撞与传播。

　　由于私学的兴盛，庶人也有机会成为文化传播的主体。《荀子·王制》中说："虽王公士大夫之子孙，不能属礼义，则归之庶人。虽庶人之子孙也，积文学，正身行，能属于礼义，则归之卿相士大夫。"③庶人们通过私学教育掌握了各派文化思想，并作为信息传播过程中的"意见领袖"，把所学内容传播给其他的受众人群，从而在社会上形成了更多的"意见领袖"，有力地推动各种文化思想的传承。孔子通过私学形式，将自己的文化思想传播出去。他描绘了一个文化传播的终极场景作为"士"的文化传播目标，即建立一个理想的社会，达到"均""和""安"的社会生活状态。以"仁"的思想去处理人与人之间的种种关系，以"礼"的规约去塑造个人的行为，以"中庸"的精神去坦然解决纷繁的社会问题。

第五节　官气十足的文化传播：官方文人、掾吏

　　其一，官方文人。在汉代，经学与文化传播紧密相连，塑造了汉代文化传播史上的一道独特的风景。在汉代经学的视野之下，士人将自己的前途命运与所处时代、政治形势紧密地联系在一起，其中当然也有寄希望通过文章进而获得当朝统治者的重用。恰如吕思勉所言："天下总是为学问而学问的人少，为利禄而学问的人多。"④汉朝的文论发展演变的过程之中，政治和文学始终紧密缠绕着。士大夫的利益与皇权大一统结合于一处，共同催生了文人阶层对当朝统治者强烈的依附情绪。汉宣帝时期的辞赋家王褒在《圣主得贤

---

　　① 杨冰、王凌皓：《论春秋战国之际的学术原创精神——以教育学说原创为视角》，《东北师大学报》2010年第2期。

　　② 余英时：《士与中国文化》，上海：上海人民出版社，1987年，第4页。

　　③ 方勇、李波译注《荀子》，北京：中华书局，2011年，第114页。

　　④ 吕思勉：《中国通史》，北京：中华书局，2015年，第125页。

臣颂》中开宗明义地表示为文之功用即要为君主政治服务。在其《四子讲德论并序》中径言："况圣德巍巍荡荡，民氓所不能命哉！是以刺史推而咏之，扬君德美，深乎洋洋，罔不覆载；纷纭天地，寂寥宇宙，明君之惠显，忠臣之节究；皇唐之世，何以加兹……夫世衰道微，伪臣虚称者，殆也；世平道明，臣子不宣者，鄙也；鄙殆之累，伤乎王道，故自刺史之来也，宣布诏书，劳来不怠；今百姓遍晓圣德，莫不沾濡，庬眉耆耇之老，咸爱惜朝夕，愿济须臾。且观大化之淳流。于是皇泽丰沛，主恩满溢，百姓欢欣，中和感发，是以作歌而咏之也。"① 可见，王褒极力推崇皇帝恩泽博大，圣德如高山。

永平十七年，即汉明帝在位末年，明帝曾在云龙门召身边的文学侍从班固等学习司马相如在《封禅文》中对帝王的褒颂，借机批评司马迁于《史记》中的讽谏精神。班固等文人在汉明帝的压力之下，将司马迁批评了一番，并相继撰写了如《神爵赋》等颂德君主的文章。然而，即便汉明帝等对司马迁有过如此评价，但是翻阅《史记》文本，也不难看出，一代史官司马迁对汉代的君主总体上来讲也是以褒颂为主。或者说在最后下结论的时候，对于君主还是褒颂多于批评，肯定多于否定。他在《史记·高祖本纪》中言："夏之政忠。忠之敝，小人以野，故殷人承之以敬；敬之敝，小人以鬼，故周人承之以文；文之敝，小人以僿，故救僿莫若以忠；三王之道若循环，终而复始；周秦之间，可谓文敝矣；秦政不改，反酷刑法，岂不缪乎？故汉兴，承敝易变，使人不倦，得天统矣。"② 不难看出，司马迁对汉高祖刘邦建国给予了论赞，认为汉初矫正了以往朝代的各种弊病，值得称道。对于汉文帝，司马迁更是不遗余力地标榜其德行，认为汉文帝是一位理想的帝王，其德、贤、谨慎、谦虚等方面都值得称道。对其后的汉景帝在治国方面也或轻或重地加以肯定。

司马相如的《上林赋》虽然也多少承袭了《诗经》《尚书》中讽刺的文化传播思想，主旨本是反对君主奢侈成风，暗示了帝王不应该只注重独乐而不顾百姓和国家。但是，司马相如夸耀的文字笔调，细腻的叙事文风，最终还是极大地消解了文章讽谏的作用，凸显了对汉代王朝盛威和气势上的歌颂。他笔下大汉天子的上林苑，烘托出了一个盛世王朝的恢宏气象。此外，西汉的终军十八岁被选为博士弟子，其文章得到汉武帝的赏识。在其《白麟奇木

---

① 张少康、卢永璘：《先秦两汉文论选》，北京：人民文学出版社，1999 年，第 418 页。
② 司马迁著，韩兆琦译注：《史记》，北京：中华书局，2010 年，第 913 页。

对》言及对诗、乐的基本看法时也涉及了齐世须颂的文化传播观念:"臣闻诗颂君德,乐舞后功,异经而同指,明盛德之所隆也。"①终军的观点也明显是在汉代经学的观照之下,写文章致力于对时代和君主的歌颂。

　　班固在撰写《汉书》的过程中,除了对有详而有体的历史人物记载之外,也致力于对汉室王朝的褒颂。《汉书·武帝纪》便言:"汉承百王之弊,高祖拨乱反正,文景务在养民,至于稽古礼文之事,犹多阙焉。孝武初立,卓然罢黜百家,表章《六经》;遂畴咨海内,举其俊茂,与之立功;兴太学,修郊祀,改正朔,定历数,协音律,作诗乐,建封禅,礼百神,绍周后,号令文章,焕焉可述;后嗣得遵洪业,而有三代之风。如武帝之雄才大略,不改文景之恭俭以济斯民,虽《诗》《书》所称何有加焉!"②他的《汉书》显然正是要为汉代帝国的兴旺发达树碑立传。班固的这种文学倾向在他二十岁的时候就初见端倪,当时是永平初年(58 年)他给东平王刘苍上的举荐书,他在文章中对刘苍的美誉毫不吝啬:"将军以周、邵之德,立乎本朝,承休明之策,建威灵之号,昔在周公,今也将军。"③将其比作前代圣贤,认为对比往圣,今日之主仍堪媲美于往圣先贤。"则将军养志和神,优游庙堂,光名宣于当世,遗烈著于无穷。"④此外,班固还曾撰写《封燕然山铭》《涿邪山祝文》《南巡颂》《典引》《东巡颂》《四巡颂》等,也都属于此类文章。作为统治阶层成员的汉光武帝刘秀之子刘苍作《世祖庙乐舞议》时,带头对汉代的文治武功进行赞美和夸耀。⑤来自统治阶层的声音既然是如此,那么下面其他的文人则更是会竞相效仿,形成风气。

　　这种文化传播目标的确立绝非偶然,在汉代皇权的绝对统治之下,甚至帝王也会公开号召文人多多向前人学习,创作更多的歌功颂德的文章。汉武

　　①　张少康,卢永璘:《先秦两汉文论选》,北京:人民文学出版社,1999 年,第 36 页。
　　②　班固撰,颜师古注:《汉书》,北京:中华书局,1962 年,第 212 页。
　　③　范晔:《后汉书》,北京:中华书局,2005 年,第 894 页。
　　④　范晔:《后汉书》,北京:中华书局,2005 年,第 894 页。
　　⑤　"高皇帝受命诛暴,元元各得其所,万国咸熙,作武德之舞。孝文皇帝躬行节俭,除诽谤,去肉刑,泽施四海。孝景皇帝制昭德之舞。孝武皇帝功德茂盛,威震海外,开地置郡,传之无穷。孝宣皇帝制盛德之舞。光武皇帝受命中兴,拨乱反正,武畅方外,震服百蛮,戎狄奉贡,宇内治平,登封告成,修建三雍,肃穆典祀,功德巍巍,比隆前代。以兵平乱,武功盛大。歌所以咏德,舞所以象功,世祖庙乐舞名宜曰《大武》之舞。"其《明帝庙乐议》中亦言:"陛下体纯德之妙,奋至谦之意,猥归美于载列之臣,故不敢隐蔽愚情,披露腹心,诚知愚鄙之言,不可以仰四门宾于之议。伏惟陛下以至德当成康之隆,天下又安刑措之时也,百姓盛歌元首之德,股肱贞良,庶事宁康。臣钦仰圣化,嘉羡盛德,危颠之备,非所宜称。"(张少康、卢永璘:《先秦两汉文论选》,北京:人民文学出版社,1999 年,第 499、500 页。)

帝就以诏书的形式要求臣子们确立这种官方文化传播的基本原则。《汉书·武帝纪》有言："朕闻昔在唐虞，画象而民不犯，日月所烛，莫不率俾；周之成康，刑错不用，德及鸟兽，教通四海；海外肃慎，北发渠搜，氐羌徕（来）服；星辰不孛，日月不蚀，山陵不崩，川谷不塞；麟凤在郊薮，河洛出图书。呜呼，何施而臻此与（欤）！今联获奉宗庙，夙兴以求，夜寐以思，若涉渊水，未知所济；猗与伟与（欤）！何行而可以章先帝之洪业休德，上参尧舜，下配三王！联之不敏，不能远德，此子大夫之所睹闻也；贤良明于古今王事之体，受策察问，咸以书对，著之于篇，朕亲览焉。"[1]汉武帝的话虽未明说要臣子们对当朝统治赞颂，但毫无疑问的是，作为至高无上的皇权统治者，他的话起到了强大的导引性作用。在这种形势下，文人自然会将颂赞当朝君主作为写文章的重要目标去践行。永平五年的时候，在汉明帝的征召之下，正式成立了兰台文人集团。兰台文人集团属于东汉时期第一个官方行政的文艺机构，其主要成员有班固、杨终、贾逵、傅毅等知名的文人。

和帝之时又组建了窦宪幕府文学文人集团。这些官方文艺机构主要就是围绕祥瑞、符命、巡狩、京都和征伐这几个主题润色鸿业，歌颂汉德。兰台文人集团除了分散创作文章之外，还有三次限定命题的集中创作。分别是《神雀颂》《汉颂》《连珠》，内容无一例外的都是对汉德的鼓吹。

其二，掾吏。譬如王充，始终未能有机会晋身为官方文人，然而，其内心仍渴望成为官方文人去对君主歌功颂德，在仕途上希望能有所建树，所以，王充的文化传播也明显带有歌颂汉德的风格。在《论衡》这部书中，他所列举的大量汉代的瑞应祯祥[2]主要见于《语增篇》《齐世篇》《须颂篇》《初禀篇》《佚文篇》《宣汉篇》《恢国篇》《验符篇》《是应篇》《吉验篇》《讲瑞篇》《乱龙篇》这几篇文章之中。王充首先把古今的君王放在了同样的历史高度去看待，《论衡·须颂篇》便言："古今圣王不绝，则其符瑞亦宜累属；符瑞之出，不同于前，或时已有，世无以知，故有《讲瑞》。"[3]这种视角的形成是从符瑞

① 班固撰，颜师古注：《汉书》，北京：中华书局，1962：160-161.

② "祥瑞又称符瑞，儒家将之定义为表达天意的、对人有益的自然现象。祥瑞种类极多，'五灵'等级最高，也就是麒麟、凤凰、龟、龙和白虎，有'麟凤五灵，王者之嘉瑞'的说法，之后则是大瑞、上瑞、中瑞、下瑞。"从政治化角度诠释祥瑞、吉验等现象的起源很早，可追溯至皇帝时代，在《淮南子》中就有将皇帝的政声政绩与自然现象联系在一起的文字表述。在2014年发现的甲骨刻辞中，有一片"小臣刻墙辞"的甲骨，上面记载着的"白麟"，经过学界的考证，认为可以视作我国古代历史上最早的祥瑞吉验。

③ 黄晖：《论衡校释》，北京：中华书局，1990年，第856页。

的角度以古喻今，标明汉朝的君主也堪称圣王。王充在《论衡·讲瑞篇》中明确表示："至元和、章和之际，孝章耀德，天下和洽，嘉瑞奇物，同时俱应，凤皇骐驎，连出重见，盛于五帝之时；此篇已成，故不得载。"进而又言："孝宣比尧、舜，天下太平，万里慕化，仁道施行，鸟兽仁者，感动而来，瑞物小大、毛色、足翼必不同类；以政治之得失、主之明暗，准况众瑞，无非真者；事或难知而易晓，其此之谓也。"①有一点可以确定的是，在王充眼中，汉代的政治成就和社会的发展是可以比肩甚至是超过前代的。王权与神权相结合的学术倾向在东汉时期是很普遍的。可见，王充坚信今世之圣主自然可以与前世的圣君相媲美。

《论衡·须颂篇》言："汉有实事，儒者不称；古有虚美，诚心然之。"②体现了王充对以上所叙述的汉代的这些情况是深信不疑的。那么，王充罗列如此多的祥瑞、吉验和贵人骨相频现到底想说明什么呢？王充最后在《论衡·验符篇》中再次扣题："皇帝圣人（仁），故芝草寿征生。黄为土色，位在中央，故轩辕德优，以黄为号。皇帝宽惠，德侔黄帝，故龙色黄，示德不异。东方曰仁，龙，东方之兽也，皇帝圣人（仁），故仁瑞见。仁（甘）者，养育之味也，皇帝仁惠爱黎民，故甘露降。龙，潜藏之物也，阳见于外，皇帝圣明，招拔岩穴也。瑞出必由嘉士，祐至必依吉人也。天道自然，厥应偶合。圣主获瑞，亦出群贤。君明臣良，庶事以康。文、武受命，力于周、邵也。"③王充直截了当地申明自己的态度，他认为一切祥瑞和吉验等现象皆因圣主圣明仁爱，祥瑞显现，必定有良臣和福佑接踵而至。仅仅从这一角度来看，汉代的君主无疑和前代的贤君没有差别，皆属于仁惠宽厚，治理的国家风调雨顺。以上都是王充在间接维度层面对君主和时代的美颂。

其实，王充有这样的表现也并不奇怪，在两汉时代，祥瑞、吉验等事物已然成了儒家参政的一种工具。除了一部分能够作为君臣之间权力平衡之功用外，最主要的还是能够给儒者谋取一些仕途方面的利益。在这种政治生态之下，才会呈现出所谓的"光武信谶书""两汉多凤凰"等说法，能够获利是当时大多数文人对其趋之若鹜的根本原因。沈约在后来编撰《宋书》的时候，还特意首创了《符瑞志》，对两汉时期以来的祥瑞、吉验等现象进行了一次较为全面的总结。

---

① 黄晖：《论衡校释》，北京：中华书局，1990年，第737、738页。
② 黄晖：《论衡校释》，北京：中华书局，1990年，第856页。
③ 黄晖：《论衡校释》，北京：中华书局，1990年，第844、845页。

此外，《恢国篇》《验符篇》《佚文篇》《对作篇》《宣汉篇》这几个篇章之中。王充认为对圣人、圣君以及对时代的歌颂是文人不可推卸的责任，著书立说的根本目的在于对社会教化有所补益，对国家要有好处，而美颂盛世与圣主便是其中之一。于是，他在《论衡·佚文篇》中做了如下的解读："发胸中之思，论世俗之事，非徒讽古经、续故文也。论发胸臆，文成手中，非说经艺之人所能为也。周、秦之际，诸子并作，皆论他事，不颂主上，无益于国，无补于化。造论之人，颂上恢国，国业传在千载，主德参贰日月，非适诸子书传所能并也。"① 足见，鸿德彰显在王充的心中是作为文化传播的重要功能来体现和追求的。

综上所述，先秦两汉文化传播主体历经时代的更迭而产生流变。文化传播主体的多样性，使得文化传播在先秦两汉各段时期，所表现出来的文化传播风格及侧重点都有所不同，显示出了异彩纷呈的特质。

① 黄晖：《论衡校释》，北京：中华书局，1990年，第867页。

第七章　内容论：老子的传播思想观念

信息传播存在语义的局限性，就是所谓交流的无奈。在此基础上，老子以"德信"的传播前提，提高了传播者的可信度。在传播策略的层面上，老子认为在人际传播过程中要提倡"柔弱处下"，在组织传播中则主张"自然无为"。此外，老子在传播史上的贡献还表现在：第一，确立了许多具有象征性意义的传播符号；第二，对个体内向的传播进行了审视。

《老子》[①]（以下引该书仅注篇名）一书记载了老子的言论和思想，是我国先秦时的一部体现道家思想的重要哲学著作。以老子为首的道家对中国文化影响很深。林语堂在 *My Country and My People*（《吾国与吾民》）中，有过阐释："所有的中国人在成功时都是儒家，失败时则是道家。我们中的儒家建设、奋斗，道家旁观、微笑。个中国人在位时说道论德，闲居时赋诗作词，并往往是颇为代表道家思想的诗词。这就是为什么差不多所有的中国文人都写诗，为什么他们几乎所有的集子中，诗歌占了大部分的篇幅，并且是较散文写得好的。"北宋诗人程颢有一首《秋日偶成》："闲来无事不从容，睡觉东窗日已红；万物静观皆自得，四时佳兴与人同。道通天地有形外，思入风云变态中；富贵不淫贫贱乐，男儿到此是豪雄。"这种从容的气度，把儒家的真性、道家的飘逸、禅宗的机趣合起来。和儒家的孔子相比，老子的学问是世代积累起来的。孔子继承的是前代留下来的典籍，他早年并没有跟着哪一个大家学习，也没有经过老师的教诲，是转益多师而成才。他的学说来自自学、自悟和自省。相比之下，老子的学说就显得根正苗红，正统多了。

老子的职务是周朝的守藏吏，相当于我们现在的国家图书馆或国家档案馆的工作人员。在先秦时期，巫官、史官、乐官常常是世代相传的。老子的传播观念就建立在深厚的史官文化之中。史官看透了历史，总结出很多社会、人生的规律，用类似格言的文学语言形式表现出来，代代相传。作为守藏吏

---

① 本文中所有《老子》引文皆引自 朱谦之：《老子校释》，北京：中华书局，1984 年。

的老子，享年较高，对成败存亡、古今祸福之事，必然烂熟于心，他的见识有洞悉历史轨迹的深邃。老子记录并总结了大量的格言式名句，集中起来，就成了五千字的《道德经》即《老子》。

《老子》这部书中所蕴含的老子的传播观念更是不应该忽视的。曾有学者指出，老子具有反传播的思想，甚至提出老子的文化思想是一种专凭内心领悟的思辨方式，是从根本上对人际传播和社会传播进行了否定，同时也否定了传播的社会意义及功能。他所提出的"不言""无为""不争""自然"等思想，从表面看来似乎是反对信息传播的。但是如果仔细分析其"大辩不言""以无事取天下""无为则无不治"的观念，再结合当时的他所处的时代背景。不难得出老子是在运用一种"正言若反"的传播策略，来回避较为敏感的社会、政治等问题。他通过一种抽象玄虚的表达方式，来表面弱化文中的价值倾向，装饰其观点，从而顺利地得到社会各方人士的认可，巧妙地传播自己的思想。这种观点的出现恐怕也是由于对《老子》的研究不够深入所致。

21世纪之初至今，已经有学者开始尝试从不同维度探究老子的传播观念。在研究路径上大致可分为两种，一种属于由内而外的思想阐释研究，另一种是借力打力的启发式研究。前者多是从语言、传播类型层面挖掘老子的传播思想。譬如张卫中的《老子对语言传播的批判》（2002）从语言传播批评的角度解读《老子》，认为老子是在用一种否定的方法帮助人们更清楚地认识语言传播效果问题。谢清果的专著《跟老子学传播》（2010）从媒介生态观角度阐释老子的传播理念。谢清果的《老子的组织传播思想纲领初探》（2011）指出老子的组织传播目标是"正善治"以"啬"为原则。此外，田园的《老子人际传播思想"四论"》（2011）；谢清果和于宁的《老子思想中的媒介拟态环境批判意识及其治理之道》（2011）；谢清果的《内向传播的视阈下老子的自我观探析》（2011）；周圆的《试论＜老子＞的传播观念》（2011）；蔡铭泽的《老子传播思想探析》（2012）以及陈明媚的《老子的人际传播思想探析——基于"自我认知"的理论视角》（2012）；蒋佳妮的《＜老子＞的传播学诠释》（2013）；何伟和王龙龙的《＜老子＞与传道刍议——一个意见领袖身上的素养》（2013）都分别从传播类型和语言等层面剖析了老子的传播思想。

另一种研究路径是从《老子》的传播观念作为切入点，反观其他的传播现象。如：吴琦的《早期马克思主义的传播与老子研究》（2002）；陈江柳的《从老子＜道德经＞看传播媒介的演进》（2010）从老子"守柔""不以兵强天下"等思想出发，梳理现代社会背景下传播媒介的演进以及传播的偏向。李倩文的《老子哲学在品牌价值观整合传播中的现代诠释》（2013）；以及谢清果和王小贝的《老子不言不辩思想与春秋时期传播环境研究——与雅典"尚辩"传统的比较视角》（2013）统观对于这一领域的研究现状，仍处于刚刚起步的阶段，有不少研究空白有待开发。

第一节　交流的无奈：语义传播的局限

John Durham Peters（约翰·彼得斯）在 *Speaking into the Air*（《交流的无奈：传播思想史》）一书中首先公开声称"交流"的不可能，他认为："'交流'是现代人诸多渴望的记录簿。它召唤的是一个理想的乌托邦，在乌托邦里，没有被误解的东西，人人敞开心扉，说话无拘无束。看不见的东西，渴望愈加迫切；我们渴望交流，这说明，我们痛感社会关系的缺失。我们如何陷入这个关口，怎么会在说话时带着伤感之情呢？怎么到了这一步，我们竟然说，一个人和另一个人在'不同的频道上'呢？……'交流'的观念说明，我们在历史的此时此刻过着奇怪的生活。它是一个落水洞，我们的希望和畏惧，似乎多半都流走消失，不见踪影了。"[①]一般意义上的交流看似并非难事，但要想达到一方传播信息的同时另一方又能准确接收就绝非想象般那样容易。作者这里所提到的，就是指单靠语言在信息传播上的种种局限。

老子对于这种语义传播上的困境也早有深刻的认识。首先，老子承认语义传播是带有局限性的，无法用言语绝对清晰地阐述透彻。"道可道，非常道；名可名，非常名。"（第一章）第3页老子以"道"的意义为例，认为作为宇宙本体的道，只可意会，却难以言传。因为它无声，无形，也无法亲身感触得到，所以用语言去传播具有很大的局限性。语言学家萨丕尔说："最清虚的思维可能只是无意识的语言符号的有意识的对应物。"[②]对于这一点，庄子在其《秋水篇》也曾有所表述："可以言论者，物之粗也；可以意致者，物之精也；言之所不能、意之所不能察致者，不期精粗焉。"[③]老子认为，道的含义丰富而宽泛，玄妙而又幽深，人们对其认知和探索只能是渐进的，仍然

---

① 约翰·彼得斯，何道宽译：《交流的无奈：传播思想史》，北京：华夏出版社，2003年，第2页。

② 萨丕尔：《语言论》，北京：商务印书馆，1985年，第15页。

③ 方勇译注：《庄子》，北京：中华书局，2011年，第260页。

远远没有参透其中的全部的外延、内涵。对于现实生活中存在的众多抽象事物，语义的传播都是难免要遇到编码和译码间的不畅通的情况。

其次，由于老子注意到了语义传播的局限性，所以他提倡施行"不言之教"的传播思想。所谓不言之教，并不是完全摒弃语言的传播功能，而是强调传播信息时要符合客观规律，以简练的语言传递丰富的内涵。所谓"多言数穷，不如守中"（第五章第24页）、"知者不言，言者不知"（第五十六章第227页）。如《庄子》的《达生》《山水》中'津人操舟'，'市南宜僚见鲁侯'等寓言故事中所体现出的"意接词断"，"词接意变"的言与意之间的飘忽变化，使语言跳荡不止，来去无端的。在这里概念、范畴、境界者被形象化地传达出来，而这种表达绝不是语言对于思想的无能，而是超越了语言对于思想表达的直接性，充分反映了道家对语言持一种开放的态度，既不执滞亦不绝弃，人完全成为语言的主宰而不是相反。"①

老子主张传播信息时要切中要害，不赞成喋喋不休的说教。强调传播信息时要自然地表达，仔细观察并顺应环境，听到了正确的理论或观点，就要付诸实践。"上士闻道，勤而行之；中士闻道，若存若亡；下士闻道，大笑之。"（第四十一章第166、167页）老子提出来的实际上是传播史上一个很严肃的问题，语义的局限性常常削弱着沟通的良好效果，连老子本人也不得不承认语义交流中时常遭遇鸿沟的无奈境地。他说："吾言甚易知，甚易行。天下莫能知，莫能行。言有宗，事有君。夫唯无知，是以不我知。知我者希，则我者贵。是以圣人被褐而怀玉。"（第七十章第280、281页）

第二节　沟通的境界：以德信为传播的前提

老子认为，促成顺利的信息传播有三个前提条件：

其一，要"唯德是从"。老子认为在传播过程中，要使"德"成为传播的内涵。"孔德之容，唯德是从。"（第二十一章第87页）"道生之，德蓄之，物形之，势成之。是以万物莫不尊道而贵德。道之尊，德之贵，夫莫之命而常自然。"（第五十一章第203页）老子主张在传播中要坚持这样一种思想，并且始终坚持不变，长此以往，就能在精神传播层面实现"道"。老子讲："常德乃足，复归于朴。""'朴'就是'道'。如果把'道'传播到具体的物质世

---

① 朱哲：《先秦道家哲学研究》，上海：上海人民出版社，2009年，第255页。

界中去，就成为有形的'物'，并化为日常生活中有用的'器'。所以老子又说，'朴散则为器'。'散'就是传播。"①

　　其二，要"信言不美"。老子认为信息的传播不应该浮夸，主张："处其实，不处其华。"（第三十八章第 153 页）诚信不足也是传播者无法较好和人沟通的重要原因，譬如提供的信息虚假、不全等现象，以此对受众造成欺骗。从一个人的言语，往往能看出他内心的想法和智慧。过于虚饰的语言反而显得不够真诚，质朴信实的话更能取得良好的传播效果。所谓："美言可以市尊，美行可以加人。"（第六十二章第 253 页）传播者规避华而不实的言语，可以提高受众对其所传播信息的信任度，降低彼此关系中的不确定性因素。"传播是一个工具，通过它人们可以减少彼此之间的不确定性。不确定性的降低就会为人际关系的发展创造成熟的条件。"②"在进入阶段，互动双方具有很高的不确定性，随着陌生人之间语言传播的增加，在这一关系中的每一个互动者的不确定性都会降低。当不确定性进一步降低时，语言传播的数量还会进一步增加。"③当然，这种语言传播的前提就是讲求德与信，用纯朴、真诚的语言增加对方的好感。"刘勰在《文心雕龙·情采》中提出的'铅黛所以饰容，而盼倩生于淑姿，文采所以饰言，而辩丽本于情性。'的观点就明显受到了老子'复归于朴'思想的影响。"④

　　其三，要"善言不辩"。老子主张传播者要尊重对方，言语谦下。争辩很容易伤害传受双方的关系，而暂时避开对方的锋芒和嚣张的气焰，化百炼钢为绕指柔。规避掉不必要的争论，用非辩解的方式，使传播出去观点渐渐得到支持和印证，这会更有说服力。这也就是庄子所倡导的"大辩不言"。无言之辩体现的是一种"花要半开，酒要半醉"的禅意和智慧。不必做歇斯底里，旁若无人的争辩，因为那样只会使自己处于更加被动、孤立的境地。适当收敛自己的性情，正如老子所说："持而盈之，不如其已。揣而锐之，不可常保。"（第九章第 33、34 页）

　　① 余志鸿：《中国传播思想史》，上海：上海交通大学出版社，2005 年，第 208 页。
　　② 理查德·韦斯特，林恩·H.特纳著，刘海龙译：《传播理论导引：分析与应用》，北京：中国人民大学出版社，2007 年，第 168 页。
　　③ 理查德·韦斯特，林恩·H.特纳著，刘海龙译：《传播理论导引：分析与应用》，北京：中国人民大学出版社，2007 年，第 173 页。
　　④ 张恩普：《老子文学批评思想阐微》，《东北师大学报》2003 年第 1 期，第 79 页。

第三节　"和谐"精神："柔弱处下"的人际传播

在人际传播的过程中，老子提倡一种贵柔弱的方式，为了便于阐明自己的观点，他还以水为例去体现道性，他说："天下莫柔弱于水，而攻坚强者莫之能胜，以其无以易之。"（第七十八章第301页）证明在自然界中，柔弱处下乃是一种高明的生存手段。因而在人际传播中，人也应该效仿自然之道。"道"通过"柔弱"来发挥出自身的作用，以守为攻，以退为进，体现出道家文化思想中的传播态度。处处逞强，难免会遭到反感或疏远。当然，在这段话中，我们也可以看出，老子贵柔弱只是一种交往的手段，其最终要达到的效果还是重在攻坚强，那才是他所期望的传播效果。"柔弱处下"的人际交流策略背后，潜藏着老子刚大自主的人格魅力。老子说："以退为进，以与为取"，这种思想是很值得我们借鉴的。那是一种通彻和豁达的人生态度，更是一种大彻大悟的生命体验。人们常说"知进退为英雄"，讲的也是这个道理。

这种贵柔弱首先就要体现在为人要谦和，不贬损他人。偶尔发现别人的"瑕疵"不必兴奋异常，甚至口出不逊，殊不知，贬损了他人，即是降低了自己。"人之生也柔弱，其死也坚强；万物草木之生也柔脆，其死也枯槁。故坚强者死之徒，柔弱者生之徒。是以兵强则不胜，木强则折。强大处下，柔弱处上。"（第七十六章第295—297页）在人际传播中，如果传播方式不具备一定的宽容、灵活和柔韧性的话，那么就不会营造出和谐的交往氛围，甚至会使传播者陷入孤立的境地。低调做人是一个充满大智慧的做人与做事的哲学，也是我们立足于世的根基。而如何能真正做到保持低调，便是对生存智慧的一种拷问。

其次，"柔弱处下"还应该体现在为他人留足面子。"斯特拉·汀·图美（Stella Ting·Toomey）认为，在人际交往的情景中，面子与自尊和（或）他人的自尊的投射有着密切的关系。人们'看'不见他人的面子。面子是一个隐喻，它指的是人们与他人的关系中所具有的边界。"[1] 根据斯特拉 - 汀 - 图美的理论，人际交往中，要有意识地使自己的传播行为与他人的面子保持一致。用斯特拉 - 汀 - 图美的话说就是："传播的舞蹈，人们需要小心翼翼地用脚尖

---

[1] 理查德·韦斯特，林恩·H.特纳著，刘海龙译：《传播理论导引：分析与应用》，北京：中国人民大学出版社，2007年，第494页。

在尊重自己的面子和他人的面子之间周旋。"①犹太人世代相传的一句格言也许很说明问题："太阳即使没有你，照样会升起，也会沉落。"低调是一种优雅的气质，更是我们对人生状态的一种顿悟。懂得低调的人不会妄自尊大，如此才有可能尽量少地卷入是非。在沉默的状态中，避免无谓的纷争，然后不动声色地做好自己该做的事情。如老子所描述的那样："上善若水。水利万物而不争，处众人之所恶，故几与道。居善地，心善渊，与善仁，言善信，事善能，动善时。"如此低调的交往态度，则自然保全了他人的面子，使传播者在人际沟通中如鱼得水。

老子又提出了独特的"自然无为式"的组织传播理念，这也是老子哲学思想的基本范畴之一。这对组织管理、战略的选择等问题都有着积极的指导意义。"道"是宇宙生成的本源，本就是客观存在的。它无为无欲，就是那样自然地在我们的生活中发挥着作用。做任何事都不应该添加任何的人为的因素，一切依照自然法则去做。这就是所谓的"人法地，地法天，天法道，道法自然"（第二十五章第103页）。老子说："是以圣人处无为之事，行不言之教；万物作而弗始，生而弗有，为而弗恃，功成而弗居。夫唯弗居，是以不去。"（第二章第10、11页）和儒家学派的仁德论、墨家学派的兼爱论、法家学派的法治论等思想相比，老子更加重视保持人淳朴的本性，认为那些思想只会干扰到人的自然本性。让人们违背自然的本性去行事。以儒家为例，老子就认为，他们所倡导的仁义，其实质是破坏了人们原有的淳朴之风，把外在的主张强行附着在人们身上。这样做只会加剧社会的混乱，引发新一轮的对立与冲突。

老子强调治理国家要"自然无为"，顺行慎言，让百姓自正、自化、自富、自朴。统治者不要恣意妄为、害民扰民，否则就会招致反抗。老子为了把问题阐释清楚，还用了一个比喻，他说："治大国若烹小鲜。"（第六十章第244页）意思就是说，治理国家切勿朝令夕改，一个优秀的领导者应该保持虚静无为的态度，不要轻易变动治国之道，就像煎鱼时不能经常搅动、翻转，否则就会把鱼翻得破烂不成形了。治理国家是这样，管理企业亦是如此，都应该顺其自然，不要人为地强加干预。《韩非子·解老》篇中强调："故以理观之：事大众而数摇之，则少成功；藏大器而数徙之，则多败伤；烹小鲜而

① 理查德·韦斯特，林恩·H.特纳著，刘海龙译：《传播理论导引：分析与应用》，北京：中国人民大学出版社，2007年，第495页。

数挠之，则贼其泽；治大国而数变法，则民苦之。是以有道之君贵静，不重变法。"①

然而，老子自然无为的组织传播理念，也并非在组织管理过程中完全放任自流。一旦出现侵害组织利益的事情，还是要维护组织正常的法度。所以老子说："若使常畏死，而为奇者，吾得执而杀之，孰敢？"（第七十四章第289页）自然无为不代表就会放弃必要的组织权利，老子只不过是想通过阐释"无为"的理念，来杜绝因人为干扰而造成对组织管理权力的滥用。组织传播的过程中，要尽量保持一种相对客观的态度，观察事物时不要带有过多的私心杂念，这样才能更好地维持组织内信息的良好沟通，认识事物的本质。所谓的"无为"其实不过是一种传播策略，即不妄为、避免任何不当之为，这也不失为一种智慧。"无为"的最终目的还是要做到"无不为"，实现《淮南子·原道训》中所描述的那样一种境界："无为为之，而合于道；无为言之，而通乎德；恬愉无矜，而得于和；有万不同，而便于性。"②

《老子》这部书中包含着先进的传播观念。除了以上所总结的之外，老子在中华传播思想史上还有两点贡献值得注意：首先，老子确立了许多具有象征性意义的传播符号，譬如："道""有""无""玄"等概念。《老子》开篇的一句名言："道可道，非常道；名可名，非常名。无名，天地始；有名，万物母。"（第一章第3—5页）在信息传播方面，老子虽然没有在著作中明确提出传播符号学的概念，但是对符号的应用则显然要早于19世纪当代符号学的奠基人查尔斯-桑德斯-皮尔斯（Charles Saunders Peirce）。老子非常善于把信息高度凝练，对于言不尽意的信息，他用一种抽象命名的方式去阐述。"抽象是从许多具体的经验中形成一般思想的过程。这是一个在用更为一般的词语理解物体、事件或情境中略去细节的过程。"③老子以其独创的传播符号，帮助传播者去解释头脑中所指称的事物，也便于受众更方便地理解信息。其次，老子还对个体内向的传播进行了审视。他提倡虚极静笃，做到身心"放空"的状态，以此追求正道、实现自我修养的提升。正如道本身也是空虚的，也只有如此才会使它拥有最大限度的包容性。以客观的视角去看待和处理事情。

综上所述，《老子》一书蕴含了老子所建构的完整而有效的传播机制，在

---

① 高华平、王齐洲、张三夕译注：《韩非子》，北京：中华书局，2010年，第202页。
② 陈广忠译注：《淮南子》，北京：中华书局，2012年，第3页。
③ 斯蒂文·小约翰著，陈德民、叶晓辉译：《传播理论》，北京：中国社会科学出版社，1999年，第122页。

华夏传播史上，显示出重要的价值。对于《老子》中所包含的传播思想，仍需要学者们不断系统地进行归纳并详加阐释，使老子的传播智慧给现代人更多的生活启示。

第八章　策略论：庄子幽默的传播技巧

本章将庄子的传播策略观作为个案进行研究。以传播学为视角，对《庄子》[①]这部作品在文学传播中如何巧妙地运用幽默元素的策略进行剖析，分别从两个维度进行阐述，即构建诙谐的文学艺术传播形象、奇闻逸事营造独特劝服情境。以期望从幽默这一独特的色镜中，去审视《庄子》这部古代文学经典经数千年传播而长盛不衰的理论依据。

"幽默（humor）是一种美学现象，是喜剧性传播样式，是创造主体对喜剧性内容发掘、表现的能力，一种'内庄外谐'的态度。"[②]"在传播中，诉诸幽默是一种很受欢迎的技巧。……幽默对吸引注意力、产生对传播者的喜爱心情等方面，比造成态度或行为改变更有效。学习理论主张，幽默可能提供强化作用，因而导向更大的态度改变。"[③]林语堂认为："凡善于幽默的人，其谐趣必愈幽隐；而善于鉴赏幽默的人，其欣赏尤在于内心静默的理会，大有不可与外人道之滋味。与粗鄙的笑话不同，幽默愈幽愈默而愈妙。"而对于庄子，林语堂也曾盛赞说："庄周可谓中国幽默之始祖"。通读《庄子》[①]一书，不难感受到书中寓言里所散发出来的诙谐，让读者能够反观其微笑背后所折射出来的种种社会现实。在其文学思想传播的过程中，巧妙地糅合了幽默元素，拉近了信息传播者和受众之间的心理距离，扯断了事物之间习以为常的联系，把受众对信息的不同反应融汇成一幅幅独特的景观世界，呈现出一种能被受众所感知的独特的美感特质，从而成功地塑造了《庄子》独特的文学传播世界，对后世作家的文学创造产生了巨大的影响。

---

① 本文中所有庄子引文皆引自孙通海译注：《庄子》，北京：中华书局，2008 年。
② 陈孝英：《幽默论纲》，北京：人民大学报刊资料复印社，《美学》卷 1986 年，第 11 页。
③ 董璐：《传播学核心理论与概念》，北京：北京大学出版社，2008 年，第 225 页。

第一节　构建诙谐的文学艺术传播形象

其一，极度夸张：突越中塑造形象。鲁迅曾这样评价《庄子》这部作品："然文辞之美富者，实惟道家，……今存者有《庄子》。……著书十余万字，大抵寓言，人物天地，皆空言无事实，而其文则汪洋辟阖，仪态万方，晚周诸子之作，莫能先也。"《庄子》一书中创造了许多极富感染力的文学艺术形象，开篇首先映入眼帘的就是"其翼若垂天之云"的大鹏，其气势磅礴、形体宏大。"水击三千里，抟扶摇而上者九万里，去以六月息者也。"（《庄子·逍遥游》第 4 页）庄周的想象力是震撼人心的，他敢于打破一切思维定式，超越现实。"有国于蜗牛之左角者，曰触氏；有国于蜗牛之右角者，曰蛮氏。时相与争地而战，伏尸数万，逐北旬有五日而后反。"这是在《庄子·则阳》中所描绘的两个小国之战。庄子擅于运用无限放大或缩小的夸张手法，突越了人们有限的感觉经验，从而产生强烈的艺术感染力。

在《庄子·养生主》中，庖丁解牛这一幕成为这部作品中的经典。"手之所触，肩之所倚，足之所履，膝之所踦，砉然响然，奏刀騞然，莫不中音，合于《桑林》之舞，乃中《经首》之会。"（第 55、56 页）还有在《庄子·人间世》中身形瑰伟的栎社树："其大蔽数千牛，絜之百围，其高临山十仞而后有枝，其可以为舟者旁十数。"（第 83 页）此外"八千岁为春，八千岁为秋"的大椿、斧子可以劈去鼻子尖上的灰点、栎树可以托梦、骷髅可以复生等夸张的艺术传播形，在超常的想象与极度夸张的合力共同作用下，让《庄子》产生出了石破天惊的艺术力量。在传播者葱茏的想象之中，浸润并传播着文学作品中浪漫别致的哲思智慧，达到让受众过目难忘的目的。

其二，命名新奇：怪诞中隐含寄寓。文学原本就是自由的王国。相对于现实生活中的人名而言，文学作品中的人名是"最具开放性、最活泼、最多变、最能发挥命名者的聪明才智、文采意匠，也是最能激发人们的想象遐思的意义层面"。它"给人以想象力和创造力，为人的主观能动性开辟了宽阔的空间"。人名"体现什么样的文学情趣，却全在于命名者。成千上万的汉字，丰富多彩的意蕴，为你发挥想象力提供充分的语言资源，而古今人物的名字，又为你的命名带来无穷的启迪"。 ①

英国评论家杰福勒认为："在艺术作品中，怪诞常常引人发笑。它之所

---

① 索燕华、纪秀生：《传播语言学》，北京：北京师范大学出版社，2010 年，第 160 页。

以具有这种效果是因为怪诞以一种夸张或扭曲的方式表现人物形象。"《庄子》中的命名大都新颖奇特，在看似荒诞奇诡的名称中，蕴含着高深莫测的思想寄寓。如树名"冥灵""栎社；"鸟名"意怠""干于骨"；有"藐姑射之山""无何有之乡"；有"大莫""建德"之国；众多人名更是怪异离奇："留缺""支离疏""哀骀它""门无鬼""叔山无趾""赤张满稽""央瓷大瘿""闉跂支离无版""玄冥""满苟得""无有""泰清""象周"等。"黄帝游乎赤水之北，登乎昆仑之丘而南望，还归，遗其玄珠。使知索之而不得，使离朱索之而不得，使吃诟索之而不得也。乃使象罔，象罔得之。黄帝曰：'异哉！象罔乃可以得之乎？'"（《庄子·天地》）文中以"玄珠"喻道，虚拟了"知""离朱""吃诟""象罔"四个人物，分别隐喻着"智""明察""善辩"和"无心"。

"知谓皇帝曰：'吾问无为谓，无为谓不应我，非不我应，不知应我也；吾问狂屈，狂屈中欲告我而不我告，非不我告，中欲告而忘之也；今予问乎者，若知之，奚故不近？'皇帝曰：'彼其真是也，以其不知也；此其似之也，以其忘之也；予与若终不近也，以其知之也。'"（《庄子·知北游》第300页）其中"无为谓""狂屈"的人名分别取"无所为"和"狂放屈伸"的含义。反映了作者所表达的道体虚无、纯任自然的思想，再次彰显了"知者不言，言者不知"的论断。各类怪异的命名，都是作者内心意蕴的高度熔炼，是作者凝结于心的审美选择和艺术传播载体。

其三，以丑展美：嬉笑中震撼人心。"'学贵心悟，守旧无功。'（宋·张载《经学理窟》）高明的传播者不仅能得心应手地、恰到好处地使用那些生动活泼、富有生机的传统技巧，而且还能不为前人的或现有的技巧所囿，创造性地构想和使用新的技巧"。[①] 在《庄子》的世界里，消解了美的质的规定性和客观性。"其美者自美，吾不知其美；其恶者自恶，吾不知其恶。"（《庄子·山木》第291页）美与丑之间的判定全在于信息受众主观的感受，传播者高度赞扬了自然之美、朴素之美以及无声无色之美。

"支离疏者，颐隐于脐，肩高于顶，会撮指天，五管在上，两髀为胁。挫针治繲，足以糊口；鼓策播精，足以食十人。上征武士，则支离攘臂而游于其间；上有大役，则支离以有常疾不受功；上与病者粟，则受三钟与十束薪。夫支离其形者，犹足以养其身，终其天年，又况支离其德者乎！"（《庄子·人

---

① 邵培仁：《传播学》，北京：高等教育出版社，2000年，第177页。

间世》第 88、89 页）作品中所塑造出来的支离疏，身体扭曲但却给历代受众带来了许多精神启迪。这个世界上无所谓美与丑，更无所谓垃圾和废物，关键看个人如何在现有生命质地的基础上，发挥到与环境相匹配的状态。还有《庄子·德充符》中著名春秋时期鲁国大夫哀骀它，相貌极其丑陋，而且跛脚驼背，但是却极具个人魅力。"丈夫与之处者，思而不能去也；妇人见之，请于父母曰'与为人妻，宁为夫子妾'者，数十而未止也。未尝有闻其唱者也，常和人而已矣。无君人之位以济乎人之死，无聚禄以望人之腹，又以恶骇天下，和而不唱，知不出乎四域，且而雌雄合乎前……"再譬如《庄子·达生》中用竹竿承蜩的佝偻丈人、《庄子·德充符》中的闉跂支离无脤。这些在常人眼中丑陋残缺的形象，却都有着深厚的精神内涵，他们集崇高性与喜剧性于一身，以畸形的面貌去震撼着人心。

　　"文学传播者的文学创作过程，实际上是人内传播方式在审美高度上的一种升华，是人的自由自觉生命活动的一种实现方式，不论文学是讴歌还是审视，赞美还是幽思，它笔下的世界中精神理念的高扬总会超越简单的善恶伦理判断，理想的高扬尽管夹杂着书生的稚气和拗气却不失为对人类精神家园的策动，为我们社会保留下一份对人性高尚、纯美的向往。"① 在这种独特的文学创造中，庄子作为其哲学思想的传播者，将谐趣和想象在《庄子》这部书中发挥到极致，把受众带到一个天马行空、奇幻玄奇的世界里，引导受众慢慢体味作品中所隐含的高深莫测的思想寄寓。

第二节　特立独行营造独特劝服情境

　　文学信息传播者在营造劝服情境的过程中，必须引起受众的注意，并打动他们的心。"文学作为一种符号（语言）系统，是交往理性得以展开的理想场所。具体来说，围绕着作品这个中心，作者与世界、读者之间建立起来的是一种话语伙伴关系。"② 而这种传播关系建立的前提是"传播者的信息必须引人注目，所传递的信息必须有特点，必须进入人们的感官，以引起受众的注意。……信息进入人们的感官以后，必须使人们的感知结果转变为一种认识，使信息成为受传者认知结构的一部分"。③《庄子》通过展现传播者特立

①　文言：《文学传播学引论》，沈阳：辽宁人民出版社，2006 年，第 54 页。
②　哈贝马斯，曹卫东等译：《后形而上学思想》，上海：译林出版社，2001 年。
③　董璐：《传播学核心理论与概念》，北京：北京大学出版社，2008 年，第 227 页。

独行的性格特征及超俗的行为模式，运用大量的寓言故事揭示所要劝服的内容。道理蕴含在貌似荒诞的行为或故事之中，只是处于一种较为隐蔽的状态而已，受众要在慢慢接受信息的过程中，自己去领悟其中所包含的道理。传播者继而让受众对文学信息在情感上得以接受，使劝服过程变得生动活泼。

其一，长歌当哭：开启大幽默文化形式。林语堂在其《论幽默》一书中说："中国文学，除了御用的廊庙文学，都是得力于幽默派的道家思想。"庄子开启了长歌当哭式大幽默的文学形式，对后人的文学创造与传播带来了很大影响。人们常常通过这种文学信息编码形式来表达对人生的坚定以及人格不因死亡而萎缩的意志。

对于生死，《庄子》中传递出淡然超脱的生命态度。"庄子将死，弟子欲厚葬之。庄子曰：'吾以天地为棺椁，以日月为连璧，星辰为珠玑，万物为赍送。吾葬具岂不备邪？何以加此？'弟子曰：'吾恐乌鸢之食夫子也。'庄子曰："在上为乌鸢食，在下为蝼蚁食，夺彼与此，何其偏也。"（《庄子·列御寇》第370、371页）丧失亲人痛不欲生这本是人之常情，可庄周却相反，庄子丧妻，惠子前去吊唁，看到庄子不仅忘却了伤痛，而且还"鼓盆而歌"，祝贺妻子终于可以摆脱人世烦恼。他认为死亡是返归于自然，执丧哀毁都属于"不通命"的表现。生死皆人生自然之事，既然人力无法改变，就大可不必沉湎于深深的痛苦和无穷的烦恼之中。悲哭哀号对于庄子而言是何等的做作，而不如选择开怀大笑。他不以生喜，不以死悲，用亘古未有的幽默观影响着无数后人。

"苏珊·朗格（S.Langer）指出：'一个艺术家表现的是情感，但并不是像一个大发牢骚的政治家，是像一个正在大哭的儿童所表现出来的情感。艺术家将那些在常人看来混乱不整的和隐蔽的现实变成了可见的形式，这就是将主观领域客观化的过程。'"[1] 闻一多在其《庄子》一文中说："若不是他那隽永的谐趣、奇肆的想象，庄子的寓言当然和晏子、孟子以及一般游士说客的寓言没有区别。谐趣和想象打成了一片。设想愈奇幻，趣味愈滑稽，结果便愈能发人深省。这才是庄子的寓言。"

---

① 苏珊·朗格，腾守尧等译：《艺术问题》，北京：中国社会科学出版社，1983年，第25页。

第三节　寓庄于谐：嘲弄现实社会的虚伪

在《庄子·外物》篇中，作者讲了庄子因家贫前往监河侯借贷粮食的一个故事，用锋利辛辣的笔锋讽刺了监河侯的虚伪，反映出了世间的无情。"周昨来，有中道而呼者。周顾视车辙，中有鲋鱼焉。周问之曰：'鲋鱼来，子何为者耶？'对曰：'我，东海之波臣也．君岂有斗升之水而活我哉？'周曰：'诺！我且南游吴、越之王，激西江之水而迎子，可乎？'鲋鱼忿然作色曰：'吾失吾常与，我无所处。吾得斗升之水然活耳。君乃言此，曾不如早索我于枯鱼之肆！'"（《庄子·外物》第 329 页）作者用轻松的笔触，白描式的小说笔法，把一副虚伪奸诈的面孔暴露无疑，读完令人深思。

庄子对那些一边打着儒家旗号、拖着饱学腔调，而一边却又龌龊地干着坏事的卑劣之人给予了无情的嘲弄，让其假道义的嘴脸昭然若揭。"儒以《诗》、《礼》发冢，大儒胪传曰：东方做矣，事之何苦？"小儒曰："未解裙襦，口中有珠。《诗》固有之曰：'青青之麦，生于陵陂。生不布施，死何含珠为？'接其鬓，压其颙，儒以金椎控其颐，徐别其颊，无伤口中珠。"（《庄子·外物》）短短一则寓言，使作品中的人物丑陋的灵魂无情地暴露于徘谐言笑。

又如在描写小人曹商，因替宋王办事而受赏赐，于是在庄子面前炫耀说"处穷闾厄巷，困窘织屦，槁项黄馘者，商之所短也；一悟万乘之主而从车百乘者，商之所长也。"把一个卑劣可怜的漫画形象跃然于纸上。然而笔锋一转，"庄子曰：秦王有病召医，破痈溃痤者得车一乘，舐痔者得车五百乘，所治愈下，得车愈多。子岂治其痔邪？何得车之多也？子行矣！"（《庄子·列御寇》第 367 页）作者以幽默的浪漫主义文学表现形式，揭示了事物的内在本质，不冷不热地捅破了虚伪的功利之网，为迷途者敲响了警钟。

第四节　傲岸不群：展示超脱的人生态度

南宋文学家叶适认为："庄周不得志于当世，而放意狂言，其怨愤之切异于屈原者鲜矣。"在庄子的内心中自然万物都是平等的，他认为要想"乘天地之正"而"御六气之辩"从而走上精神自由之路，就需要坚持做人的准则。破除功名利禄、权势尊位的束缚，顺从天道，摒弃"人为"，他认为生活就应该崇尚自然，不需要规定什么，凡事去掉人性中"伪"的杂质，坚持做到在利益面前"无己"、事业面前"无功"、在荣誉面前"无名"，实现超脱与旷达。

"庄子钓于濮水，楚王使大夫二人往先焉，曰：'愿以境内累矣！'庄子持竿不顾，曰：'吾闻楚有神龟，死已三千岁矣。王巾笥而藏之庙堂之上。此龟者，宁其死为留骨而贵乎？宁其生而曳尾于涂中乎？'二大夫曰：'宁生而曳尾涂中。'庄子曰：'往矣！吾将曳尾于涂中。'"（《庄子·秋水》第266页）安贫乐道是庄周的生活态度，身处政治黑暗、民不聊生、尔虞我诈的社会环境中，庄周选择了自觉远离政治，宁愿归依山水而独善其身，也绝不卷入战争、是非的漩涡，不与世俗之人同流合污。"作者在作品表达上的创新不只是一个作品是否'好看'的问题，在某种程度上讲，他也是创造出一种新的观照事物、观察人生的方式，因而使得作品具有了超越具体内容表达的独立价值。"① 虽然他一生物质贫困，但其精神财富却始终无人能及。

庄周超然于物外，畅游于自然的境界在《庄子·齐物论》中"庄周梦蝶"一段描述中得到淋漓尽致的体现。"昔者庄周梦为胡蝶，栩栩然胡蝶也。自喻适志与，不知周也。俄然觉，则蘧蘧然周也。不知周之梦为胡蝶与？胡蝶之梦为周与？周与胡蝶则必有分矣。此之谓物化。"只有对生活抱有达观的态度，才能如此如蝶般洒脱出尘、无拘无束。逍遥于"无何有之乡，广莫之野"。《庄子》传递出一种不以物累形的身心状态，超出了实践的功利目的，跳出了儒家思想中从伦理、功利观出发的以道德比附自然的局限，凭借着对自然深厚的亲和力，逍遥在广阔的时空中，同时也为世俗中人指明了一条心灵解放、超越禁锢的生存路径。

"幽默"一词是20世纪30年代林语堂从英文"humor"翻译过来的，纵观中国古代书籍中，都没有发现过这个词汇。但是透过对《庄子》的研究，不难发现这部作品中处处渗透着的幽默元素。幽默，既是一种艺术表现手法，同时也是一种有效的思想传播技巧。而《庄子》正是凭借其汪洋恣肆的文字，怪诞非凡的想象，通过幽默这一独特的元素去反观人生、谈天论道，给历代受众以崇高惊叹的感受，在中国古代文学传播史上独树一帜。

---

① 童庆炳：《文学理论教程》，北京：高等教育出版社，2004年，第38页。

第九章　介质论：孔子思想的传播媒介

本章以孔子思想的传播渠道作为个案进行研究，基于传播学的视域下，从兴办私学、传注经文、周游列国、依托传媒四个维度，对《论语》的文学思想传播方式的建构进行解读，希望从中探求出孔子文学思想传播绵延数千年而长盛不衰的理论依据，归纳出其传播脉络，深入挖掘《论语》文学思想的内涵。孔子作为中国儒学的创始人，同时也是优秀的中国古代文学传播者，他以独特而新颖的方式传播着其文学思想。虽然历经2500多年，仍然对后世有着极为深刻的影响，他的文学思想传播给中国文化的发展以巨大活力，同时也在华夏文明的传承中发挥了举足轻重的作用。

第一节　教育下移，兴办私学

春秋时期，文化经过了三次下移，随着大批典籍和文化精英散落于民间，文化学者们渐渐从周室职官系统和政务系统中脱离了出来，"成为历史上第一批靠出卖知识维持生计的士"。[①] 这就为私学的兴起和发展奠定了基础。孔子提倡"有教无类"的教育方针，格外重视教育的普及以及思想的传播。自他三十岁起，直至其仕鲁之前的近二十年的时间里，孔子全身心地投入到兴办私学、传授六艺的教育活动中。由于他为人品德高尚且学问精深，所以前来求教的学生也是络绎不绝，号称三千弟子。私学的兴起使平民得到了求学的

---

① 张瑞，王番编：《中国教育史研究·先秦分卷》，上海：华东师范大学出版社，1991年，第89页。

机会,者对孔子的之前"学在官府"①所产生的"知沟"②现象起到了一定程度上的缓冲作用。《史记·孔子世家》中介绍说:"孔子以《诗》《书》《礼》《乐》教子弟盖三千焉,身通六艺者七十有二人。"他建立了一个庞大的教学组织,其教化南及江淮,西至山陕。他以"小六艺"(礼、乐、射、御、书、数)和"大六艺"(《诗》《书》《礼》《乐》《易》《春秋》)六部经典为教学科目。借助组织传播的优势,向学生们统一发布信息,保证了其文学思想传播活动的质量。而这些弟子也可以作为信息传播过程中的"意见领袖"③,把所学内容传播给其他的受众人群,从而在社会上形成了更多的"意见领袖",这有力地推动孔子文学思想的传承。此外,通过私塾的课堂交流活动,孔子的文学思想"按照一定顺序、规则、秩序进行信息传递,无形中减少了信息流通过程中的干扰因素,使原本脆弱、游离的信息交流过程在组织形态的干预下,产生一种合力,自身更形成具有强效的示范引力的信息磁场,将零星的文学火种汇集成熊熊燃烧的文学烈焰"。④

第二节　述而不作,传注经文

在《论语·述而》里有这样一句话:"述而不作,信而好古。"对此,朱熹的注解是:"述,传旧而已,作则创始。"这个"述",其实就有承前启后、阐述前人学说的意思。保留传统的文化,继往开来,把所知道的保存并流传开来。"作"就是创作,从字面理解"述而不作"就是不添加个人见解,没有自

---

①　"学在官府"是我国西周时期教育活动显著特征,由于学术和教育均被官方所把持,官府掌管法律、法规、古代典籍文献和祭祀典礼的礼器等,正是所谓的礼不下庶人。民间没有条件举行教育、学术活动。这种垄断局面,一直延续到春秋时期,才在乱世中被逐渐打破。我国奴隶制崩溃而转向封建制,受贵族垄断的"学在官府"的教育制度渐渐没落。

②　"知沟假说"(knowledge-gap hypothesis)是由蒂奇纳、多诺霍和奥里恩在1970年蒂奇纳等人出版的《大众传播流动和知识差距增长》一文中提出的概念。它的含义是:当一个社会体系中的信息流增长时,那些受过较好教育、具有较高社会经济地位的人们,将比受教育较少、地位较低的人们能更好地吸收信息。这样信息增长导致了知识沟的扩大而不是缩小。罗杰斯指出,信息不仅导致知识沟的扩大,而且导致在行为和态度上产生沟壑。因此,他将这一术语改为"传播效果沟"。(参见[英]丹尼斯·麦奎尔、[瑞典]斯文·温德尔著,祝建华、武伟译:《大众传播模式论》,上海:上海译文出版社,1997年,第96页。)

③　"意见领袖"是由奥地利裔美国社会学家拉扎斯菲尔德提出,指的是在讲媒介讯息传给社会群体的过程中,那些扮演某种有影响力的中介角色者。(参见约翰·费斯克等编撰、John Fiske et al,李彬译注:《关键概念:传播与文化研究辞典》,北京:新华出版社,2004年,第192页。)

④　文言:《文学传播学引论》,沈阳:辽宁人民出版社,2006年,第37页。

己的创作。当然了，实际上我们都晓得，孔子的"述而不作"并非真的没有任何创新，进行简单的信息重复。一方面，根据孔子所处的时代背景，周王室权威不再，诸侯称霸、社会动荡，大量经典散失亡佚，以至于流传到后来变得残缺不全。正所谓"天子失官，学在四夷"（《左转·昭公十七年》）同时，随着时代的变迁，后人对古书的内容的理解越来越感觉到吃力，于是客观上，就需要有专家对典籍的信息进行重新编码和解读，尽量符合时代的要求。在这样的传播环境之下，对典籍的整理和传承就显得尤为重要。历史学家柳诒微说："自孔子以前的数千年之文化，赖孔子而传；自孔子以后数千年之文化，赖孔子而开。"①所以说，孔子"述而不作"的传播理念也不失为一种时代的特定选择，或者说这是他选择的一种在特定时期的独特的传播方式。

孔子根据原有的史料和线索，对"六经"进行了整理，删诗书、定礼乐、系易辞、著春秋，保留了传统文化的精髓。他治学严谨，譬如尧以前的文献不充足，难以考证。他就不敢妄下任何断言，于是将《尚书》中尧之前的内容删除，第一篇就从《尧典》开始论述。事实上，编撰古籍、传注经书也的确有利于不同时代受众对信息的译码。而后世也多效仿孔子的这一做法，多以编撰或注疏的方式传播先人的思想结晶，比如对于《论语》的注疏即是如此。

汉代魏何晏的《论语集解》共10卷，注释简明，融合众家所长。他在自序中说："今集诸家之善说，记其姓名；有不安者，颇为改易，曰：《论语集解》。"南朝梁代黄侃根据何晏的《论语集解》编辑而成《论语义疏》十卷，内容十分丰富；此外还有宋邢昺的《论语注疏》；南宋著名的理学家、儒学大师朱熹所注的《论语集解》；清代"扬州学派"的杰出代表刘宝楠，与其父亲刘恭冕合著的《论语正义》，弥补了宋人邢昺所解《论语》存在的疏漏不足之处，并且进行了深入的阐述，成为研究《论语》重要的参考文献；民国时期程树德发表了四十卷的《论语集释》；另外还有些新式的注本，比如：杨伯峻的《论语译注》、钱穆的《论语新解》和孙钦善的《论语注译》等。后人以各自独特的审美视角不断地去解读《论语》，形成了孔子文学思想的"传播—注疏—传播"这样良性的循环方式。

另一方面，尽管"理想的编码和译码应该是：传播者使之符号化的信息

---

① 傅璇琮，谢灼华：《中国藏书通史》，宁波：宁波出版社，2001年，第4页。

被毫无损失地、原原本本地传给了接受者，既不多余也无不足"。① 但是，作者貌似客观、冷静地注解经典的过程中，会形成自己潜意识的投射即："实际上在不知不觉、没有意识到的心理状态下将自己个人的深层态度加进了对事物的评价。有人甚至认为：基本上，我们说的话，从来都是在讲自己。每个人在语言传播中都会出现无意识的自我表现和不自觉的倾向性。"② 在这一点上，就连孔子也不讳言，他曾表示："吾道不行矣，吾何以自见于后世哉？"③（《史记·孔子世家》）于是作《春秋》，间接传播自己的思想。"在构思中，从生活里蜂拥而来的一切刺激、信息都在这里不断地融会、碰撞、解体又重新聚合，以往零碎得来的艺术发现都要在此时受到检验、连缀、整合和升华。"④ 就连孔子本人也承认他在编修书册的过程中，加入了个人的思想理念。他说："后世知丘者以《春秋》，而罪丘者亦以《春秋》。"⑤ 对于受众来说，在欣赏文学作品的同时，也在发挥着自身的创造力，透过文本有限的表层信息，努力捕捉逸散信息。去领悟《论语》所表达的深层内涵，这样才能使孔子思想的传播达到极致的境界。

第三节 周游列国，亲身传播

随着城市的发展和商业的繁荣，大量庶人涌入城市生活和工作，而游历之风在当时颇为盛行，当然对于孔子而言，他的游历很大程度上是由于在鲁国政治上不得志，无法实现其政治抱负。与其说是周游，实际上还不如说是一种"流亡"。孔子五十五岁时离开鲁国，开始以社会为课堂，带着众弟子周游卫、曹、宋、郑、陈、蔡、楚等国，历时14年，其行进的路线大致为：从曲阜出发，途经濮阳、长垣、商丘、夏邑、淮阳、周口、上蔡，最后到罗山，然后再原路返回，足迹遍布长江以北黄河以南。孔子充分利用人际语言传播的特性，一路上，始终本着积极入世的态度，游说求仕、向人们推行他"克己复礼"等思想主张。"在口头传播的时代，文学因语言而传扬，语言因文学而丰富。"⑥ 而《论语》一书也正是这样，作为一部语录体文集，它把孔子及其

---

① 邵培仁：《传播学》，北京：高等教育出版社，2000年，第127页。
② 邵培仁：《传播学》，北京：高等教育出版社，2000年，第136页。
③ 司马迁著，韩兆琦译注：《史记》，北京：中华书局，2010年，第3832页。
④ 童庆炳：《文学理论教材》，北京：高等教育出版社，1998年，第123页。
⑤ 司马迁著，韩兆琦译注：《史记》，北京：中华书局，2010年，第3835页。
⑥ 文言：《文学传播学引论》，沈阳：辽宁人民出版社，2006年，第54页。

学生们的思想、言行宛如颗颗珍珠般串联起来，再由弟子们把孔子这些教学与生活中的点点滴滴集腋成裘，终于在战国初年被编撰成书，流芳百世。

　　在亲身传播其文学思想的过程中，孔子严格依"礼"和"仁"而行事，做到了"君子"形象的标榜和示范的作用。他坚决反对虚妄的信息传播，认为："道听而涂说，德之弃也！"（《论语·阳货》）对于没有根据的信息不去加以亲自核实就接受，然后再不负责任地出去传播，这就是失德的表现。孔子素来重视自我修养的提升，他说："富与贵，是人之所欲也；不以其道得之，不处也。贫与贱，是人之所恶也；不以其道得之，不去也。君子去仁，恶乎成名？君子无终食之间违仁，造次必于是，颠沛必于是。"（《论语·里仁》）他以君子的标准时刻严格要求自己，注意完善自身的素质。他认为："君子有三戒：少之时，血气未定，戒之在色；及其壮也，血气方刚，戒之在斗；及其老也，血气既衰，戒之在得。""君子有三畏：畏天命，畏大人，畏圣人之言。""君子有九思：视思明，听思聪，色思温，貌思恭，言思忠，事思敬，疑思问，忿思难，见得思义。"（《论语·季氏》）"传播学研究认为，当受众把传播者或信息来源确定在高权威、高可靠性的位置上时，这种认定就会转变为对信息内容的相信。"①

　　孔子很注意传播信息的准确性，树立自身权威、可靠的传播形象。本着"知之为知之，不知为不知"的原则，对于一些性质特殊的事物，采取存而不论的传播策略。子贡问孔子："死人有知无知也？"孔子曰："吾欲言死者有知也，恐孝子顺孙妨生以送死也；欲言无知，恐不孝子孙不葬也。赐欲知死人有知将无知也，死徐自知之，犹未晚也。"（《说苑·辨物》）对于这些"怪、力、乱、神"的神秘现象，以至于生死有关的话题，孔子选择了沉默的方式，不轻易发表看法，体现出一个智者的风范。他以言传身教的方式，成功地塑造了一个具有良好威信的传播者的形象。尽管他的政治主张没有在游历中被统治者们最终采纳，但是天赋异禀的孔子却成功地通过下行传播，使自己的思想在民间深入人心。

第四节　依托传媒，化解困惑

　　今天，人们在感悟孔子文学思想的时候，更是多了份现代意识。学者们

---

① 邵培仁：《传播学》，北京：高等教育出版社，2000年，第212页。

喜欢在《论语》的字里行间去挖掘生存智慧，希望能运用这些朴素的道理去化解现代人生活里的种种忧思和不解的困惑。无论是个人修养、人际交往、学习、规划理想或是心灵慰藉等方面，《论语》都为人们提供了一个生命坐标。在现代模式的传播与规划下，古典的文学精髓重又焕发出勃勃的生机，帮助时下的人们构建起一个更有价值、更高效率的人生。譬如在交友方面，孔子告诫世人说："益者三友，损者三友：友直，友谅，友多闻，益矣；友便辟，友善柔，友便佞，损矣。"（《论语·季氏》）这是在指导我们如何去分辨朋友的好坏；他又说："忠告而善道之，不可则止，毋自辱焉。"（《论语·颜渊》）这是告诉我们如何与朋友相处；关于处世态度，孔子的建议也颇为精辟："不在其位，不谋其政。"（《论语·宪问》）这是儒家一贯的处事态度，把自己的岗位上的事情做好，别人的事先不必去操心，这叫作各司其职。《中庸》里也在强调："君子素其位而行，不愿乎其外"。南宋名将韩世忠更是深得这种处世态度的影响，在被当权者秦桧解除其兵权后，每天骑着一匹小毛驴泛游西湖，只赏风景，不论国事，真正做到了"不在其位，不谋其政"。后人评价他说："英雄到皆皈佛，宿将还山不论兵。"伴随着社会衍生的种种矛盾和危机，越来越多的人期望从孔子的文学思想中提炼出能够化解这些矛盾和危机的智慧理念。

在新媒体环境下，孔子文学思想的传播更是体现出新时代的大众传播特点：

首先，受众范围无限延展。新媒体延伸了人类的知觉，跨越了无形之中的"传播门槛"。人们想要了解《论语》深邃的文学思想，不再需要事先积累多少文字和文学功底。古圣先贤的面孔变得亲切而温暖，不会因为有诸多的"瓶颈"而产生距离感。当于丹的"论语心得"在央视《百家讲坛》栏目播放后，她随后出版的《于丹〈论语〉心得》一书刚一上市仅十天，其销量就突破90万，这再次印证了，现代人对孔子文学思想的喜爱和渴求，同时也说明了借助大众传媒进行古代文学传播的可行性。

正如加拿大著名传播学家麦克卢汉所言：我们应该举双手欢迎电视时代的到来，因为电视恢复了人的本性，报刊书籍把活字一行行地印在纸上，造成人们直线型、平面型的思维方式，妨碍人们像现实生活中那样立体地认识世界；而且无情地剥夺了小孩儿、文盲接触媒介的权利，正是托电视的福，一举克服了这些缺陷。① 在北京 2008 奥运会的开幕式上，2008 名演员击缶而歌 "有朋自远方来，不亦乐乎"；在悠扬的古琴声中，演员们身穿古袍、手持竹简，齐声高诵 "四海之内，皆兄弟也" "三人行，必有我师焉" "礼之用，和为贵" 等《论语》中的经典名句，充分体现了 "乐礼善学，尚中贵和" 的孔子思想精髓。借助大众传播平台，向世界播散孔子所提倡的仁爱、和谐的传统文化特质。

其次，信息大批量被复制。文学信息在传统社会的传播空间相对狭小，人们只能感受着所处的客观环境本身，文学思想的传播受到了很多局限。传抄是早期的一种常见的文学传播方式，到了明代，印刷技术有了很大的发展，政府十分也重视印刷，最大的印刷部门是司礼监和国子监，此外如户部、礼部、大理寺、都察院、兵部、钦天监、工部等部门也都从事印刷，民间对书籍的需求量也在加大，民间印刷业分布非常广，几乎遍及了全国各地，这些变化都加速了孔子文学思想传播。然而在大众传媒盛行的今天，《论语》更是被大量地复制，运用文字、语言、图像、声音等形式，在短时间内以前所未有的庞大之势展现在受众面前。

最后，拓展网络传播平台。在网络时代，技术为古代文学思想的传播注入了强大的动能。在虚拟的 "电子空间" 中，孔子文学思想的传播和交流变得更加活跃，其传播的平台也得以无限拓展。各种相关学术网页、网络论坛纷纷开放。譬如：中国孔子网、孔子 2000 网、中国儒学网、孔孟之乡网、中华孔子网、孔子在线网（中英文）、国学网、孔子故里网、中国国学网、一元国学网等等。网络使传统媒介下的每个信息受众，也都有机会蜕变成独立的信息发布者，自由地占据属于自己的话语空间，主动参与构建自己对于孔子文学思想的理解。文学不再被少数文化精英所垄断，文学爱好者们可以借助网络，随时随地浏览相关文学信息和及评论。并且利用网页所设置的留言版块，与他人交流阅读体会，发挥了网络文学传播的互动性和双向性。

孔子《论语》的文学思想内涵丰富，思想深刻，对后世影响颇为深远。通过从其文学思想传播渠道作为切入点进行剖析，能够更加有效地帮助我们理清思路，扩展学术视野，对广泛传播孔子的哲学思想也是大有裨益。

---

① 文言：《文学传播学引论》，沈阳：辽宁人民出版社，2006 年，第 65 页。

第三篇
中华传统文化传播多重领域的案例研究

第十章　立体表征：中华传统文化的符号化呈现

本章以孔庙作为个案研究，从历时性的角度，借助媒介文化的理论分析孔庙的文化传播功能。依照历时性的视角思考孔庙的存在及发展，不难发现一些有趣的文化状态。回首过往，政治对于孔庙的符号表征起到了制约性的作用，增强了孔庙的政治指向性。儒家文化在政治的强势介入与博弈之下，让渡了其文化功能，而凸显了其文化权利的功能。放眼现在及将来，孔庙在文化意指的表征之下，其作为"神圣空间"的存在，对于儒家文化的现代传播仍有着积极意义。

中国传统文化的复兴是近几年涌现出的独特文化现象。然而，传统文化的保护和传播也面临着时代特性的考验。习近平同志也曾指出："中华文明绵延数千年，有其独特的价值体系。中华优秀传统文化已经成为中华民族的基因，植根在中国人内心，潜移默化影响着中国人的思想方式和行为方式。今天，我们提倡和弘扬社会主义核心价值观，必须从中汲取丰富营养，否则就不会有生命力和影响力。"[1] 应当注意到，作为中国传统文化核心元素的儒家文化，其传播不仅仅靠文字形态的文本符号，也要借力于像孔庙这样的非文本形态的传播符号拓展儒家对世人的影响。符号的意义取决于人们对它的表征。斯图尔特·霍尔认为："在某种程度上，我们给予事物意义是凭借我们表征它们的方法：我们所用的有关它们的语词，所讲的有关它们的故事，所制造的有关它们的形象，所产生的与它们相关的情绪，对它们分类并使之概念化的方法，加于它们之上的各种价值。"[2]

孔庙，以建筑文化符号的形态传承于世，既是家庙，也是国庙和学庙。在普及并立体化传播儒家文化方面，发挥了独特的作用。对其传播特性开展

---

① 《习近平在北大历数中华文化中永不褪色的思想和理念》，人民网 http：//http：//politics. people.com.cn/n/2014/0505/c1024-24975949.html，访问日期：2016 年 9 月 20 日。

② 斯图尔特·霍尔著，徐亮、陆兴华译：《表征——文化表征与意指实践》，北京：商务印书馆，2013 年，第 4 页。

研究，也符合我国十八届五中全会所倡导的战略思想，即：统筹推进文化建设，为实现中华民族伟大复兴的中国梦奠定更加坚实的基础。故而，探究孔庙对于儒家思想的符号化传播，在今天更显得重要和必要。

对于孔庙的研究多是从历史、政治、文化、建筑、祭祀等层面开展的，研究视角通常涉及孔庙的历史发展变迁、现状、开发与保护、祭祀沿革、建筑装饰、文化功用等。粗略统计，从 2004—2016 近十三年来的代表性学术著作有：孔祥林《孔庙·孔林·孔府》（2004）、杨朝明《游访孔庙孔府孔林：东方的文化圣地》（2004）、冀亚平《孔庙残碑》（2006）、《世界遗产丛书：曲阜孔庙、孔林、孔府》（2008）、《四川文庙》（2008）、刘亚伟《远去的历史场景——祀孔大典与孔庙》（2009）、《江南文庙》（2009）、《中华文明史话（中英文双语版）——孔庙史话》（2009）、杜正贤《杭州孔庙》（2009）、赵廷光《云南文庙存佚》（2009）、黄进兴《优入圣域：权利、信仰和正当性》（2010）、杨卫东，杨子荣《孔庙历史沿革与祭孔文化》（2010）、曲英杰《孔庙史话》（2010）、孔德平、彭庆涛《中国孔庙保护协会论文集》、张亚祥，丁毅《江南文庙 (英文版)》（2010）、彭蓉《中国孔庙建筑与环境》（2011）、孔祥林等《世界孔子庙研究》（2011）、韩秀林，金开诚《孔府孔庙孔林》（2012）、刘新《儒家建筑：文庙》（2013）、《孔庙国子监论丛》（2014年）、李永康，高彦《北京孔庙国子监史话》（2014）、董喜宁《孔庙祭祀研究》（2014）、黄进兴《皇帝、儒生与孔庙》（2014）、王军，黑龙江省民族博物馆《哈尔滨文庙维修工程报告》（2014）、王琳琳《北京孔庙国子监匾联考辨》（2014）、关戈，高峰《千年圣地——孔府孔庙孔林》（2014）、杨大禹《儒教圣殿 (云南文庙建筑研究)》（2015）、沈旸《东方儒光——中国古代城市孔庙研究》（2015）、朱鸿林《孔庙从祀与乡约》（2015）、《郑州文庙》（2015）、陈宁骏、欣辰《解读夫子庙》（2016）等。统观上述成果，鲜有从符号及文化表征视角探究孔庙文化传播功能的研究。

那么，有必要重新审视这样一个问题：作为一种被表征出来的文化符号，孔庙在传播儒家文化发挥怎样的功能？为了厘清此问题，可以进一步追问，在中国，孔庙的出现是否也代表着一种媒介域的出现？统治阶层是如何掌控并利用这种媒介资源的？孔庙作为一种非文字性的文化传播符号，其符号意义在政治与文化之间是如何被表征的？若要试图回答这些问题，需要我们从文化符号及意义表征的角度对孔庙的传播学意义做一番详尽的考察，大致从政治指向与文化传承两个维度剖析。

第一节　文化权力表征：孔庙的政治指向功能

所谓"表征"（representation），即"某一文化的众成员间意义阐释和交换过程中的一个必要组成部分"。[①] 人类通过表征的方式赋予事物以文化意义，理解人、事、物以及各种抽象复杂的思想。同时，也通过表征的意义去传播文化信息。就好比十字架在基督教教堂中就被表征为基督受刑罹难的含义。人是擅于创造文化和符号的动物，依某种程度而言，可以说文化的塑造与传播其实也是符号的塑造与沿袭的过程。"从符号的角度看，它的基本功能在于表征（representation）。符号之所以被创造出来，就是为了向人们传达某种意义。"[②] 孔庙在政治文化方面的意义，不是被简单"发现"的，而是被有意建构出来的。

我们不禁要思考：统治阶层是如何掌控并利用孔庙这种媒介资源的？孔庙作为一种非文字性的文化传播符号，其符号意义如何在权力的强势表征及影响下，具有政治指向意义的？在政治与文化的博弈过程中，政治指向的程度究竟有多强大？

孔庙一般都是由官方出资兴建并维护的，也有一部分属于士绅的捐款。自从其被确立以来，就具有其权力指向性。在古代中国，孔庙素来都不是平民随便进出的地方。也就是说，孔庙多具有官办的性质，并对普通百姓进庙参拜有严格的限制性。据台湾学者黄进兴在《皇帝、儒生与孔庙》一书中介绍，台湾的台北孔庙算是世界范围内唯一属于民间兴建的孔庙。封建统治者对孔庙极为重视，这当然不是对于儒家学术有多么重视，而是自有政治统治方面的考量而为之。于是，格外推崇孔子，重视孔庙。清代雍正帝在《祭文庙诗》中曾曰："道统常垂今与古，文明公仰圣而神。功能溯自生民后，地辟开天第一人。"褒颂之极端，乃见推崇之迫切。此外，统治者对于孔庙这种媒介资源的利用是主要通过两个方面：

其一，扩建孔庙。对于孔庙的权力性介入肇始于公元前478年，即孔子溘然长逝的第二年。由鲁哀公发布祭祀孔子的命令，同时将孔斋改为庙宇，也就是史上第一所孔庙。《史记·孔子世家》言："孔子葬鲁城北泗上……弟子

---

① 斯图尔特·霍尔著，徐亮、陆兴华译：《表征——文化表征与意指实践》，北京：商务印书馆，2013年，第19页。

② 斯图尔特·霍尔著，徐亮、陆兴华译：《表征——文化表征与意指实践》，北京：商务印书馆，2013年，第1页。

及鲁人往从冢而家者百有余室，因命曰孔里。鲁世世相传以岁时奉祠孔子冢，而诸儒亦讲礼乡饮大射于孔子冢。孔子家大一顷。故所居堂弟子内，后世因庙藏孔子衣冠琴车书，至于汉二百余年不绝。高皇帝过鲁，以太牢祠焉。诸侯卿相至，常先谒然后从政。"①曲阜孔庙最初仅为私人三间的居室，其规制之简单直至北魏末年依然如此，郦道元《水经注》对此有过明确的描述。之后，孔庙被历代屡毁屡建，扩充为三百余间的宏大庙宇。

　　按常理而言，孔庙本应只是一个家族供奉祭拜先人的祠堂，也就是家庙。恰是由于权力的介入，继而使得孔庙的规模不断扩大，最后成为国庙、学庙，并带有鲜明的政治表征倾向。经过历代统治者不定期的修整与扩建，如今，仅从曲阜阙里孔庙的建筑结构来看，便颇具皇家宫廷的建筑气势。在统治者的介入之下，孔庙修葺状况不断完善和提升，此处不一一详谈，仅从唐代为起点，略举几例：

朝代	孔庙的情况
唐代	推崇儒家，遂扩大孔庙的规模。根据《阙里志》所记录的情况来看，唐时期的曲阜孔庙扩充至三扇大门、五间正殿、廊屋（庑）二十余间。据《新唐书》记载，贞观四年，唐太宗下令，全国州、县皆要按照国家要求兴建孔庙。百姓私建孔庙、孔子像，会被官方取缔。（详见雷闻《郊庙之外：隋唐国家祭祀与宗教》（2009）
宋代	兴建三百余间孔庙。
元代	元代统治阶层是游牧民族出身，起初不懂孔庙的意义，之后开始兴建孔庙。甚至下令地方官到任要先拜谒孔庙，其后才能去拜祭其他的神祇。
明代	孔庙大概有 1560 余处。对于孔庙修建的规模、频率堪称历代之首。
清代	维修孔庙 10 余次。雍正还要求孔庙用黄瓦，同皇宫的建筑用色相同，而非绿瓦。雍正二年时，雍正帝甚至要求孔子诞辰之日，必须斋戒一日以示恭敬。

表 10-1：历代孔庙修葺部分状况

　　其二，在孔庙兴严格的祭祀之礼，非统治者及官吏，其他人不得擅入孔庙。汉代之时，刘邦就曾动用太牢之规格在孔庙祭祀孔子。据《建康实录》记载，东晋时期的孝武帝，在战乱之时甚至还要一手办理祭孔之事，并且于太元十一年（公元 368 年）在京都附近兴建了一座孔庙，以彰显其政统与王道的正宗。北方胡人被孝武帝此举给刺激到了，遂也在自己的都城建孔庙施祭祀之礼。祭祀之礼，也称"释奠礼"，虽是孔氏子弟亦不可轻变，一切皆上

---

① 司马迁著，韩兆琦译注：《史记》，北京：中华书局，2010 年，第 3841 页。

升至政治层面，由统治者操控，儒生想要插手是万万不能的。清代的孔继汾编写了一本《孔氏家仪》，对孔门的礼仪稍加整理，便被同族孔继成以篡改《大清会典》之罪告发，后被乾隆发配充军，客死他乡。足见此事的政治敏感程度。特别是首都和曲阜的孔庙，其祭祀更是要由最高统治者亲自过问。"京师和阙里孔庙有双重性格，有官方性格，有血缘性格。它不是地方孔庙，因为地方孔庙祭祀可以完全摆脱血缘的关系，但是两个地方你摆脱不了——一个就是曲阜的祖庙，一个就是京师的孔庙。所以每一次在朝廷要祭孔的时候，常常要叫衍圣公不是留在京城，就是要从山东曲阜赶到朝廷来陪最高的领导者祭祀——有时候是皇帝、有时候是太子、有时候他会指定一个代表。"① 唐代之前，由于释奠礼未正式确立，故仅从唐代为起点，大致展示孔庙释奠礼的情况：

朝代	祭孔的情况
唐代	释奠礼与唐代之前比，日趋完备。从祀增多，从颜回一人，增至 91 人从祀；唐代的进士考中之后，到孔庙举行"释褐礼"，即脱掉褐色的衣服，穿上官服，以示身份从此改变。
宋代	释奠礼升格，提升孔庙释奠礼为大祀。其规格堪比对于宗庙、天地、社稷的传统祭祀。
元代	"释奠礼"屡屡荒废，但祭祀的规格却是相当高的，祀以太牢，使孔庙繁盛一时。
明代	考证古礼，拟定祭孔之礼，颁布全国，通祀孔子；更定从祀的制度。
清代	升孔庙释奠礼为大祀，增加从祀的规模； "释褐礼"不仅仅是进士，而且降为举人也要在孔庙行此礼。

（表 10-2：历代孔庙释奠礼的情况）

在孔庙从祀的问题上，对于封建统治者都属于格外敏感的话题。清代的尹嘉铨案正是如此。乾隆四十六年 (1781 年)，以名儒自居的尹嘉铨，给乾隆递交两份奏折，为其父亲尹会请谥并要求于孔庙从祀。结果触怒乾隆，其人被处死，其财产被查抄，其一生著述编纂书籍 79 种皆被销毁。在权力的强势表征及影响下，孔庙的政治指向性极为鲜明。稍稍一触动，便会给儒生带来灭顶之灾。孔庙在权力的介入之下，其家庙和学庙的功能已然让渡于国庙的功能，成为封建统治者操控的文化统治工具。政治指向与文化间的折冲方面，

---

① 黄进兴：《皇帝、儒生与孔庙》，北京：生活·读书·新知三联书店，2014 年，第 149 页。

儒家文化让渡于政权，不再是单纯的学术思想，而变成了统治者的文化言说方式，继而影响着儒家文化的走势，操控着儒家文化形态的生死存亡。

此外，还有一个现象体现了权力的介入，即非统治者及官吏，其他人不得擅入孔庙。宋代曾有大臣上书建议向公众开放孔庙，结果其奏折被驳回，其人被发配三千里。当然，社会清平之时，自然严格贯彻执行此禁令。若是到了社会动荡的时期，管理上也就不会那么严格，普通百姓也可以混进孔庙祭拜。

第二节　文化意指实践："圣域"功能的赋予及传播

卡西尔（Ernst Cassirer）将人类的诸多文化样式，归于符号体系。人类秉承文化而创造了各种符号。同时，置身于自己创造的符号场域，又重新对于文化进行编码与译码。卡西尔指出："人类的全部文化都是人自身以他自己的符号化活动所创造出来的产品，而不是从被动接受在世界直接给予的事实而来。人的哲学就是文化哲学，人只有在创造文化的活动中才成为真正意义的人，也只有在文化活动中，人才能获得真正的自由。"①借此而言，抛开统治者处于政权统治层面的考量不谈，孔庙不仅仅蕴含系统的儒家思想精髓，同时，作为一种实体化的建筑符号，它还被表征为可以寄托历代儒门弟子信仰的一个重要空间。孔庙为统治者提供了可供利用的文化工具，为儒家学子们提供了心灵重心的落脚点，也为普通的民众提供了一个对于儒家文化想象与膜拜的人文场域。"人类的信仰常常会表现在建筑上，都是一个信仰的空间。"②这正是孔庙所起到的不同于儒家文本典籍的重要作用。

中国传统文化的传播，应动员一切可供利用的文字或非文字性材料，也就是说要将视角放置于皮尔士（Charles S.Peirce）所理解的广义的文化符号范畴（或者叫泛符号系统），而绝非仅仅局限于文字形态的经典文本符号。孔庙是在政治与文化的双重力量的共同作用下催生而出的建筑，自然也隶属于儒学传播的符号体系之中。作为儒家文化立体式传播下所催生而成的典型文化场域，孔庙形成了一个展示儒家文化气韵的"神圣空间"，是儒家文化的符号式呈现。而这个圣域由于历史、政治及社会的诸多因素推动下，愈发凸显

① 恩斯特·卡尔西：《人论》，甘阳译，上海：上海译文出版社，1997年，第6页。
② 蒋勋：《品味四讲》，桂林：广西师范大学出版社，2014年，第192、193页。

了其文意指的表征功能。作为传播符号，这种独特的文化建筑通过被表征的方式囊括并传播着特定的文化意蕴，这也极大地拓宽了儒家思想传播的路径。

图 10-1：曲阜孔庙，拍摄于 2017 年 10 月 3 日

所谓立体的文化，是指由儒家文字典籍与相关非文字的符号（如孔庙）、儒家思想的传播者以及受众这几方面互动并建构而成的文化传播形态。文字符号在信息接受过程中存在一定"门坎"，特别是儒学典籍，普及程度不充分。作为非文字符号的孔庙，在儒家思想传播方面具有比文字典籍更加具象化、立体化、神圣化、仪式化等优势而存在并延续。其文化认同性也在政治与文化的共同表征下被不断构建与强化，成为文献资料助益之元素。斯图尔特·霍尔甚至更进一步肯定了非语言文字符号的传播功用："各物品常常被描述为来自过去时代的文献和证据，而且被看作文化本质的原始物质化身，可以超越时间、地点的变迁和历史的偶然性。它们的物质性提供了对稳定性和客观性的一种允诺；它暗示了一个稳定的不模糊的世界。"[①] 人们对于儒家思想的概念、观念和感情，通过孔庙这种符号承载和传播显得尤为直观。

孔庙发挥着符号的功能，特别是对于历代普通民众而言。或许他们中的许多人没有伏案细读过儒家文本状态的典籍，对于儒家思想中的"自然""仁""义""礼""慈悲""太和"等有关人生价值、修养、理想人格、大爱、中庸、家国一体、伦理亲情等文化价值观也讲不出多少个人见解。然而，

① 斯图尔特·霍尔：《表征——文化表征与意指实践》，徐亮、陆兴华译，北京：商务印书馆，2013 年，第 235 页。

孔庙以一种实体建筑的形式存在于世，本身就会令普通民众感受到儒家文化的切实存在感。这种文化的意指与重构实践，从你一脚踏入孔庙的那一刻就不自觉地开始启动了。譬如孔庙中的仪路与礼门，作为进入孔庙的必经之路，就是在警示人们要使自己的行为合乎儒家礼仪规范。其依据是《礼记》中的思想："古圣王修义之柄、礼之序，以治人情。"①包括孔庙大成殿前的月台高度和层级数，都是一种文化的体现。按照古礼，级别越高，月台修建的越高，双层月台的等级显然也要高于单层月台。像是曲阜孔庙、四重资中文庙、崇州文庙都是采用双层月台。曲阜孔庙现存的 1172 块碑刻，更是直接通过各种文字符号记录着孔庙的历史沿革。孔庙的外形从侧面呈"人"字，这在建筑上暗示了中国社会与历史文化的统一。黄色的琉璃瓦，对比其他庙宇的绿色琉璃瓦（譬如周公、颜回等），直接彰显了孔子地位的崇高。东西两庑，供奉着从祀的历代先儒先贤。这些文化符号恰如一系列的精神导图，分别设定了儒家文化中各种参数并规定了一些独特的叙述与编排顺序。

　　民众对于某种文化思想的信仰，有时甚至可以直接抛开文本，直接在实体符号中得到感知。这种情况类似于一个笃定的佛教徒，在现实生活中很可能没有读过《金刚经》《心经》《大藏经》等佛学文本，而是仅仅通过在寺院烧香、膜拜，就实现了自己的信仰上的满足感。虽然，至少在古代，孔庙并不像佛教与道教的寺庙那样方便普通民众随时进出，但也绝非完全不能有所接触。《陶庵梦忆》中，作家张岱就曾描述过自己以金钱贿赂看门之人而顺利进入曲阜孔庙的情状。金圣叹曾提及，在清代，读书人若是受了委屈，还可以去"哭庙"。文献中关于东南地区的读书人的这种习惯有所记载。再加上历代某些统治者对于孔庙的关注、修缮以及对祭祀环节的严格把关，更增添了孔庙在民众心中的神秘感、神圣感。现代社会情况发生了很大的变化，祭孔典礼允许各界人士观礼。这样也就多少缓解了封建时期百姓与孔子"尊而不亲"状态，

　　如上述所言，孔庙在中国，从诞生之日起，便承担了重要的"媒介域"之传播使命。在文化意指的运作之下，孔庙作为一种非文字传播符号，成为民众心中的彰显儒家文化的"神圣空间"，并具有其传播文化的独特性。既然孔庙在历史长河中，发挥了独特的文化传播功用。黄进兴教授归纳孔庙的作用时提出："每一个孔庙出来具有中央派给的功能，第一是教育的功能，第二

---

　　① 丁鼎：《礼记解读》，北京：中国人民大学出版社，2010 年，第 278 页。

是帝国意识形态的监督者；另外也有地方的特色。"① 那么，我们更关心的问
题是：孔庙作为一种儒家文化"圣域"存在是否仍具有重要的意义？孔庙的
延续及发展之途有什么值得关注的事宜？

　　一方面，孔庙在最低限度上，为儒者的精神层面提供了一个安身立命处。
孔庙是以儒家思想以及以孔子为首的大儒们精神气质的延续。从这个角度而
言，孔庙的存在即便在今天，仍具有积极的文化传播意义。儒家文化思想若
是说能彻底解决现代社会的诸多痼疾，怕是高估了其功能。从历史上来看，
此种想法也只是过于理想化的境界。恰如刘明清所言："孔孟生活的时代同样
也是一个'礼崩乐坏'的时代，他们的思想与政治主张不仅不被当时各诸侯
国统治者（君主）所接受，甚至受到社会庸众的嘲笑。照汤先生（汤一介）
文章说法，孔子是被人称为'知其不可为而为之'的空想家，孟子是被人视
为'愚论'的幻想家。也就是说，儒家思想从它诞生的那天起，就没有发挥
过'救世''救人'的作用。"②

　　不过，儒家思想的传承倒是可以为现代人找到一个绝佳的精神家园，从
容地面对社会上的各种诱惑与侵害。而孔庙，提供了一个文化物质载体。前
面提到过文化意义是被人们的表征系统塑造出来的，恰如看到十字架，人会
想到基督受难。又如信佛之人虽心中已有佛，但却仍要参拜佛像，皆通此理。
无论是孔庙、十字架或是佛像，这些作为文化物质载体，一经由信码建构而
成，便和人们的概念系统搭建了一定的关系。看到这些非文本符号，便会启
动信码破译系统，传达文化思想。对于孔庙的这种符号化传播方式其实也暗
合了孔子的部分传播思想。孔庙以非文字形式彰显着儒家文化的气韵，这本
身符合孔子素来所倡导的"行不言之教"。《论语·阳货》便言："子曰：'予欲
无言。 子贡曰：'子如不言，则小子何述焉？ 子曰：'天何言哉？四时行焉，
百物生焉，天何言哉？'"③ 驻足于孔庙，目睹那些无声的石雕、碑刻、楼堂
亭轩、后宅前衙、法物礼器等实物类文化符号，实现了古今的一次古今对话
与文化情感层面的沟通。

　　另一方面，在孔庙中举行的相关祭祀活动要符合儒家传统文化的规制。
毫无疑问，在孔庙所举行的祭祀大典，本身就有强烈的文化传播现场感和仪

---

　　① 黄进兴：《皇帝、儒生与孔庙》，北京：生活·读书·新知三联书店，2014 年，第 49 页。

　　② 刘明清：《刘明清谈汤一介的儒家思想：当今儒者何以安身立命？》，凤凰网，http：//
guoxue.ifeng.com/a/20161010/50078819_0.shtml，访问日期：2016 年 10 月 12 日。

　　③ 杨伯峻译注：《论语译注》，北京：中华书局，2014 年，第 211 页。

式感。孔子就素来重视文化的现场感和仪式感，特别是在祭祀的环节。略举《论语·八佾》中的两处，便可窥见一斑。

> 祭如在，祭神如神在。子曰："吾不与祭，如不祭。"①
> 子贡欲去告朔之饩羊。子曰："赐也！尔爱其羊，我爱其礼。"②

那么，祭祀的礼仪要符合古礼规范。中国曾派人去韩国学习祭孔礼仪，因为韩国也祭孔，而且礼仪相对规范。此举遭到不少韩国人的嘲笑，这也难怪人家韩国号称孔子是他们的，此话题不多做讨论。值得一提的是，如今中国的祭孔礼仪日趋规范。2014 年，岳麓书院国学研究与传播中心编写了《孔庙祭祀研究》，董喜宁博士较为翔实地对孔庙的祭祀沿革及其礼仪进行一番梳理。2016 年 9 月 28 日，山东曲阜孔庙举行祭孔大典。中共山东省常务、宣传部部长孙守刚宣读祭文。观礼嘉宾佩黄色绶带，舞生身穿红袍，跳八佾舞，乐队奏乐，分别为《天人合一》《万世师表》《为政以德》。整体祭孔环节是由曲阜市的学者反复论证、考据而形成的最后方案，主要包括："迎宾开城、开庙仪式、启户仪式、乐舞告祭、恭读祭文、行鞠躬礼等，所有礼仪要求'必丰、必洁、必诚、必敬。'"③

在漫长的历史变迁中，孔庙作为一种非文字形态的传播符号，形成了一个儒家思想传播的"媒介域"，使得儒家文化成为一种可供观赏的去处。封建政权统观文化权利表征的孔庙，已然不仅仅作为一种家庙、学庙的儒生文化思想上的寄托，更重要的是，孔庙还具有了明确的政治指向性，为封建统治者所用。而在文化意指的表征下，孔庙渐渐成为儒家圣域，以非文字形态的传播符号呈现于世。和儒家典籍相比较，孔庙的文化传播显得更加直观、立体。尤其是其具备现场感和仪式感的传播特性，使得民众通过走进孔庙，更加容易亲近儒家的文化。这对于儒家文化在现代社会的传播具有积极意义。

---

① 杨伯峻译注：《论语译注》，北京：中华书局，2014 年，第 29 页。
② 杨伯峻译注：《论语译注》，北京：中华书局，2014 年，第 31 页。
③ 《曲阜孔庙丙申年祭孔，专家拟"公祭规范"》，凤凰网，http://share.iclient.ifeng.com/news/sharenews.f？aid=113473829，访问日期：2016 年 10 月 14 日。

第十一章 意指实践：中华本土文化传播介质运用

扇子在我国有着非常古老的历史，除了日常纳凉逐暑、拂灰掸尘、扑蝇驱虫等实际功能之外，也是一种信息传播的介质，起到了一些独特的沟通功能。其社会性功能在于象征权威身份、寄情、托志、附庸风雅、展示才华。它能够承载美学意义，也可以呈现政治道德。它是艺术表演的道具、人神沟通的媒介、社会角色的衬托、增进感情的桥梁，也是中西文化之间交流的使者。扇子是源自华夏本土的一种沟通介质，具有举足轻重的社会学意义。在文化输出和输入过程中，扇子本身也在发生着变化。从礼仪扇、团扇到折扇，材质与形质的改良，为其赋予了更加多元化的符号意义。当代社会中，扇子作为传播介质，对传统文化的内涵既有传承也有延伸。文章从沟通介质的符号建构、本土化符号意指实践功能、当代传播上的意义延续与变迁三个维度，对这一中国本土化的沟通介质进行传播学考察。

扇子在日常生活中十分常见，在现实生活以及影视作品之中，都能看到各式造型的扇子，它们用途各异。除了纳凉扇风这种实用价值之外，通过表征系统，扇子的多重文化内涵得以形成并传播。作为一种非语言符号的信息载体，扇子通过符号表征的方式，发挥着象征性意向信息传播的作用。"表征是在我们头脑中通过语言对各种概念的意义的生产。它就是诸概念与语言之间的联系，这种联系使我们既能指称'真实'的物、人、事的世界，又确实能想象虚构的物、人、事的世界。"[1] 从传播史的角度看，从古至今，人们不断赋予扇子以多元的文化象征。《红楼梦》中有 40 多处直接写扇子；《金瓶梅》《桃花扇》《儒林外史》《西游记》等文学作品中，对扇子也多有提及，扇子在其中发挥着不同的传播功能，推动各自剧情的发展。

事实上，扇子不仅仅见之于私人的使用及沟通领域，在公共领域中的运

---

① 斯图尔特·霍尔著，徐亮、陆兴华译：《表征——文化表征与意指实践》，北京：商务印书馆，2013 年，第 22 页。

用也是极为常见。譬如：扇子是权威身份阶层的象征。"目前所见较早的扇子形象是东周、战国铜器上刻画的两件长柄大扇，以及江陵天星观楚墓出土的木柄羽扇残件。从使用方面看，由奴隶仆从执掌，为主人障风蔽日，象征权威的成分多于实际应用。"① 在欧洲，扇子在上流也有被推崇之态。在古埃及，一人高的棕榈扇，供奴隶主和贵族使用；在法国，伏尔泰甚至说："不拿扇子的女士犹如不佩剑的男子。"扇子成了身份的标配，礼仪的外化。

那么，如何从传播学角度去理解扇子这种沟通介质呢？扇子在传播信息时发挥的独特性在何处呢？扇子在当代的传播，又会呈现出怎样的不同呢？尽管对于扇子的研究，在中国古代文学、外国文学、艺术学、训诂学、汉语言文学也有涉及，但是研究成果相对零散，并且缺乏从传播学视野去关照此选题。从符号学以及社会学的角度去探究该问题，更是鲜见。本章试图从传播学的维度去考察作为我国本土化沟通介质的扇子，以弥补该领域研究涉猎之不足。

第一节　传播符号建构：扇子作为一种沟通介质

从传播学的维度看，扇子作为一种本土化的沟通介质，具有鲜明的沟通行为学特征。这种沟通体现在两个层面：一是扇子在私人传播领域，可以附庸风雅、展示才华；二是作为公共领域的沟通介质，能够呈现政治及为官气象，甚至作为一种社会角色的道具。"任何表征系统，只要以此方式发挥功能，都可被看作根据语言的表征原则来运作的。"② 扇子作为一种文化符号，其本质是一种以物质符号为中介的本土文化的互动，具有强化、象征的作用，像语言一样对文化信息进行表征。

一、扇子作为人神沟通的媒介

从传播学的视角看，扇子其实是一种中国人所使用的独特的介质。"就它是一种符号实践而言，它赋予隶属于一个民族的文化观念或一个人与当地社会的认同以意义与表现。它是民族认同的语言的一部分，是一种关于民族归

① 沈从文：《古人的文化》，北京：中华书局，2014年，第1页。
② 斯图尔特·霍尔著，徐亮、陆兴华译：《表征——文化表征与意指实践》，北京：商务印书馆，2013年，第7页。

属感的话语。"①

魏晋南北朝时期流行的"比翼扇"，其上端的鸟类的羽毛制式即有人神沟通的含义在其中。"'比翼扇'又出于麈尾扇，上端改成鸟羽，为帝子天神、仙真玉女升天下凡翅膀的象征。"②再如广东陆丰金厢蕉园龟山天后宫妈祖扇开裂救民众的传说也是一例。"据说1942年农历十月初二晚，天后宫演戏，当晚6点多，宫前灯火辉煌，观众还未到齐，只有部分小孩先到。在金厢港停泊的日寇军舰，突然向天后宫连发了三颗炮弹，其中两发哑炮，另一发射入宫内后墙爆炸。在门框上的这个巴掌大、约2厘米深的缺口，便是被这枚炮弹擦过的痕迹。日军的炮弹使天后宫后殿受到严重的破坏，导致当晚演出中断，幸好群众没有伤亡。第二天，当人们在清理殿内的物品时，发现妈祖的神扇开裂，且有火药味。大家在声讨日寇的同时，纷纷说妈祖真神，保护了百姓。"③

此处，我们不妨将开裂的妈祖神扇，视为一种诉诸超自然力量的人神沟通介质。在这一沟通行为中，依照信众的理解，这种沟通并非是虚拟的，妈祖神灵通过中介物与信众沟通，而信众也通过解读这种符号，愈发倾向于相信妈祖娘娘神灵的真实存在。信众将所看到的现象阐释为可信的沟通，实现了其传播功能。符指过程，即符号形成的过程，要由五个元素全程参与："符号、释意者、符解、指称、语境"。④在这场本土化沟通过程中，扇子本身是符号，妈祖信众是释意者，人神沟通的神迹很多，在信众心中酝酿发酵，共同构成了所需要的文化语境，更加明确了对符号的判断与诠释。

二、扇子作为私人领域的传播媒介

历史上，以诸葛亮为代表的"羽扇纶巾"式文人的超俗形象深入人心。此处讲的"羽扇"，其材料并非庸常的鹅毛，而是"麈尾"。在魏晋南北朝时期，文人崇尚清谈，常手执以"麈尾"，也就是古书上所指鹿一类的动物的尾巴，其尾可做拂尘。"'麈'是领队的大鹿，魏晋以来尚清谈，手执麈尾有'领袖群伦'含义。'麈尾扇'传由梁简文帝萧纲创始，近于麈尾的简化，固

① 斯图尔特·霍尔著，徐亮、陆兴华译：《表征——文化表征与意指实践》，北京：商务印书馆，2013年，第8页。
② 沈从文：《古人的文化》，北京：中华书局，2014年，第2页。
③ 金厢在线：《龟山天后宫"妈祖"救众生》，2018年3月26日，http：//www.in0660.com/article.php？id=28，访问日期：2018年6月19日。
④ 赵毅衡：《文学符号学》，北京：中国文联出版社，1990年，第46页。

定式样在纨扇上加鹿尾两小撮。"① 特别是在崇尚清谈的魏晋时期，文人喜欢以扇子这种物态符号的形式，烘托自己意见领袖的身份。于是，这种配饰受到当时名士们的青睐。扇子借名人提升身价，文人依托扇子缘饰风度，二者相得益彰，互为助益。会亲访友，出门应事之际，无论是冬寒秋凉，也必一扇在手，以示儒雅风流。

文人手中的扇子，其功用绝不限于驱蚊纳凉等实用，而在于传递诗意，标志风雅，舒展才华，昂藏意气。朱熹曾言："动摇便是用，放下便是体。"讲的也就是这样意思。时年六十岁的东晋诗人陶渊明，隐居在浔阳郡上京里，看到一把画有古代隐士的扇子。一时兴起，提笔作《扇上画赞》，赞荷蓧丈人、长沮、桀溺、陈仲子、张长公、丙曼容、郑次都、薛孟尝、周阳珪这九位隐士，借机抒发对古代隐士生活的仰慕与艳羡，顺便批判了现实"三五道邈，淳风日尽；九流参差，互相推陨"的混乱情状。扇面给了文人题词、作画、展示书法的空间，自然也可以作为文人脱颖于高人雅士，乃至扬名于世的工具。清代阮元偶得一柄南宋团扇，扇面上有马和所作的画，爱之甚笃，命人依式仿制。后以此为题，将诸文人雅士召集一处，以"团扇"命题试诸生，众人作诗附和。陈文述被拨置第一，其文采得到阮元赏识，因团扇诗而声名大噪，此后仕途诸事顺遂。扇子的传播功用延展至名声仕途。

《红楼梦》第六十四回，黛玉作诗五首，怕宝玉写在扇子上，带出去给一些儒士们看。书中云："宝玉忙道：'我多早晚给人看来呢？……昨日那把扇子，原始我爱那几首白海棠的诗，所以我自己用小楷写了，不过为的是拿在手中看着便易。'……宝钗道：'林妹妹这虑的也是。你既写在扇子上，偶然忘记了，拿在书房里去，被相公们看见了，岂有不问是谁作的呢？倘若传扬开去，反为不美。'"② 这说明，随身带扇子出门会晤儒士，彼此品读扇子上的诗画乃是一种社会风气，属于当时人际沟通的重要介质之一。"汉末三国，以迄六朝，凡高尚风雅之视，轻摇羽扇，助兴清谈，无间朝野，几人手一柄。"③特别是到了隋唐之后，更成了怀袖雅物，更加强调了其文艺性与精美度。

---

① 沈从文：《古人的文化》，北京：中华书局，2014 年，第 1、2 页。
② 曹雪芹著，脂砚斋评：《脂砚斋评石头记》，北京：线装书局，2013 年，第 897、898页。
③ 白文贵：《蕉窗话扇》，《民国笔记小说大观（第二辑）》，太原：山西古籍出版社，1996年，第 149 页。

三、扇子作为公共领域的沟通介质

在公共领域，扇子能够呈现政治道德，可以明心志、扬仁风。晋代崔豹在《古今注·舆服》中谈过舜所制作的"五明扇"。"五"指的是方位，东、西、南、北、中。"明"倡导的是观风以求知政，纳贤以图自辅。"五明扇"的象征意义大于生活实际应用的意义。不是为了纳凉扇风，而是发挥仪仗扇功能，呈现了仁风起，宫扇兴的政治道德意蕴。《淮南子·人间训》中记载："武王荫暍人于樾下，左拥而右扇之，而天下怀其德。"①武王执扇为中暑的百姓驱暑，得到天下感怀。扇子在其中起到了政治形象宣传工具的作用。再如宋代朱弁《曲洧旧闻》卷二中曾讲过一个细节，宋哲宗自己独用纸扇，赐给群臣的却都是绢扇，遂被朝堂大臣们称赞其为君之俭。

《世说新语·轻诋》中"扇隔元规"的一笔，描述了扇子的另一层文化内涵。文中言："庾公权重，足倾王公。庾在石头，王在冶城坐。大风扬尘，王以扇拂尘，曰：'元规尘污人。'"②元规，庾亮字。王导厌恶庾亮权势逼人，故发此语。 显然，此处的挥扇障尘亦有不染俗鄙、抵抗权势的含义。《续晋阳秋》所载："谢安赏袁宏机对辩速，后宏出为东阳郡，时贤祖道冶亭。安起执宏手，顾左右，取一扇授云：'聊以赠行。'宏应声答曰：'辄当奉扬仁风，慰彼黎庶。'合座称其率而当。"③ 清代，在改建北京颐和园时，将一处形似扇子的园子就取名为"扬仁风"，其典故就是出自袁宏回应谢安的这段话。

此外，清代的士大夫中有一股藏扇、玩扇的风气，更有甚者为了收藏到好扇、名贵之扇，更是不择手段。于是，不经意间呈现出了当时的政治道德与为官气象。《红楼梦》第四十八回中，以扇子为依托，衬托贾赦的横征暴敛，奢靡腐败。贾赦喜欢收藏古旧扇子，命人到处搜求，在一个叫"石呆子"那里找到二十把古扇。书中有言："原是不能再有的，全是湘妃、棕竹、麋鹿、玉竹的，皆是古人写画真迹。 "④偏偏对方是认死理的，无论贾赦怎么出高价购买，坚决不肯出售。文中借平儿口对宝钗道："他至少不卖，只说：'要扇子，先要我的命。'姑娘想想，这有什么法子。谁知雨村那没天理的听见了，便设了个法子，讹他拖欠了官银，拿他到衙门里去。说所欠官银，变卖家产赔补，把这扇子抄了，作了官价送了来。那石呆子如今不知是死是活。老爷

①　陈广忠译注：《淮南子》，北京：中华书局，2012 年，第 1103 页。

②　刘义庆：《世说新语》，北京：中国画报出版社，2012 年，第 340 页。

③　王庆云、李万鹏：《雅俗共赏话扇子》，济南：山东教育出版社，2017 年，第 58 页。

④　曹雪芹著，脂砚斋评：《脂砚斋评石头记》，北京：线装书局，2013 年，第 674 页。

拿着扇子问着二爷说:'人家怎么弄了来?'二爷只说了一句:'为这点子小事,弄得人坑家败业,也不算什么能为!'"①

又如《水浒传》中白胜唱道:"赤日炎炎似火烧,田中禾苗半枯焦。农户心里如汤煮,公子王孙把扇摇。"以扇子为介质,衬托了统治阶层对劳动人民的盘剥。孔尚任《桃花扇》中,李香君不肯低眉趋奉,血溅定情诗扇,以血染红扇面上的折枝桃花。借以对比南明的荒淫腐朽以及官僚朝臣们的丑恶凌霸之态。

第二节　符号意指实践：扇子本土化的传播功能

扇子具有本土化传播的独特性以及传播社会学功能,从传播学角度看,扇子的主要传播功能在于符号意指的实践性。"扇子作为器物,一旦到了把玩者手中,成为主体的寄情对象,这时的对象就成了主体的外化存在,人化存在,也就是对象成了主体的存在。"②人们对扇子会产生心灵体验,人们动用主体力量,自由自觉地对扇子在意态上进行超越与转化。"表征是一种实践,一种使用物质对象和效果的'运作'。但是意义所依赖的不是记号的物质性,而是其符号功能。正因为一种特定的声响或词代表、象征或表征一个概念,它才能在语言中作为一个符号去起作用并传递意义——或者,如构成主义者所说,去意指(符号化)。"③扇子的传播独特性可大致归纳为六个方面:掩饰羞怯、表达敬畏、维系亲情、刻画并传递情爱、增进感情、表征使用者的身份地位。

其一,扇子可以掩饰羞怯。这个传播特点从伏羲和女娲成婚时的结草为扇的传说中就可见一斑。唐人李冗《独异志》中对伏羲兄妹成婚有过一段介绍,其中提到过以扇遮其面的情状。文中曰:"昔宇宙初开之时,只有女娲兄妹二人,在昆仑山,而天下未有人民,议以为夫妇,又自羞耻。兄即与妹上昆仑山,咒曰:'天若遣我兄妹二人为夫妇,而烟悉合;若不,使烟散。'于烟即合。其妹即来就兄,乃结草为扇,以障其面。今时人取妇执扇,像其事

---

① 曹雪芹著,脂砚斋评:《脂砚斋评石头记》,北京:线装书局,2013 年,第 675 页。
② 王向峰:《扇子文化的艺术张扬》,《华夏文化论坛》2010 年第 1 期。
③ 斯图尔特·霍尔著,徐亮、陆兴华译:《表征——文化表征与意指实践》,北京:商务印书馆,2013 年,第 36 页。

也。"①

2015 年，电视剧《芈月传》中，再现楚国公主芈姝与秦王的盛大婚礼现场，婚礼全过程展示了 8 分钟，从新娘入殿开始，分别为：趋、止、揖、却扇、奉匜沃盥（洗手）、共牢而食（一起吃一片乳猪）、夫妇食粟、饮汤、啐酱、食礼毕，酳（以酒漱口）、合卺而饮（以葫芦瓢为酒器喝交杯酒）、礼毕。在整个婚礼过程中，扇子有其独特的作用和地位，是礼仪中不可或缺的。芈姝手持短柄孔雀翎制成的羽扇，半遮其面，也是延续了上古伏羲女娲成婚时以扇遮面的传统。这里的羽扇，就是还原了古代行婚礼时新妇用扇遮脸的程序，交拜后去之。《世说新语·假谲》中也有所提及，晋人温峤的堂姑母委托温峤为其女儿物色夫婿。几天后，温峤说已经物色好嘉婿，言称名声、官位、门第都不比自己差。书中曰："既婚交礼，女以手披纱扇抚掌大笑曰：'我固疑是老奴，果如所卜。'"②婚礼时，新娘用手拨开纱扇，发现新郎就是温峤。此处的纱扇，就是作为婚礼时的工具，有掩饰羞怯的文化含义。晋代桃叶的《团扇歌》和梁代何逊的《与虞记室诸人咏扇》中都对扇子障怯遮羞的功能有所言及。南北朝萧衍的"手中白团扇，净如秋团月。清风任动生。娇香承意发"，写的也是女子羞涩娇美的一面。

其二，扇子能够传达对他人的敬畏。《世说新语·品藻》中说："王大将军在西朝时，见周侯，辄扇障面不得住。后渡江左，不能复尔。王叹曰：'不知我进伯仁退？'"武城侯周伯仁每每见到王敦大将军时以扇遮面，此处不能当害羞去理解，而是向镇东大将军展示自己对其敬畏崇敬之心。魏朝郎中鱼豢所撰写的《魏略》中也曾谈到韩宣在任丞相军谋掾时，碰到了时任临淄侯的曹植，因倾慕其才华，尊敬其地位，故而在路边持扇遮面，对曹植以示尊重与敬畏。

其三，扇子可传递和维系亲情。清代何维朴曾送爱女一把竹制团扇，扇面为绢，上面是何维朴亲自创作的山水画。落款写有："丁酉六月镟叟写寄吾女嘉媛拂暑。"③扇子制作雅致清新，可爱精巧，足见爱女心切，用情之深。明末清初时期，苏北地区嫁妆中就有扇子。当时有一种"黑漆洋扇"的仿沼扇，从古代"沼扇"演变而来，在市面上颇为受欢迎。扇面用猪血乌煤打底，后为美观起见，改为贴金纸剪花，又称"贴金纸扇"或者叫"黛黑扇"。作为

---

① 庆云、李万鹏：《雅俗共赏话扇子》，济南：山东教育出版社，2017 年，第 2 页。
② 刘义庆：《世说新语》，北京：中国画报出版社，2012 年，第 194 页。
③ 包铭新：《纨扇美人》，上海：东华大学出版社，2006 年，第 57 页。

随嫁用品，寄托爱女之情。扇形也比较多样，除了圆形之外，还有鸡心、苹果、绣球等形状，兼有各种吉祥的寓意。

其四，扇子对于爱情的传播功能更是不可或缺，多用来刻画人物的愁思与情态。西汉班婕妤托意于素白色的合欢扇，作赋自伤，感怀失宠后心中的苦闷。诗中云："常恐秋节至，凉飚夺炎热。弃捐箧笥中，恩情中道绝。"略举从晋代至清代有代表性的几例，以观其貌，见下表：

作者	诗名	相关节选诗句
（晋）陶渊明	《闲情赋》	愿在竹而为扇，含凄飙于柔握；悲白露之晨零，顾襟袖以缅邈！
（晋）陆机	《班婕妤》	寄情在玉阶，托意唯团扇。
（晋）桃叶	《团扇歌》	与郎却耽暑，相忆莫相忘。
（南朝）江淹	《拟班婕妤咏扇》	切愁凉风至，吹我至玉阶。君子恩未毕，零落在中路。
（梁）梁元帝	《班婕妤》	谁知同辇爱，遂作裂纨诗。
（梁）王僧孺	《为姬人怨诗》	还君与妾扇，归妾与君裘。
（梁）刘孝绰	《班婕妤》	妾身似秋扇，君恩绝。
（梁）阴铿	《班婕妤》	可惜逢秋扇，何用合欢名。
（梁）何逊	《与虞记室诸人咏扇诗》	摇风入素手，占曲掩朱唇。
（唐）皇甫冉	《班婕妤》	由来咏团扇，今已值秋风。
（唐）王建	《调笑令·宫中调笑》	团扇，团扇，美人并来遮面。
（唐）张烜	《婕妤怨》	贱妾裁纨扇，初摇明月姿。
（唐）翁绶	《班婕妤》	繁华事逐东流水，团扇悲歌万古愁。
（唐）王昌龄	《长信怨》	奉帚平明金殿开，暂将团扇共徘徊。
（唐）杜牧	《秋夕》	银烛秋光冷画屏，轻罗小扇扑流萤。
（唐）李峤	《扇》	御热含风细，临秋带月明。同心如可赠，持表合欢情。
（唐）司空图	《扇》	珍重逢秋莫弃捐，依依只仰故人怜。
（唐）韦应物	《悲纨扇》	非关秋节至，讵是恩情改。掩鞶人已无，委箧凉空在。
（唐）项斯	《古扇》	似月旧临红粉面，有风休动麝香衣。千年萧瑟关人事，莫语当时掩泪归。

（唐）徐寅	《咏扇》	曾伴一樽临小槛，几遮残日过回廊。汉宫如有秋风起，谁信班姬泪数行。
（唐）杨凌	《咏破扇》	先来无一半，情断不胜愁。
（唐）刘禹锡	《团扇歌》	团扇复团扇，奉君清暑殿。秋风入庭树，从此不相见。
（宋）吕渭老	《豆叶黄·忆王孙》	轻罗团扇掩微羞。酒满玻璃花满头。
（金）金章宗完颜璟	《蝶恋花·聚骨扇》	金殿日长承宴久，招来暂喜清风透。忽听传宣须急奏，轻轻褪入香罗袖。
（元）钱惟善	《班姬题扇图》诗	无复承恩柘馆春，偶题纨扇泪盈巾。
（明）唐寅	《秋风纨扇图》题诗	秋来纨扇合收藏，何事佳人重感伤，请把世情详细看，大都谁不逐炎凉。
（清）王淑	《夏夜偶成》	明月入怀摇绮扇，露华如雨湿桃笙。曲阑倚遍浑无语，照见幽情只短檠。
（清）纳兰性德	《班婕妤怨歌》	扇弃何足道，感妾伤怀抱。

表 11-1：部分历代诗词中的扇子

在情歌领域，扇子也寄托着情爱相思的功能。清代王廷绍《霓裳续谱·杂曲》中就有情人送扇传情的情歌，扇面一面是山，一面画水。华广生《白雪遗音·马头调》中，也有类似情歌，场景基本一样，都是情人送女子红纱做的团扇。以扇面中的山水寄情两厢倾悦。"咱二人相交，如山水相连。要离别，除非山水流断；要离别，除非山倒水流断。"

其五，扇子还可以作为增进感情的桥梁。《翁同龢日记》中写有："归写团扇三，折扇二。一团送惇邸，二团送伦侗二公，一折送谟贝子。并写应酬字，挥汗如雨（光绪十三年二月十八）。"[1]《郑孝胥日记》中载："早，书团扇一柄，即录'三台洞'旧作，赠赓伯表兄（光绪八年三月初六）。"[2]《西京杂记》中对汉代帝王使用的长柄大扇子就曾有过描述，所谓夏用羽扇，冬设缯扇。到了明代，"扇面有加金箔者，特别精美的由皇帝赏给嫔妃或亲信大臣，较次的按节令分赐其他臣僚"。[3]

即便是扇子的配饰，也能起到表情达意，增益感情的作用。《红楼梦》第二十八回，宝玉听闻蒋玉菡就是驰名天下的琪官，一时间欣然跌足。文中道："想了一想，向袖中取出扇子，将一根玉玦扇坠解下来，递与琪官道：'微物

---

① 包铭新：《纨扇美人》，上海：东华大学出版社，2006年，第151页。
② 包铭新：《纨扇美人》，上海：东华大学出版社，2006年，第152页。
③ 沈从文：《古人的文化》，北京：中华书局，2014年，第3页。

不堪，略表今日之谊。'琪官接了，笑道：'无功受禄何以克当！'"① 扇坠是扇子上比较贵重与精美的配饰，作为世家公子的将扇坠取下赠予身份寒微的戏子，在等级尊卑观念较强的封建社会，是不寻常的行为。

其六，扇子还有象征权威身份的功能，可以发挥社会角色衬托的作用，表征使用者的身份地位。从唐代阎立本的《步辇图》中，可见长柄扇主要是用于显示威仪之用的，有严格的规定，用长柄扇（或叫作"翣"）的多少，取决于主人地位身份的高低。这在山西太原开化寺的宋代壁画上也能看出端倪。扇子积极地构成了身份和社会角色的外在形式。从制式与材质上看，从宫廷到民间，从上层至下层。蒲扇取寻常之材，满足民众日常所需；羽扇构成了中国文人及隐士表征高洁人生，追求隐逸世界的象征；团扇主要用于抒发深闺寂寞，展示女性的妩媚。

第三节　意义延续与变迁：扇子在当代的交流及传播

扇子作为极具东方气韵的器物，在当代，材质与形质不断得到改良，文化输出和输入，丰富了作为传播介质的扇子更多元化的符号学意义。恰如斯图尔特·霍尔在谈及符号时曾言："它引导人注意形象（物品）在一个较宽泛的、较多联想性的意义水平上被理解的方式。因而它涉及了各种更可变的和短暂的结构，诸如社会生活的各种规则，历史的、社会实践的、意识形态的和各种习俗的规则。"②

应当认识到，日本、埃及、印度、希腊等国都有各自优秀的扇子文化。台湾1990年版《大美百科全书》中，就记载由日本人从蝙蝠翅膀产生灵感，进而发明了折扇。明代陈霆在《两山墨谈》中有言："宋元以前中国未有折扇之制，元初东南夷使者持聚头扇，当时讥笑之。我朝永乐初始有持者，然特仆隶下人用，以便事人焉耳。至倭国以充贡，朝廷以遍赐群臣，内府又仿其制以供赐予，于是天下遂遍用，而古团扇则惟江南之妇人犹有其制，今持者亦鲜矣。"③可见，折扇是7世纪在日本发明的，北宋时期传至中国。从这个意义而言，扇子堪称是中外文化之间交流的使者，承载了文化沟通的史实。

① 曹雪芹著，脂砚斋评：《脂砚斋评石头记》，北京：线装书局，2013年，第430页。
② 斯图尔特·霍尔著，徐亮、陆兴华译：《表征——文化表征与意指实践》，北京：商务印书馆，2013年，第239页。
③ 杨琳：《中国古代的扇子》，《文化学刊》，2007年第1期。

在当代，扇子的实际功用受到了科技发展的挤压，空调、电扇的普及使扇子纳凉驱蚊等功用逐渐让渡，却让其文化传承的意义得到提升。"各物品常常被描述为来自过去时代的文献和证据，而且被描述为来自过去时代的文献和证据，而且被看作文化本质的原始物质化身，可以超越时间、地点的变迁和历史偶然性。它们的物质性提供了对稳定性和客观性的一种允诺；它暗示了一个稳定的不模糊的世界。"① 就社会沟通而言，即便是在当代社会，扇子仍然是这一种重要的传播介质，继续延续以往的文化气韵。

在公共领域，扇子依然发挥着政治传播功能。2017 年 8 月，辽阳市弓长岭区汤河镇纪委和当地老年书法协会联合举办了一场名为"小小廉洁扇"的廉政教育活动，扇子上写有"风正一帆顺，清廉得民心。腐败一块冰，寒透百姓心。永走百步远，不留一念贪"，主要送给当地机关干部和党员，借此契机，督促党员自省自立自警。

扇子继续作为个人形象以及人际交往中的视觉信码，结合使用者的性情、行为方式等相关联的因素，创制着不同的文化意义。恰如斯图尔特·霍尔在《表征——文化表征与意指实践》中所提及的那样，人们提起保守的英国男士范儿，就会不自觉地想到皮箱、手杖、钢笔、活页记事本；想到美国时尚杂志上出现的牛仔裤，就会感受到男性身体的色情化；大型海报上戴在男士身上的手镯和厚短的戒指，显示出粗粝和男人味。扇子可以强化人们各自所属的文化意识，所谓文人扇胸武人扇肚，僧侣道人扇衣领，媒婆扇肩膀。在昆曲艺术中，总结成折扇口诀：文胸武肚轿裤裆，书臀农背秃光郎，瞎目媒肩二半扇，道袖画领奶扇傍。

应该看到，扇子对传统文化的内涵既有传承也有延伸，它可以与艺术相结合，提升其审美性，丰富传播的新形式与内容。发端于宋元时期的山西左权小花戏，就是以扇子作为标志性道具，由扇子带动观众的情绪。2001 年，武警文工团青年魔术师赵育莹推出了力作《扇舞新韵》；2005 年 3 月初，在法国巴黎"国际魔术师展演会"上，赵育莹"高控腿 170 度足尖开扇"的第一组特技，便迎来了观众的叫好。在飘然若仙的丽姿舞韵中，四十把色彩艳丽的折扇随身变出，信手拈来，恰似蝴蝶般地飘飞而逝，只见她忽而口衔折扇，陡然变出三四张色彩各异的俊脸，忽而将手中之扇遁变无踪，被外国媒

---

① 斯图尔特·霍尔著，徐亮、陆兴华译：《表征——文化表征与意指实践》，北京：商务印书馆，2013 年，第 235 页。

体誉为"东方魔女";2009 年 12 月 14 日,央视十频道首播《扇舞新韵》专题片。京剧中也专门有"扇子行",生、旦、净、末、丑,不同的角色用不同的折扇。在舞台上,龙凤扇用于宫廷戏,芭蕉扇常见于神话戏。通过对扇子翻、合、扬、展、遮等手法,推展剧情,表现戏剧人物情感。

团扇作为本土化的扇子制式,擅于塑造一种文化表情,体现古典女性之美、淑雅娴静、含蓄朦胧,轻移莲步,似水柔情。当然,团扇并非仅仅是女性专属。"1964 年,在一次新疆吐鲁番阿斯塔纳(Astana)晋墓的发掘中,出土一件纸本水墨画。画面上有一戴高帽男子手执一短柄团扇坐于华盖之下。"[1]《旧中国掠影》一书中收录了八百余幅反映旧中国历史风貌的照片……就这些照片作一数据统计,其中女性执团扇者 3 人,执折扇者 8 人,男性执团扇者 16 人,执折扇者 13 人。"[2] 折扇在明代永乐以后于中国开始普及,最初因便携,不碍做事,为下层人士所钟爱。17、18 世纪,中国文化韵味的折扇远销欧洲,遂成为西方上层社会自己标榜与权贵的标配;"高级官僚流行雕翎扇,贵重的有值纹银百两的,到辛亥革命后才随同封建王朝覆没而退出历史舞台。"[3]

幅不盈尺的扇面,结合中国绘画书法的艺术,融合题材各异的画作,引入正、草、隶、篆等书法技艺,雅趣生辉。基于此,中国本土的扇子文化承载了美学意义,自然具有文化创意产业的价值。早在宋代,苏轼以草书和竹石枯木绘于二十柄扇面之上,让扇子一扇千钱。时至今日,发挥扇子的市场价值也是亟待思考问题。1875 年王星斋在杭城清河坊创建王星记扇庄,与丝绸、龙井茶齐名被誉为"杭产三绝"而名扬。该厂出品的一把微雕小楷《唐诗三百首》真金全棕黑纸扇曾轰动 1982 年的世博会。"老字号"要依托文化创意树立其品牌在市场上的地位。目前看来,市场份额不大,但是潜力仍是有的。

笔者于 2018 年 7 月 12 日,登陆天猫手机客户端,王星记 9 寸全棕黑竹纸扇最高售价人民币 6180 元,在 2018 年 7 月的销量为 0,无评价。这种扇子选材与制作成本都很高,采用临安于潜桑皮纸,诸暨柿漆,福建建煤,经过大小 86 道工序精制而成。要把它放在烈日下晒,冷水中泡,沸水中煮,各经 10 多个小时,取出晾干,不折不裂,平整如初。7 月份最高销量的一款售

---

① 包铭新:《纨扇美人》,上海:东华大学出版社,2006 年,第 15 页。
② 包铭新:《纨扇美人》,上海:东华大学出版社,2006 年,第 161 页。
③ 沈从文:《古人的文化》,北京:中华书局,2014 年,第 4 页。

价为 295 元的全棕黑竹纸扇月销 44 笔。压缩的利润，困扰着传统制扇业。反观"谭木匠"等老字号企业，都在挖掘传统文化在现代工业文明社会的文创价值。譬如一双紫檀木镶嵌银丝的筷子，附上精美的使用卡片，写有文化内涵、用筷礼仪、保养技巧，不失为一种具有文化卖点的营销策略。

在中国语境下，扇子传播独特性的六个方面中，掩饰羞怯、表达敬畏、象征权威身份的功能，这些传播功能已然消失。然而，扇子的文化表征意义绝非僵固不变，而是会结合时代具体环境，不断赋予自身新的文化内涵。扇子维系亲情、刻画并传递情爱、增进感情等功能还在延续。它继续承载着美学意义，仍旧可以寄情、托志、附庸风雅、展示才华。延续着人神沟通的媒介、社会角色的衬托等功能。

搜狐网在 2018 年 2 月 13 日有篇记者手记《21 世纪海上丝绸之路的非洲情缘》，讲述昔日中国海上丝绸之路的非洲终点之一拉穆群岛。中国驻肯尼亚大使会在每年春节期间来到拉穆古镇，带着中华文化中有代表性的扇子、福字等礼物，看望当地居民，以促进中非友谊。如何能通过扇子，使传统文化和华夏独特的思维方式在今天得到充分的传承和发展？如何延展其在艺术表演上的独特作用，挖掘其文创品的市场价值，甚至作为中西文化之间交流的使者。如何让这种华夏本土的沟通介质，作为中华优秀传统文化的一部分，继续发挥出更多的社会沟通功能，这些需要我们做进一步深度研究。

第十二章　传播实践：中国茶文化传播方式与渠道

本章拟从茶文化的传播方式、传播渠道以及传播效果三个层面来剖析，从传播学的视角对茶文化的传播进行归纳和分析。中国茶文化是中国民族传统文化的组成部分。许多经典文化以茶为载体，并通过这个载体来传播。[①] 茶文化体现和包含了一定时期的物质文明和精神文明，其内容十分丰富，是植根于中华民族传统文化中的宝贵精华，特别是在构建和谐社会的今天，加强对中国茶文化传播的研究，显得更有现实意义.

第一节　茶文化传播的方式

一、人际传播方式

所谓人际传播是指个人与个人之间的信息传播活动，也是两个个体系统相互连接组成的新的信息系统，人际传播是社会生活中最直观常见和丰富的传播现象。[②] 茶文化博大精深，并与其他传统文化有着千丝万缕的联系，遂成为中国传统文化的一个重要的组成部分。中国人身上都或多或少地有着茶文化的基因，无论身在何处，都保留着品茶的习惯。茶通过这种方式传播主要是在交通、通讯技术相对滞后的古代。

主要有以下两种情况：其一，以到中国学习的留学生和僧侣为传播者，他们学习中国文化，也将茶文化带回到本国。在唐宋时期，中国的文化在世界上是处于领先地位的。周边国家大量的僧侣和留学生来中国学习文化的同时，也将茶的种植方式传播到了各自的国家和地区。譬如朝鲜和日本，由于地理位置的关系，受到中国文化的影响也就比较强，使他们的文明不可避免地烙上了中国文化的印迹。朝鲜半岛在 7 世纪，高句丽、百济和新罗三国鼎

---

① 关剑平：《茶与中国文化》，北京：人民出版社，1990 年，第 75 页。
② 郭庆光：《传播学教程》，北京：中国人民大学出版社，2006 年。

立。唐高宗显庆五年（660）后来逐渐统一。南北朝、隋唐时期，百济、新罗和我国交往颇为频繁，当然，这时的交往有不少宗教内容的沟通。到了唐朝时，他们和我国的交往已经多达上百次。新罗人多次来我国学习佛法，在他们回去时，往往都带上了茶叶。到了唐太宗后期，新罗使节大廉从唐朝带回茶籽，种于智异山下的华岩寺周围。朝鲜半岛从此开始了种茶与生产。释云龙的《高丽时代敬茶仪式研究》中提到，高丽时代迎接使臣的宾礼仪有五种，迎接宋、金、辽、元的使臣按北朝敬茶仪式进行。可见，当时中国的茶文化已传到了朝鲜半岛。唐代大批的日本僧人、留学生到中国学习中国的制度文化，同时也传播了中国茶的种植和制作技术。唐德宗贞元至唐顺宗年间（公元785—805年）空海和最澄两位高僧携茶和茶籽去日本推广引种。唐代名僧鉴真，六次出海才得以东渡日本传教，是日本佛教律宗的创始人，同时他也是茶文化的传播者。他们都对茶的传播起了推动作用，而为茶与茶事传入日本做出重要贡献的当属宋代来华的禅师荣西。[①]茶文化传到这些国家后便与本国的文化相融合，催生出了具有本土特色的茶文化。

其二，通过移民将中国的茶文化传播到海外。通过移民传播，中国人大规模迁移海外始自19世纪中叶。1995年林建秀在《江苏统计》第7期撰文《当今世界海外华人的数量和分布》中称："根据历史上华人迁移的目的和特点，可以把华人迁移归结为四种类型：第一是华商。在华人迁移的整个历史进程中，华商一直是华人迁移的主要形式. 第二是华工，即所谓的"中国苦力"，产生于19世纪20年代到20世纪20年代之间. 他们多数在合同结束后就返回中国，因此，这类迁移带有临时性。第三是华侨，指在海外作短期逗留的华人。华侨广义上包括所有类型的华人迁移，但这里主要指那些接受过良好教育的专家、学者。第四是华裔，即海外华人的后代，包括海外华人后代的首次迁移和再次迁移。可以预见，今后华人迁移的特点将以华商为主，华裔为辅，加上零星分布的华侨。一、海外华人的数量分布目前海外华人几乎邀居世界所有的国家和地区，但分布不均。1990年前后全球共计有3 700万的海外华人居住在136个国家和地区，其中有3 230万居住在亚洲32个国家和地区，占总数的88%……"[②]

近20年来，在美国、加拿大和澳大利亚的华裔人口增加很快。根据新

---

① 黄志根、徐波:《中国茶文化》，杭州：浙江大学出版社，2001年。

② 林建秀:《当今世界海外华人的数量和分布》，《江苏统计》1995年第7期。

近举行的第二届中国侨务论坛公布的一项研究成果表明：5000 万。这是我国首次较准确统计出的数字。20 世纪初，全球华侨华人总数约 400-500 万；20 世纪 50 年代初，总数增至 1200 万—1300 万，其中 90% 集中在东南亚；2007—2008 年，华侨华人达 4543 万，东南亚华侨华人的占比已降至 73%，而北美、欧洲、大洋洲和日本、韩国等地的华侨华人数量出现较快增长。

近百年来，全球华侨华人总数增长的原因，一是人口自然增长因素，二是 20 世纪 70 年代以来，在发达国家修改移民政策和中国改革开放的双重推力下，中国持续出现较大规模的海外移民潮。改革开放 30 多年来，留学成为中国人移民国外的主渠道之一，到 2006 年底，中国大陆留学人员总数已经突破 100 万人。也有部分人选择非法途径前往海外定居。还有就是商务移民，包括投资移民、驻外商务人员和各类商贩。现在，华侨华人真正遍布世界各地，连过去中国移民鲜至的拉丁美洲、非洲和中东各地，现在也出现了华侨华人聚居区。①

这些通过各种渠道出海谋生的移民大多来自中国沿海的福建、广东，而这两个地方正是中国饮茶之风最为盛行的地区。他们把品茶的习惯也带到了不同个国家和地区，促进了茶文化在世界各地的广泛传播与发展。

二、经贸与交流传播方式

组织传播指的是组织所从事的信息活动。② 社会中有许多消费者、研究者，由于学习交流的需要，他们形成组织成团体。茶是一种文化载体，茶被人认为是清廉的象征，代表社会的某种追求。各种有关茶文化研究的组织大体可分为两类：政府组织在倡导他们的理念的同时，也在客观上促进了茶文化的进一步传播。这些组织可划分两类：其一，政府组织。封建统治者为增加国家收入，以国家的名义控制茶叶的交易；通过"海上丝绸之路"与海外国家的茶叶贸易；新兴资本主义工业国家在其殖民地所进行的茶叶生产贸易，尽管这种行为不是为了传播茶文化而是为了获得商业利益。但是在客观上，却促进了茶文化在不同国家和地区的跨文化传播。随着茶叶这种商品消费的普及，销量日益增大，封建统治者见有利可图，就开始进行管理课以赋税，并慢慢变为"正制"，即以政府的名义进行管理。

---

① 庄国土：《全球华侨华人知多少》，《四川统一战线》2012 年第 4 期。
② 郭庆光：《传播学教程》，北京：中国人民大学出版社，2006 年。

此外，还有茶马交易。初期的茶马交易是作为少数民族进贡的回赠，至唐德宗贞元年间，正式开始了商业性的茶马交易。到宋神宗时期设茶马司，专掌以马易茶，自此茶马交易成正制，且制定了专门的机构和相应的"茶马法"。茶马交易的边市有今晋、陕、甘、川等地换取吐蕃、回纥、党项、藏、苗、彝族的马。直到清朝年间，由于疆域扩大，有着数千年的历史的茶马交易才画上句号。通过茶马交易，茶文化向中国的西南地区乃至南亚地区传播。[①]

茶叶向东南亚其他国家和地区的传播，还可称为海上"丝绸之路"的途径。海上丝绸之路，其起点应为泉州一带，这里唐代起就是著名的海外交通大商港之一，与世界上一百多个国家和地区通商往来。到元朝时更是被马可·波罗称为世界第一大港。[②]根据《清水岩志》所记载："清水高峰，出去吐雾，寺僧植茶……老寮等属人家，清香之味不及也。鬼口有宋植二三株味尤香，其功益大，饮之不觉两腋风生，倘遇陆羽，将以补茶话焉。"可见在宋元时期安溪不论是寺观或农家均已产茶。[③]到了明代产茶更为盛行，明嘉靖《安溪县志》有"茶，龙涓、崇信出者多""常乐、崇善等货卖者甚多"的记载。茶叶从此通过海上丝绸之路传播到世界各地也合情合理。[④]明朝郑和下西洋时带去了陶瓷、丝绸、茶叶，虽然更多的是"显威"炫耀，但在客观上也促进了茶文化的传播。工业革命后的新兴工业国家，认识到茶叶商品利润丰厚，也开始从中国引进茶的种植生产技术，在殖民地广泛种植生产茶叶来获得商业利润。

通过资本主义国家的殖民贸易传播茶文化，不仅促进了茶文化在殖民地的传播，也促进了在其宗主国的传播。印尼在宗主国荷兰的指使下，于1684年引籽种茶，但在数十年后，种茶开始有成效。约在1780年，由大印度公司操纵引种茶叶，但成功地发展茶叶生产是在鸦片战争之后，其引种的是大批的武夷茶籽。马来西亚则在20世纪初才发展茶叶的，茶树的品种都来自中国。英国东印度公司于1669年首次派遣船只从广东进口茶叶。此后的两个世纪，英国政府便把亚洲贸易重点放在进口中国茶叶上了，茶叶改变了英国人的生活习惯。如今，茶在英国颇受欢迎，这是经过300多年来茶文化传

---

① 刘勤晋：《茶文化学》，北京：中国农业出版社，2000年，第44页。

② 陈培爱，夏君宝：《中国古代对外传播的分期与特点》，《新闻爱好者》2008年第11期，第88—89页。

③ 俞晖：《试论网络时代中国茶文化的传播》，《农业考古》2008年第05期，第44—47页。

④ 庄晓芳：《中国茶史散论》，北京：科学出版社，1989：75

播的结果。英国人还发明袋泡茶，推动其饮茶文文化的发展。美国与茶叶有不解之缘。美国人最早为荷兰人所管辖，后归英国人统治。英国人为从茶叶贸易中获取暴利，在美国大肆推广饮茶，直至波士顿毁茶事件爆发。美国独立战争胜利后，1784 年美国自己的第一艘商船"中国皇后号"来中国广州运茶，自此中美茶叶贸易一发不可收。美国政府及商人曾把中国茶引进美国种植，但 1858 年和 1880 年两次引种均告失败。1812 年巴西开始从中国引种茶，1824 年中国茶籽输入阿根廷。东非于 20 世纪开始种茶，其势发展迅速。① 西方国家在海外的殖民贸易在本质上是以国家组织的形式对落后地区的资源掠夺，但客观上却促进了中国的茶文化在这些国家和地区传播。

其二，非政府组织。通过成了与茶文化相关的各种组织，通过它们的行为活动传播，从组织内传播的过程和机制的角度看属于组织内非正式渠道传播。随着近年来茶文化的复兴，各种研究茶文化的组织也纷纷成立。1982 年9 月，杭州成立了第一个社团性质的"茶人之家"。1983 年，在"纪念陆羽诞生 1250 周年"之际，在陆羽的出生地湖北天门县成立了"陆羽茶文化研究会"，陆羽的第二故乡浙江省湖州，在 1990 年 10 月也成立了相关的研究会。同时，爱茶人的组织"中华茶人联谊会"也成立了。1990 年筹备和酝酿成立"国际茶文化研究会"，在 1993 年纪念陆羽诞生 1260 周年之际得以实现。"中国茶叶流通协会"自 1998 起，在其组织内专门设立茶道专业委员会以适应茶文化的蓬勃发展，并积极开展相关方面的工作。② 这些茶文化组织通过活动为茶文化的研究探讨提供了一个平台，为中华茶文化的传播起了推波助澜的作用。除此，政府组织对茶文化的物质传播更是起到了至关重要的作用。

三、大众传播方式

大众传播指的是专业化的媒介组织运用先进的传播技术和产业化手段，以社会上一般大众为对象而进行的大规模的信息生产和传播活动。③ 通常报社、出版社、电台、电视台等等，就是这样一些组织。我们通常称之为大众传播媒介。茶文化通过大众传播的方式得以进行快速、广泛的传播。

明清时期商品经文明得到发展，出现大量白话文小说，四大名著都是在这一时期出现的。《红楼梦》这样空前绝后的名著，也极大地促进了茶文化的

---

① 黄玉梅：《茶文化的传播与饮茶礼仪》，《农业考古》2008 年第 5 期，第 21—22 页。
② 黄志根，徐波：《中国茶文化》，杭州：浙江大学出版社，2001 年。
③ 郭庆光：《传播学教程》，北京：中国人民大学出版社，2006 年。

传播和普及。电子版的 120 回《水浒传》，全书 1305 页，其中有 246 页有茶的记载，出现率为 6.59%。《喻世明言》为 9.68%，《老残游记》为 9.81。① 这里包含很多信息。从茶文化的传统看，茶与文人的关系当然是很密切的，甚至于文人被视为茶文化的同义词。民间小说中茶的出现频率如此之高，说明了茶已然成为小说创作的素材之一，并广泛传播。

在网络上，茶文化主要通过网站进行传播，主要包括：由政府或大型茶叶生产、营销企业主办的综合性网站；由研究中心或协会主办的专业性网站；由茶馆酒楼主办的茶艺休闲网站；由旅游部门主办的茶文化旅游网站；由茶具生产销售商主办的茶具文化网站。此外，茶文化也可以作为一个组成部分进入到一些其他主题网站中，譬如：综合类、文化类、餐饮类、保健类等各类网站。② 早在 20 世纪三四十年代，就出版了一本名为《茶人通讯》的油印杂志。③ 近些年，出现了许多专门研究茶的杂志，如：中国茶叶学会主办的《茶叶科学》；云南省普洱茶文化研究会主办的《普洱》；安徽省茶业学会主办的《茶业通报》；浙江省茶叶学会主办的《茶叶》；福建省茶叶协会主办的《福建茶叶》。这些专业杂志极大地促进了茶文化的研究和发展，也促进了茶文化向着更深、更广的范围传播开来。

第二节 茶文化传播渠道及效果

茶文化以儒释道三家文化为传播渠道。茶文化学是一门茶与文化学及各种相关学科相互交叉的学科，包容性强，与其他文化相互依存和影响。它的传播过程中也是伴随着与之有关的其他文化现象的传播，并以之为传播渠道。

首先，茶文化以儒家文化为传播渠道。儒家表现为尊孔重礼，主张中庸的和谐积极入世。茶文化与儒家文化中的"和"，有异曲同工之妙，人们主张在品茶中沟通思想，创造和谐气氛，增进彼此的友情。品茶可以反省自己，更多地善待他人。即使双方有矛盾也要去茶馆评理、讲和，这不一定是茶道，但却是中国人赋予茶文化的特色。茶中的内涵是深刻的，懂得茶理的人往往能够从茶事里悟出其中的"道"。陆羽把天地自然、和谐的辩证自然观引入茶事中。他认为水、火、风相结合才能煮出好茶。茶事中"人、茶、具"以及

① 黄志根，徐波：《中国茶文化》，杭州：浙江大学出版社，2001。
② 俞晖：《试论网络时代中国茶文化的传播》，《农业考古》2008 年第 5 期，第 44—47 页。
③ 沈学政：《传统的茶与现代的传播》，《农业考古》2008 年第 5 期，第 61—64 页。

环境的统一、和谐皆为传统文化之本意，茶文化与儒家思想相辅相成。

　　儒家的知识分子充当了传播者，由于茶文化与儒家思想有着某种共通性，于是，茶便成了儒家思想者们的一种情感寄托。传播儒家思想的私塾等场所，都充当了传播媒介。在学习交流的过程中自己或是不自觉地通过各种方式，传播了茶文化的精髓。

　　其次，茶文化以道家文化为传播渠道。道家思想与茶文化的关系主要表现在以下的几个方面。第一，天人合一思想与茶文化。人们在探索传统茶文化时，探索天人合一是情理之中的事。文人雅士们在当时的社会背景下，难以施展才华，而饮茶有助于他们保持雅趣、平和的心态。与茶相伴，那的确是道家所追求的天人合一了。第二，道家的饮茶与生活。道家修炼，又主张内省。当饮茶之后，神清气爽，自身与天地宇宙合为一气，这种感受，现在的爱茶之人也能体会得到。久而久之，在我国形成以种茶、制茶、冲茶、品茶、咏茶等为内容，又超脱于日常生活的茶事。这与道家的思想是分不开的。茶的保健作用，茶的好乐养生，而且茶又是随处可得，这一切都决定了茶的可亲近性，使得茶与道家关系密切。道家的修炼以及对生命的追求是通过炼丹和养生来实现的，因为成仙要寻求仙草，茶与之结合也就顺理成章了。第三，老庄思想与茶人。有人认为其本意乃为事茶人应秉承的生长秉性，不畏贫瘠和自然环境的险恶，顽强生长，呈现为明显的"孺子牛"风格，追求质朴、自然、清静、无私、平和，且又常常有些浪漫和浩然之气，这正是茶人的特点。以茶的生长、生命与事茶人的人格、生命去比拟，富含哲理，应和了老庄的精神。

　　道家思想也是中国古人文人在失意不得志时的精神寄托，在中国乃至全世界都有着广泛的影响力。由于其与茶文化的密切关系，茶文化也随之传播到接受道家思想的地区。这个传播的过程中，道家思想传承者主要是道士，他们主要起了传播者的角色，而道观则成了传播茶文化的媒介之一，通过各种宗教活动为渠道，将茶文化传播到世界各地。

　　最后，茶文化以佛教文化为传播渠道。佛教传入中国大约有 2000 多年，在"汉唐"时期，能较好地对待和接受外来文化，而佛教与我国传统文化的渗透结合可谓"强强联合"。佛与茶也是一言难尽，禅宗是佛教中国化的结果。禅宗与茶的关系，从其教义及方法上可见一斑。除了解渴以外，喝茶常处于有事与无事之间，譬如思考不顺心的事，往往能想开，调剂了好心情。"知足者常乐"也不妨认为是一种了悟。可见，茶有助人思考的功效，禅宗不受经教所累，没有许多清规戒律，使得平时许多人能摆脱假惺惺的繁文缛节，自由之人性得以高扬。而禅师们常讲"随缘消旧业，任运着衣裳"。困时睡觉，醒时喝茶，饥时吃饭，该行则行与传统的中庸之道也相符。禅茶的结合是"该行则行"的结果。茶与禅既有想通之处，"茶禅一味"也就顺理成章了。①

推动了饮茶的传播。僧人饮茶主要有以下原因：第一，僧人为了不睡觉需要喝茶；第二，茶有助于消化；第三，据说茶有抑制性欲的功效。禅茶能成为社会现象，必须有大量的饮茶人，没有这种社会基础，把茶理说得再高明又有谁能体会？僧人清闲，有时间去品茶，禅宗的修炼也需要饮茶，唐代佛教发达，僧人行遍天下，且流动性较普通人大，他们对茶的心得传得更快、更广。

植茶圃、建茶山推动了茶的物质文化的传播。唐宋是佛教的鼎盛时期，不但寺庙多，且寺内僧人多，多的达到千人以上。由于僧人们自己需饮茶，于是在名山大川的寺院所在地，都开垦、种植茶园，种茶、制茶、饮茶便在寺院内传播开来。许多名茶也出于寺院，如普陀山寺的"普陀佛茶"，一直传承不断。宋代著名产茶盛地建安北苑，"建茶"就是南唐建安僧人们努力培植，后来引起朝廷注意的。佛教自传入中国以后，积极吸收中国的传统文化并融入其中，成为中国传统文化的一部分。封建统治者为了麻痹人民，巩固自己的统治，也利用佛教，广泛地宣扬了佛教中的来生思想。佛教在中国得到了成功的传播与发展。在传播的过程中，佛教的僧侣充当的传播者角色，但同时也是传播媒介。由于佛教思想与茶文化的共通性，在学习佛法的时候通过茶来悟佛。在传播佛教文化的同时，也传播了茶的物质和精神文化。寺院则成了传播茶文化的媒介。

茶与文学也有着天然的联系，无论是诗歌、散文抑或其他的文学体裁，到处都有着茶文化的影子。三国的《广雅》："荆巴间采叶作饼，叶老者，饼成以米膏出之。"晋左思的《娇女诗》有："心为茶荈剧，吹嘘对鼎。"把茶大量移入诗坛，使茶酒在诗坛中并驾齐驱的是白居易。他以茶为主题的诗有八首，叙及茶事、茶趣的有五十多首，二者共六十多首。如"看风小溢三升酒，寒食深炉一碗茶"（《自题新昌居止》）。又如："举头中酒后，引手索茶时"（《和杨同州寒食坑会》）。前者讲在不同环境中有时饮酒，有时饮茶；后者是

---

① 　陈彬藩：《中国茶文化经典》，北京：光明日报出版社，1999年，第41页。

把茶作为解酒之用。《唐才子传》说他"茶铛酒杓不相离"。

自唐代陆羽《茶经》的问世，使茶文化达到空前的高度，标志着唐代茶文化的形成。以后又出现大量有关茶的书、诗和对联。如张又新的《煎茶水记》、温庭筠的《采茶录》、宋徽宗赵佶的《大观茶论》等。茶与性灵文学的关系最为密切，人们通常认为，性灵派文学以宋代的杨万里、明代的袁宏道、清代袁枚甚至近代的周芷若为主要代表，而他们都有一个共同的爱好，那就是喜好品茶。"苦茶庵"的主人周作人，其爱茶是颇为闻名的。性灵派文学，特别注重的是"灵"，而茶正是草木之中的"灵"物的代表。譬如唐代韦应物在其《喜园中茶生》中所说的"洁性不可污，为饮涤尘烦。此物信灵味，本自出山原。聊因理郡余，率尔植荒园。喜随众草长，得与幽人言。"唐代的陆龟蒙在《茶人》中说道："天赋识灵草"、宋代欧阳修在《尝茶呈圣俞》中说的"乃知此物最灵物"和宋徽宗在《大观茶论》中所说的"钟山川这灵禀"等。

茶与性灵文学的关系，还反映在性灵文学所津津乐道的话题。林语堂曾评价性灵派的小品，说其"主要的材料包括在品茗的艺术"中。以明代的小品文而言，其代表名家张岱等差不多都是品茶大师。"茶话"就是他们的随感。性灵派文人的小品文，内容形式上看似轻灵，但其风骨却是"明"而"硬"的，通过茶来表现，是其共同的特征之一。茶的"君子性"，也是他们的小品文中赞扬得较多的。[①]文学文本成为茶文化传播的渠道之一，读者之间的相互学习交流，同时充当着信息的传播者与受传者，在传播文学的同时，也自觉不自觉地传播着茶文化。

对于茶文化的传播效果，则可以从心理态度与行动层面去审视。所谓传播效果，可以大约分为两种：作用于人们的观念或价值体系而引起情绪或感情的变化，即心理和态度层面的效果。心理层面的影响通过人们的言行表现出来，即行动层面上的效果。这是一个效果的累积、深化和扩大的过程。[②]

在心理态度层面，陆羽在其《茶经》的开篇就提到过："精行俭德"，对茶加以定性，也是指茶之人应有的品性是茶德之精。形成了茶人精神即："茶不论生长的环境是僻山还是偏野，也不管酷暑严寒，从不顾自身给养的厚薄，每逢春回大地时，尽情抽发新芽，任人采用，周而复始地为人类做出无私的奉献直到生命的尽头。这种默默奉献、为人类造福的茶人精神，已经影响到

---

① 葛桂录、陈冰：《论中国文化向世界传播的主要途径》，《江阴师专学报》1997 年第 2 期，第 52—55 页。

② 郭庆光：《传播学教程》，北京：中国人民大学出版社，2006 年。

了许多人，成了宝贵的精神财富。

在行动层面上来看，在中国，无论古今，也不管身属哪个阶层，其中都有许多人深受了茶文化的熏陶，并内化为自己的价值，外化为行动。宋朝的文学家蔡襄尤为喜好品茶，并著有《茶录》一书。他为人正直、忠厚，是历史上著名的清官。此外，孙中山也曾提到要大力发展茶叶贸易，鼓励实业救国。茶文化还体现了中国人的待客之道，作家艾煊说过："茶为内功，无喧嚣之形，无激扬之态。一盏浅注，清气馥郁。友情缓缓流动，谈兴徐徐舒张。渐入友朋知己间性灵的深相映照。"周恩来多次选用龙井茶作为代表中国文化的礼品赠予国际友人和政要。虽然不能断言是因为喜好品茶从而造就了他们高尚人格，但至少也反映了茶文化对他们人品性格的形成是有积极的促进作用的。茶文化就是这样在不知不觉中影响着许多中国人的行为。①

综上所述，几千年来，中国的茶文化积淀了丰富的内涵，是中国人精神面貌的一面镜子。如何广泛、有效地传播茶文化，让其继续焕发文明活力，是值得我们学界继续探讨的一个话题。

---

① 田玉军、陆季春：《文化现象传播的本质与方式》，《学术交流》2008年第6期，第176-178页。

第十三章　民俗视维：妈祖文化传播与"海丝之路"

本章从妈祖文化在海上丝绸之路上传播发展的历史、现状、远景论述妈祖文化与海上丝绸之路的密切关系。从文化交汇与认同、文化符号的构建及文化意指实践，再到跨文化传播的言说三个维度进行归纳和考察，重点突出了妈祖文化在海上丝绸之路上对于增进人民交流、促进民心相通、推动和谐共赢等方面的突出作用。肯定妈祖文化在"一带一路"愿景与行动中的突出贡献。

第一节　"海丝"路上的文化交汇与认同

2015 年 3 月 28 日，国家发展改革委、外交部、商务部联合发布了《推动共建丝绸之路经济带和 21 世纪海上丝绸之路的愿景与行动》。"一带一路"的概念开始广泛普及，2017 年 5 月 14 日至 15 日，"一带一路"国际合作高峰论坛在北京举行，习近平主席出席高峰论坛开幕式，并主持领导人圆桌峰会。"一带一路"的重要地位更加凸显出来。其中，所谓"海上丝绸之路"（以下简称"海丝之路"），是由法国汉学家于 1903 年在《西突厥史料》中率先提及的概念。主要是指海上的三条商品运输通道。主要包括："北线沿着辽东半岛和朝鲜半岛的海岸线南下，然后经过对马海峡到达日本列岛的北部，或者横渡黄海、东海到达朝鲜和日本；中线是从中国的东部和南部海港经海路到达东南亚诸国；西线是从中国的沿海港口至南亚、阿拉伯和东非沿海诸国。"① 这个称谓，颇有争议。无论是陆地还是海上的"丝绸之路"，所运输的商品都不仅仅是丝绸。"当时通过海上丝绸之路往外输出的商品主要有丝绸、

---

① 于光胜：《打造 21 世纪海上丝绸之路的障碍与路径》，《理论月刊》2017 年第 5 期，第 155 页。

瓷器、茶叶和铜铁器四大宗，往国内运的主要是香料、花草及一些供宫廷赏玩的奇珍异宝，于是海上丝绸之路又有海上陶瓷之路、海上香药之路之称。"①不过，笔者认同陈支平教授的说法："关于'中国海上丝绸之路'的名称问题，只能采取约定俗成的办法。既然社会各界约定俗成使用了'海丝'一词，我们也就不妨喜闻乐见，一道使用'海丝'这一称呼，免得别开生面产生出'海瓷之路'、'海茶之路'之类的称呼，弄得大家更加糊涂，更加争论不休。"②

图 13-1：妈祖像（2018 年 4 月 1 日，拍摄于湄洲岛）

聚集于海上丝绸之路上的有商业、政治、智慧与艺术，历史事件与人物显现出了多维的影响与意义。作为中华优秀传统文化的一部分，妈祖文化得到了世界的认同，被越来越多的人熟知，成为全人类共同的精神财富。妈祖文化传播历久弥新，妈祖信仰从北宋初期到现在已经有千年的传播历史，不断出现新的传播特征。妈祖文化的传播地域也颇广，从福建莆田向南到达泉州、漳州及广东的潮汕地区，由国内民众向海外大众传播。从中国南端的北部湾到辽东半岛北端的丹东，都有历史悠久的妈祖信仰。目前，在世界各地有近五千座妈祖庙，遍布 20 多个国家和地区，信众也高达两亿人。"妈祖文化先天根基建立在民间妈祖宗教信仰的基础之上，后天又受儒、释、道三种

---

① 李文浩：《揭秘历史上的海上丝绸之路》，《智慧中国》2017 年第 7 期，第 71 页。
② 陈支平：《陈支平关于"海丝"研究的若干问题》，《文史哲》2016 年第 6 期，第 92 页。

文化的沁浸，逐渐形成一种具有普世性质的中国传统文化精髓的一部分。"①
恰如笔者在《闽台妈祖文化传播研究》一书中所言："任何受众都可以基于自
身特定的文化背景和个人理解层面，去感受妈祖文化的魅力，继而接受妈祖
文化故事中某些有益的中国优秀的传统文化元素。"②

　　从南宋时期开始，妈祖文化在海丝之路的经济助推之下，将其文化的种
子一路沿途撒播，实现了文化的穿行与交流，将妈祖文化思想生根"丝路"，
向异域传递了一份文化的礼物。《莆田市外经贸志》中记载："宋代兴化军与
海外通商的国家和地区达 10 多个，主要阿拉伯半岛、大食（统指阿拉伯地
区）、阇婆（印尼爪哇岛中部）、三佛齐（苏门答腊岛东部）和高丽（朝鲜）、
日本、琉球和交趾（今越南北部）、占城（今越南南部）、真腊（今柬埔寨）
和中南半岛以及香港、台湾等。特别是泉州刺桐港对外贸易非常兴盛，通商
的国家和地区达 30 多个，广大海商在开展对外贸易的同时，也将妈祖文化传
播到古丝绸之路沿线的国家和地区。但由于历史久远，史料缺乏，东亚和东
南亚各国有关妈祖传播历史文献记载并不多，只有港澳台地区的妈祖传播情
况记载比较明确。据台湾《林氏族谱》记载：'北宋初，北方流民入莆田湄洲
沿岸，林默（即妈祖）造木排渡难民往澎湖定居求食。'"③

　　妈祖文化展示了我国的一种海洋文化气质，即"变革图强思想、探索冒
险精神、全面开放理念、吃苦耐劳品格"。④海丝之路上的异域人民在从事贸
易的同时，也在彼此学习、借鉴着思想，在沟通中得到启发，在文化认同中
得到生命的拓展。

第二节　妈祖庙"圣域"文化表征及实践

　　中国传统文化的传播，应动员一切可供利用的文字或非文字性材料，也
就是说要将视角放置于皮尔士（Charles S.Peirce）所理解的广义的文化符号
范畴（或者叫泛符号系统），而绝非仅仅局限于文字形态的经典文本符号。精

————————
　　①　吉峰，张恩普：《妈祖文化如何传播与营造"媒体奇观"》，《传媒》2015 年第 12 期，
第 60 页。
　　②　吉峰：《闽台妈祖文化传播研究》，厦门：厦门大学出版社，2017 年，第 84 页。
　　③　蔡天新：《古丝绸之路的妈祖文化传播及其现实意义》，《世界宗教文化》2015 年第 6
期，第 54 页。
　　④　叶世明：《"文化自觉"与中国现实海洋文化价值取向的思索》，《中国海洋大学学报》
2008 年第 1 期，第 18—22 页。

英圈层主要是对妈祖信仰则在理解的基础之上将其升华为文化形态，一部分学者长期坚持做一些妈祖文化文本的记录和整理工作，这些文本包括经书、碑文、志传等。书写形态标志着文明时代下的文化刻录，大量有关妈祖文化的意识被文字记载下来。从此，文化思想的保存不再受时间和空间的限制，也摆脱了口传文化中记忆的偏差。不过作为一种分享、补充文化记忆的新的形式，记录者在书写形态的传播中凸显了一定程度的灵活性，他们在对文化仪式、传说的复制、抄写的过程中，不可避免地掺入了自己的想法，对文化思想中的部分细节做了局部的增补，使得妈祖文化的内涵逐渐扩大。

略举几例以展示海丝路上的诸多国家对于妈祖文化的认同。如下图所示：

"海丝之路"上的部分国家	妈祖文化认同情况
越南	仅胡志明市就建有多处妈祖庙并且香火旺盛。
泰国	将妈祖文化与当地宗教融合一处。
朝鲜	《朝鲜王朝实录》对妈祖文化多有提及。
马来西亚	21 世纪以来，马来西亚学者对全马妈祖宫馆做过的调查数据多在 200 座以上。
菲律宾	建有 100 余家妈祖庙。[1]
新加坡	有 50 余座妈祖庙；新加坡的道教总会在 2015 年赴湄洲岛组团祭拜并交流。
印度尼西亚	有 40 余座妈祖庙。
西班牙	西班牙人在《大名的中国事物》《大中华帝国》中都有提及妈祖文化。[2]
加拿大	2006 年，加拿大卑诗省坎伯兰市市长贝茨·弗雷德亲赴妈祖故乡湄洲恭请一尊妈祖神像到坎伯兰市。[3]

（表 13-1：海丝路上的诸多国家对于妈祖文化的认同）

时间和文化历史的种种仪式和关键概念被传播者和记录者重新表述。而作为普通民众鲜有去关心妈祖信仰之中蕴含哪些中国传统文化的精华，就像信奉佛教的普通信徒一般也不会有兴趣去研究佛教的"四谛""八正道""三十七品"等佛教文化精要。再如道教的普通民众信徒也不会在意道教全性葆真与顺其自然的哲学理念，而会将更多的关注点放在长生久视的层面，渴求

① 林明太：《妈祖文化在海上丝绸之路沿线国家的传播与发展》，《集美大学学报》2015 年第 4 期，第 5 页。

② 周金琰：《妈祖文化——在新的海上丝绸之路中传承》，《中国海洋报》2017 年，第 2 页。

③ 王丽梅《妈祖文化与海上丝绸之路》，《五邑大学学报》2016 年第 1 期，第 15 页。

能够通过修炼和其他的神异方式获得长生不老的目的。在普通民众的心中，无论是妈祖信仰也好，佛教、道教或其他宗教也罢，都是帮助他们解决现实生活中自身无力实现愿望的一种解决途径或者说是情感寄托渠道。用一句话概括：在民众自然的妈祖信仰世界里，信众对妈祖文化的仰慕带有明显的世俗性。那么，妈祖庙作为"圣域"传播功能便脱颖而出。

《福莆仙乡贤人物志》中有言："明代，自永乐三年成祖派郑和下西洋以后，妈祖行宫从中国走向世界。琉球王国先后创建2座妈祖行宫，其中一座就在华裔聚居的久米村，称上天妃宫。另一座在琉球首邑那霸，名下天妃宫，琉球国王尚巴质所建，这是有年代可考的最早的一座外国妈祖行宫。这座行宫建在天使馆。延宝二年（1674）《重兴分紫山福济寺记》记载，（日）本朝正保年间（1644—1646），有道人缚茅以居，奉天妃圣母香火。'"①

图 13-2：湄洲岛祖庙（2018 年 4 月 1 日，拍摄于湄洲岛）

妈祖庙是在政治与文化的双重力量的共同作用下催生产生的建筑，自然也隶属于妈祖文化传播的符号体系之中。作为海洋文化立体式传播下所催生而成的典型文化场域，妈祖庙形成了一个展示海洋文化气韵的"神圣空间"，是海洋文化的符号式呈现。而这个圣域在历史、政治及社会的诸多因素推动下，愈发凸显了其文化意指的表征功能。作为传播符号，这种独特的文化建

---

① 印度尼西亚兴安同乡会编：《福莆仙乡贤人物志》，新加坡：福莆仙文化出版社，1990年，第37页。

筑通过被表征的方式包括并传播着特定的文化意蕴，这也极大地拓宽了妈祖文化思想传播的路径。

卡西尔（Ernst Cassirer）将人类的诸多文化样式归于符号体系，人类秉承文化而创造了各种符号。同时，置身于自己创造的符号场域，又重新对文化进行编码与译码。卡西尔指出："人类的全部文化都是人自身以他自己的符号化活动所创造出来的产品，而不是从被动接受在世界直接给予的事实而来。人的哲学就是文化哲学，人只有在创造文化的活动中才成为真正意义的人，也只有在文化活动中，人才能获得真正的自由。"① 借此而言，妈祖庙不仅仅蕴含系统的海洋文化思想精髓，也作为一种实体化的建筑符号，被表征为可以寄托历代妈祖信众精神信仰的一个重要空间。妈祖庙为统治者提供了可供利用的文化工具，为精英圈妈祖信众们提供了心灵重心的落脚点，也为普通的妈祖信众提供了一个对于妈祖文化想象与膜拜的人文场域。"人类的信仰常常会表现在建筑上，都是一个信仰的空间。"② 这正是妈祖庙所起到的不同于相关文本典籍的重要作用。

文字符号在信息接受过程中存在一定"门坎"，特别是妈祖文化相关的经书、文学作品等典籍，普及程度不充分。作为非文字符号的妈祖庙，在妈祖文化思想传播方面具有比文字典籍更加具象化、立体化、神圣化、仪式化等优势而存在并延续。其文化认同性也在政治与文化的共同表征下被不断构建与强化，成为文献资料助益之元素。斯图尔特·霍尔甚至更进一步肯定了非语言文字符号的传播功用："各物品常常被描述为来自过去时代的文献和证据，而且被看作文化本质的原始物质化身，可以超越时间、地点的变迁和历史的偶然性。它们的物质性提供了对稳定性和客观性的一种允诺；它暗示了一个稳定的不模糊的世界。"③ 人们对于妈祖文化的概念、观念和感情，通过妈祖庙这种符号承载和传播显得尤为直观。

民众对于妈祖文化思想的信仰，有时甚至可以直接抛开文本，直接在实体符号中得到感知。这种情况类似于一个笃定的佛教徒，在现实生活中很可能没有读过《金刚经》《心经》《大藏经》等佛学文本，而是仅仅通过在寺院烧香、膜拜，就实现了自己的信仰上的满足感。妈祖庙在中国，从诞生之日

① 恩斯特·卡尔西著，甘阳译：《人论》，上海：上海译文出版社，1997年，第6页。
② 蒋勋：《品味四讲》，桂林：广西师范大学出版社，2014年，第192、193页。
③ 斯图尔特·霍尔著，徐亮、陆兴华译：《表征——文化表征与意指实践》，北京：商务印书馆，2013年，第235页。

起，便承担了重要的"媒介域"之传播使命。在文化意指的运作之下，妈祖庙作为一种非文字传播符号，成为民众心中的彰显妈祖文化的"神圣空间"，并具有其传播文化的独特性。总之，妈祖庙在"海丝之路"的历史长河中，发挥了独特的跨文化传播功用。

第三节　妈祖文化的跨文化传播言说展望

妈祖文化在跨文化传播层面，可以有三种言说方式，即：技术言说、娱乐言说、产品言说。

其一，技术言说。"新兴媒介"对文化传播表现形式的"可视化"塑造与表现内容的"微化"塑造，形塑着当前的妈祖文化传播领域。"互动性"也是新兴媒介的首要特性，以非常直观的方式影响着技术与文化的关系。这一特性与新兴媒介改变了信息的组织和获取方式相关，因为新兴媒介以一种"非线性的"方式生产内容，其用户也是以一种"非线性的"方式来获取内容，再创造、重新编辑等行为模式成为互动媒介时代的主要生产力。这不同于以往大众传媒如书籍、报纸、杂志、音乐和电视中的内容都有非常清楚的开头和结尾，以"线性的"方式生产。新兴媒介确立了用户的主导地位，用户能够及时地、准确地在媒介中呈现自身创造力。

妈祖文化中体现出"互动性"的元素有很多，这与它作为民间信仰，需要与信众之间紧密联系有关，也有信众以妈祖为信仰，需要在祭祀活动、文化活动中传承妈祖精神、感受妈祖庇佑有关。新媒介中常见的"互动性"形态有留言评论、转发、分享、投票、定制等以及音像播放过程中的快进快退、回放、跳过、点播等。路奇版电视连续剧《妈祖》播放期间，剧组便开通了《妈祖》官方博客和微博，观众纷纷通过这一平台与演员刘涛、林心如等留言交流。网络BBS空间如福建论坛、莆田小鱼网论坛等，可以通过设置妈祖文化的相关议题，让广大网民参与互动。尤其重要的是，此类互动使得妈祖信俗逐渐日常化，对妈祖形象"祛魅"、非神化与还原成"人"这一主格。

移动互联网络时代的到来，必然使妈祖文化传播呈现出"移动性"图景。台湾盛大的宗教盛事"妈祖绕境行"中便很好地运用了定位技术，完成了"移动性"的转型。这一文化与宗教盛事中突出的妈祖文化传播"移动性"图景，为活动主办方与信众之间的信息共享、互动提供了一个借鉴意义显著的路径。此外，妈祖文化传播于技术化时代背景下与"电话卡"这一传播媒介上有着关联。"电话卡"伴随电话的发展而兴起，不管是公共电话还是移动电话，妈祖文化主题的电话卡均构成了一道别致的风景，也成了"移动性"图景的注脚之一。据不完全统计，目前全世界以妈祖题材为内容的电话卡约有500多枚（其中大陆约350枚、台湾约80枚、香港特区约5枚、澳门特区约35枚），[①]旨在促进妈祖文化更广、更远的传播。

"妈祖文化传播信息平台"还展示出了"平台性"图景。这一由湄洲妈祖祖庙董事会与中国联通莆田分公司合作建立的传播平台，"它的短信互动功能可以实现平安信息包、短信祈福、短信求签、短信上香、短信点灯等；它的WAP、GPRS平台可以通过手机收看妈祖新闻、妈祖故事和旅游景区介绍，可以下载妈祖颂歌和妈祖图像，它的声讯系统可以收听妈祖故事和妈祖颂歌，通过联通妈祖卡可以随时随地祈求妈祖护佑"，[②]这一基于技术化背景下的妈祖文化传播平台的建立，反映了由妈祖文化传播机构主导的主动拥抱新兴媒介的愿景。

类似的妈祖文化平台在网络传播中尤为常见，相关组织建设了多个以"妈祖文化"为主题的网站，其中较为知名、访问量较高的有：由妈祖文化研究院、湄洲妈祖祖庙、台湾北港朝天宫、台湾鹿港天后宫、厦门博鼎智文联合主办的"妈祖文化交流传播第一门户"中华妈祖网（http://www.chinamazu.cn），其在中华妈祖文化交流协会指导下进行信息发布、开展活动；由湄洲妈祖祖庙董事会开办的湄洲妈祖祖庙网（http://www.mz-mazu.org.cn），于2005年之前开通；由中华妈祖文化交流协会与福建电子音像出版社联合主办的"天下妈祖网"（http://www.mazuworld.com），提出了"用妈祖文化弘扬妈祖精神、用妈祖精神传播妈祖文化"的传播宗旨。以上这些网络传播平台大都开设一个栏目，提供给信众一个点亮心愿、祈福妈祖的平台。值得注意的是，这些平台借力于网络的超链接与海量存储，使关于妈祖文化传播的资料极其丰富，如中华妈祖网中的妈祖题材的电子音乐、电子书等，为信众创造了一个集多种传播形式于一体的妈祖文化传播媒介生态。

媒介聚合是当今新兴媒介发展的主流，它将新媒体内容的各种各样的类型合成一个新兴的、完全整合的和互动的媒介形式，而不是网络发展初期那种简单的复制传统大众传媒的等效对象，然后通过互联网、手机等传送内容。

---

① 程元郎、洪志宝：《妈祖题材电话卡综论》，《莆田学院学报》2013年第4期，第11页。
② 侨乡时报：《妈祖文化传播信息平台开通 传播史上大飞跃》，http://www.fjsen.com/taiwan/2007-01/23/content_441132.htm，访问日期：2015年5月14日。

"聚合性"刺激了媒介内容生产和发行整体的一次重组，同时反过来又导致了大众传媒模式的一次彻底的重新设计。在这一视野中，可以以当前较为常见的"聚合性"新兴媒介为例来解读妈祖文化传播图景。

微信公众号"中华妈祖"（chinamazu），是"中华妈祖网"操作的公众平台。设有妈祖之声、妈祖社区两大一级版块，推送与妈祖信俗、活动、旅游、互动服务等信息，大致是每天推送一次消息，符合微信订阅用户的阅读习惯，其聚合了网络平台的精华信息，并加以适合移动传播的版面设计，借助于微信公众平台完成了一次初级的"聚合性"。若论更为高级的"聚合性"，则应是"客户端"这一形式，以独立 APP 为独立传播平台，能更为精准地定位、传播信息。实际上，在移动互联时代，以手机、平板电脑等移动终端屏幕为传播载体，是传播信息与传播渠道的双重聚合所在，因此，妈祖文化传播应结合新兴媒介趋势，主动利用新媒体、适应新媒体，在大众传媒之外，开辟更为广阔的传播渠道。以"关键视像"为呈现原则，优化妈祖文化传播媒介生态，积极建构妈祖文化传播媒介伦理，创造出技术化社会中妈祖文化传播图景的"新兴"特性与未来。

其二，娱乐言说。在妈祖文化传承的传统活动之中，出游、阵头等祭祀活动本身就包含大量娱乐表演的成分。在特定的环境下，妈祖文化娱乐式信息就像西多尼·罗杰森，就像信息魔弹一样，由于妈祖文化的感召，陌生人之间形成了一条无形的纽带。人与人之间的关照和帮助，也反映出妈祖文化对国民素质以及社会文明水平的提升大有裨益。在世界各地妈祖文化活动的现场，人们为之狂欢、激动、流泪。这些表现固然有着宗教神话色彩的笼罩，但是娱乐元素对民众的吸引力也绝不能轻易忽视。

无法回避的一个问题是，参与并观看这些活动的群众不见得都对妈祖信仰有多么笃定。参与活动的很多民众更多的是被娱乐化的气氛所感染的，无意识地把妈祖文化活动当作节庆日一般去感受欢乐。对于他们而言，更多的关注是娱乐本身，而对妈祖文化的接受是属于附带的行为。不过，娱乐式传播仍不失为一种积极的传播方式，毕竟那些连对妈祖信仰坚信不疑的大量信众，也会通过亲身体验大量主题娱乐活动，会强化原有的意识，感到幸福和愉悦。"只有世俗活动能驱散宗教里的疑虑，给人带来恩宠的确定性。"① 从这个角度而言，妈祖文化的娱乐化传播倾向也是一种不可或缺的传播手段之一。

---

① 于海：《西方社会思想史》，上海：复旦大学出版社，2004 年版，第 82 页。

　　此外，移动互联网时代是属于年轻一族的时代，妈祖文化作为流传千年、历久弥新的世界级非物质文化遗产，亟须年轻一族去认可、传承、创新与传播。如此，才能使这种传统文化精神源远流长，生生不息。"以4C（消费者、便利、成本、沟通）为核心的新营销理论，指出了营销要以市场为中心，以消费者为中心。"①移动互联网时代的广告营销要准确洞察年轻消费者的心理需求，同时，兼顾其他年龄层群体创作出与消费者年龄相契合的妈祖文化的内容形态。年轻一族酷爱物质狂欢、娱乐至死。"娱乐营销是利用娱乐元素将广告商品与顾客情感搭建联系，从而实现售卖产品，提高顾客忠诚度、品牌联想度的一种营销方式。"②妈祖文化的营销在一定程度上若能吻合该特征，布局妈祖文化"娱乐+"战略，将更为年轻人所认可和接受。同时还要对妈祖品牌的内涵及时进行更新，才能真正获得"一直在路上"的年轻消费者的青睐，达成年轻群体对妈祖品牌的认知，实现活络妈祖品牌的重要意义。

　　其三，产品言说。根据CNNIC《第40次调查报告：个人互联网应用发展状况》显示，2017年上半季度莆田营销传播环境中市场潜力增长最快的两个手机APP分别是网上外卖及互联网理财两个大类，半个季度增长率分别约为41.6%和27.5%③。莆田餐厅（国贸商城店）的妈祖面项目借助外卖平台扩大市场覆盖面，通过赠送积分卡、推广微信公众号等营销手段，赚取了大量回头客，其妈祖线面单品仅通过美团外卖APP的销售，就占据了莆田地区约56%的市场份额。④"现代经济增长是与文化变迁不可分割的，这种文化变迁通过道德和信念的传播而得以实现。"⑤任何一类文化商品，无论是精神文化层面、物质文化层面抑或其他社会消费对象层面，都在思考着如何能扩大自己的传播路径，改善传播和营销机制，更加有效地促进商品的销售。妈祖文化的商业传播，就要积极分析市场上的文化产品需求，努力设计并生产出符合消费者需求的文化产品。

---

　　① 艾·里斯，杰克·特劳特著，邓德隆，火华强译：《定位》，北京：机械工业出版社，2017年，第235—236页。

　　② 加里·阿姆斯特朗，菲利普·科特勒著，王永贵译：《市场营销学》（第12版 全球版），北京：中国人民大学出版社，2017年，第89—91页。

　　③ 本内容参考CNNIC《第40次调查报告：个人互联网应用发展状况》。

　　④ 本内容参考CNNIC《第40次调查报告：个人互联网应用发展状况》。

　　⑤ 冯·哈耶克著，邓正来译：《哈耶克论文集》，北京：首都经济贸易大学出版社，2001年，第67页。

图 13-3：妈祖文化商品（2018 年 5 月 17 日拍摄于湄洲妈祖祖庙莆田会馆）

在整体的产品营销观念上，提升妈祖文化产品的实用性和艺术性。改善服务，增强消费者的购买欲望和信心，为文化产品打开市场。在艺术性方面，妈祖文化产品在唯美的理想上，要传达出鲜明的中国海洋文化特色，表现出一种不可替代形式之美。唯美与消费呈现了一条平行关系。唯美主义最早是由一些文学史上的英国艺术家和批评家们最先关注并予以实践的。譬如诗人欧内斯特·道生、阿尔杰农·查尔斯·斯温伯恩、克里斯蒂·罗塞蒂，文学家王尔德、马克斯·比尔博姆，艺术家詹姆斯·麦克尼尔·惠斯勒、威廉·莫里斯等。文化产品被审美艺术所侵染，消费者的感官会被周边各种商品的感官洪流和景观印象所过度刺激。如今的妈祖文化与商品美学的联姻也是势在必行，在消费文化盛行的时代，妈祖文化的市场化传播需要极力展现出独特的神韵，以弘扬主流的传统文化为主导。颂扬妈祖文化中的大爱精神，崇尚和平的信念，不能在市场消费主义的浪潮中迷失。注重妈祖文化商品的包装，参照当地的自然状况、风俗习惯以及消费水平，做到合理、适度地包装。

在服务方面，提倡人际热情式商业服务。让·波德里亚曾认为人们消费的日常性，正在被一整套人性化的交流网络所侵入。在消费服务中凸显人际交流所珍视的因素，如人际关系、热情、真诚、关切的服务模式等。在笔者看来，这至少不是坏事。文化商品更重在文化层面和心灵层面的沟通，看似亲密的人性化服务，能够有效拉近和消费者之间的心理距离。情感的符号成了文化商品及其营销服务的延伸，被管理阶层日益关注和干预，操纵这种情感符号成为商家形象象征符号体系的序列，并将其职业化、市场化、标准化。很多文化商品在营销的时候，都注意到这种热情式服务。妈祖文化商品的推广，单靠信众对妈祖的民间信仰元素支撑是远远不够的。需要考量的服务层面还有很多，将服务态度在情感层面做到标准化和平等化。消费者不能容忍自己在消费环节感受到被怠慢、嘲笑或其他不友好的情况存在。譬如景区的服务态度是否让前来旅游的消费者有宾至如归的感觉？本地的景区导游及景区观光车是否有拉客、宰客的现象？为消费者提供的购物环境是否宽松，有没有强买强卖的情况存在？景区相关的妈祖文化商品或是餐饮住宿的提供，是否存在漫天要价的情况？这些潜在消费因素都会直接导致消费者的消费行为以及自身的文化口碑。这些问题不解决，很难做到发挥妈祖文化最大的市场价值。

图 13-4：妈祖文化商品（2018 年 5 月 17 日拍摄于湄洲妈祖祖庙莆田会馆）

　　在妈祖文化营销传播时注意分销渠道的成本、投资方面的资金要求、市场覆盖、考虑自身商品和企业的特征以及分销渠道系统建立的连续性等方面问题。合理的价位是文化商品顺利销售的保障。作为国际营销组合的核心要素之一，合理的价位是妈祖文化商品沿"海丝之路"进入国际市场的关键。在价位制定方面，可以根据实际情况按照国际通用的"撇脂定价法"或是"渗透定价法"。即要么把价位定很高，以确保快速收回投资，或者将价位定得偏低，吸引消费者。待到销路打开以后，再适当见机提升价位。妈祖文化产品的消费价格应合理定位，并有层次划分。价格是制约消费的重要因素，消费者会依照自己的物质或精神层面的得失，去衡量消费价格与其商品的价值是否匹配。也就是所谓的划算不划算。文化类商品虽然附加了文化层面的价值，但在商品价格方面也不是没有上限的。物美价廉自然会对消费者形成吸引力，反之，则会降低消费者心中对该文化商品的满意度。当然，现代消费越来越趋向精致和高级，不少文化商品在质地、做工、技术构成以及文化象征等层面都有着极为丰富的展现。商家按照文化商品的质地、设计、技术含量、文化内涵等层面，将消费品分为高档、中档、低档，便于不同购物能力的消费者自由选购，是积极的销售做法。

图 13-5：妈祖文创商品（在湄洲妈祖祖庙莆田会馆，拍摄于 2018 年 5 月 18 日）

在妈祖文化商品的促销方面，通过广告、人员的推销和公共关系开展等路径，积极拓展文化产品，并且不断塑造良好的妈祖文化产品的品质和文化形象。充分利用各种媒介资源，扩大妈祖文化商品的品牌知名度，对相关的营销人员进行培训，提高他们的服务水平。在公共关系的层面，充分把握每一次妈祖文化国际交流和妈祖文化博览会的契机，开展商业交易活动。

第十四章　地域特色：妈祖文化广告的嬗变与提升

以妈祖广告为切入点，依托移动互联网时代传媒生态结构转型的背景，分别从三方面展开。首先归纳了妈祖广告在适应新的营销传播环境中产生的新问题；进而以拉氏"5W"线性传播模式为框架勾勒出营销传播要素的嬗变。一是传播者的角色随着商业主体的渗入使得妈祖文化物化、传播娱乐化；二是广告信息接收者的角色转换成了积极的口碑搜寻者与把关者；三是妈祖信众开始参与广告内容的生产，内容形态愈发多元且分化；四是传播途径已由"单一封闭式"演化成"多向裂变式"传播；五是妈祖品牌效应的评估与检测变得量化可控，传播效果的反馈变得及时高效。最后还论及了妈祖广告整合营销传播策略实现转型的五大方向，一要编织多元营销渠道网，建立信众行为特征数据库，二要布局妈祖"娱乐+"，三要跨媒体叙事丰盈妈祖品牌形象，四要构建妈祖文化虚拟社区，五要整治广告乱象。

第一节　研究缘起

"妈祖文化"这一概念最早可追溯至1987年，由上海师范大学林文金教授在《应该重视妈祖文化研究》一文中首次提出。"妈祖文化肇于宋，成于元，兴于明，盛于清，繁荣于近现代。"[①] 在莆仙人的传承推动之下，妈祖信仰辐射海内外。妈祖的核心精神为"立德、行善、大爱、和合"，这既是对妈祖文化的高度凝练，也同时展现着中国海洋文化源远流长的人文内涵，更彰显着中华文化无与伦比的感召力。随着移动互联网时代的到来，妈祖文化与移动媒介的相互耦合将有助于推动受众以索绪尔所言及的"多义且善变的结构主义"对妈祖品牌进行更加细腻地解读。将妈祖文化融合至品牌的广告传播实践中，将有助于促进品牌核心价值观的传递。

---

① 黄瑞国：《妈祖学概论》，北京：人民出版社，2013年，第12—16页。

　　"移动互联网广告是依托无线通信技术，以移动互联网为载体，采用图文、视频以及链接等形式，将信息向移动终端输送，并最终影响受众的认知、态度以及意识，进而诱发其产生购买行为的一种广告形式。"① 与传统媒体广告相比，"定向、高快捷、互动、可测控是移动互联网广告的显著特点"。② 在移动互联网时代，"互联网在哪里，人就在哪里"的窘迫处境已最大限度被扭转成了"人在哪里，互联网就在哪里"。SoLoMo 模式就是搭乘移动互联网快车而实现飞跃的一种新型营销传播模式，毫无例外，妈祖广告在这股市场浪潮中也随之发生着巨大而深刻的嬗变。妈祖广告在移动终端上具体表现为图文类广告、富媒体广告、妈祖题材类短视频、植入式广告、原生广告等几种常见形态。

　　妈祖文化与中华文化具有共通的意义空间，这为拥有相似文化背景的亿万炎黄子孙在社会观念、价值理念方面与妈祖文化产生共鸣提供了现实的解码基础。妈祖文化在市场中的潜力不可小觑。移动媒介一定程度上改变了人们的生活方式，消费者信息接触点正从 PC 端迁往移动端，传统消费过程中的"AIDAM"法则演变成了"AISAS"法则。根据艾瑞咨询 2017 年下半季度的统计数据显示，我国移动互联网广告市场规模已由前 5 年的 42.50 亿元指数式增为前两年的 901.30 亿元，年复合增长率达约 176.80%，并预计至 2018 年移动互联网广告市场规模将保持稳中有进的增长态势，届时全国移动互联网广告市场规模将增达 3000 亿元，网络广告市场的渗透率将近 80%③。

　　笔者根据 CNNIC《第 40 次调查报告：个人互联网应用发展状况》发现，2017 年上半季度莆田营销传播环境中市场潜力增长最快的两个手机 APP 分别是网上外卖及互联网理财两个大类，半个季度增长率分别约为 41.6% 和 27.5%。莆田餐厅（国贸商城店）的妈祖面项目借助外卖平台扩大市场覆盖面，通过赠送积分卡、推广微信公众号等营销手段，赚取了大量回头客，其妈祖线面单品仅通过美团外卖 APP 的销售，就占据了莆田地区约 56% 的市场份额。④

　　移动互联网广告作为展示在移动媒介上的一种新型信息传播形式，被运

① 朴俊丽：《中国移动互联网广告发展研究》，《新闻战线》2016 年第 11 期，第 99—104 页。

② 夏超群：《移动互联网广告发展现状、问题及对策》，《中国广告》2016 年第 9 期，第 117—119 页。

③ 本内容参考艾瑞咨询 2017 年下半季度的统计数据.

④ 本内容参考 CNNIC《第 40 次调查报告：个人互联网应用发展状况》.

用在妈祖文化的传播上，最大限度地丰富了妈祖广告的表现形式，起到了较好的广告效果。然而，面临移动互联网应用的蓬勃高速发展所带来的巨大变革，妈祖文化营销传播者能否做到在尊重妈祖文化特殊性的前提下，主动迎接并接受这场巨变是一个亟须解决的问题。但就目前广告市场现状而言，相当一部分营销传播者更多的是面对这场变革的不适应以及对变革的轻视。

本研究将采用问卷调查的方式，选取莆田市民作为研究对象，其中男性41名，女性59名，18岁以下人群占4.69%，19—60岁占92.19%，60岁以上占3.12%。问卷发放份数为100份，回收93份，有效问卷90份，问卷有效率为97%。并对所有有效数据采用EXCEL软件进行录入，整理和统计分析。最终根据笔者的《关于移动互联网时代莆田妈祖广告的问卷调查》分析结果显示，置身于新的媒介生态中的妈祖文化，其传播面临着以下问题。

其一，信息接触点发生错位，年轻信众出现断层。妈祖信俗是我国首个世界级非物质文化遗产，它的传承面临着不小的考验。"据考证，截至2013年全球共有妈祖庙5000多座，妈祖信众可达2亿多人。"[①] "据《妈祖文化简明读本》记载，台湾的妈祖庙有3000多座，是目前全国妈祖庙密度最大的省份；台湾人口2000多万，信众1600多万人，占总人口2/3。"[②] 另据笔者的调查结果显示，绝大多数的莆田妈祖信众年龄层分布在50岁以上，19—35岁仅占少数，这表明绝大多数的年轻人并不算是真正的妈祖信徒，他们大抵可被划入为对妈祖文化感兴趣的人群，这也暴露出年轻妈祖信众出现了断层倾向。并且相对于数量庞大的年老妈祖信众，当前"95后"和"00后"才是最有可能在移动终端上长期接触妈祖文化的群体，后者在利用移动设备获取有关妈祖信息的比例占65.62%，由此笔者推断，年轻信众与年老信众在利用媒介获取妈祖信息的过程中出现了两个趋势，一是信息接触点发生了错位，年轻信众获取妈祖信息的渠道较为单一，大多使用移动媒介如手机间接获取内容，年老信众获取妈祖信息的渠道来源更为多元且直接，在使用媒介的选择中，传统媒介是大多数人的选择，这可能与此两类群体在媒介使用习惯上存在显著差异有关；二是年轻妈祖信众出现了断层，年轻人获取妈祖信息的动机排在前二的依次为"仅作了解""感到神秘，满足好奇心"，分别占比66.63%、

---

① 黄文格：《综述妈祖文化的形成和发展趋势》，《大众文艺》，2008年第10期，第133—137页。

② 庞志龙：《文化认同：台湾妈祖文化传播与两岸关系互动研究》，苏州大学2016年博士学位论文，第45—48页。

28.13%，而真正对妈祖产生信仰，成为虔诚信徒的并不占多数（见表 14-1）。

使用移动媒介（如手机）获取妈祖信息	比例（%）	合计（%）
偶尔	56.25	
经常	1.56	65.62
总是	7.81	
从不	34.38	34.38

表 14-1

搜寻妈祖信息的主要目的	比例（%）
方便参与活动	18.75
精神支柱、心灵所托	20.31
感到神秘，满足好奇心	28.13
觉得好玩	12.5
仅做了解	66.63
娱乐谈资	10.94

表 14-2

其二，妈祖广告形式单一，展现效果受限。在移动互联时代，受控于流量、技术等因素，在表现形式上大多数的妈祖广告以图、文单一形态为主。问题"在移动终端上，您看过什么形式的妈祖广告？"，调查结果显示"图文类广告"比重高达 65.63%，带有动画、音乐等的富媒体妈祖广告并不多见（仅占 26.56%），这正显示出传播符号被模式化、格式化、同质化，传播的内容形态过于单一，跨媒介非线性叙事的传播方式并不多见，创意的呈现形式的缺失使得妈祖形象的展现过于单薄。

广告形式	比例（%）
图文类广告	65.63
妈祖题材的短视频	60.94
动画、音乐等富媒体广告	26.56
植入广告	6.25
其他	1.56
从没接触过，不了解	15.63

表 14-3

　　孟建煌等学者在《妈祖文化传播导论》一书中将"妈祖文化的传播符号载体划分为民俗文化载体、宫庙建筑载体、大众媒介载体三类，其中大众传播媒介载体又可划分为印刷、电子、网络三个类别。以印刷类为例，妈祖文化在传播过程中大多采用纸、笔等实物符号载体，比较具有代表性的如文献资料，包括木签、牌匾、对联、碑文以及各类明信片、邮票等。"① 从媒介"使用—满足"角度而言，笔者推测这极有可能造成相当一部分消费者仍习惯于从传统物质媒介中获取商品信息以实现满足，而无论移动互联网广告的内容多么创意无限也往往会出现无人问津的景象，由此造成妈祖的传播范围和传播效果十分受限。

　　其三，虚假违法广告盛行，妈祖品牌形象受损。民间流传妈祖的俗名为林默，或称之为默娘，诞生于宋建隆元年时期。一直以来，"被民间认可的妈祖形象大多可概括为孳孳不倦、关爱乡民、见义勇为、扶危济困、舍己救人"。② 根据笔者的调查结果显示，在媒介叙事中被调查者最能认可的妈祖形象依次为"与神像相符""与传说相符""与电视剧相符"。而存在37.5%的被调查者认为广告中的妈祖与心目中的妈祖在某些方面存在不符。

　　在移动互联网时代，广告具有较强的潜匿性，这为违法广告的滋生提供了温床。虚假违法广告利用多种形态进行传播，通过误导消费者的购买行为，损害其正当的权益，同时也严重损害了妈祖的圣洁形象，很大程度上背离了"立德、行善、大爱、和合"的妈祖精神。例如某公司推出的违法广告"妈祖神贴"，就在广告中宣称"妈祖神贴治腰脱，比手术刀还好使……妈祖神贴一贴顶百贴……一贴无效，退货退款……"，这就严重违背了被民间认可并尊崇为"天上圣母"的妈祖娘娘形象。移动终端面对的群体数量往往巨大，传播的范围和速度也超过了传统媒介，在自净能力较弱的环境下，一旦出现违法广告，对消费者和社会造成的危害不可估量。尤其对于被亲切称为"天妃""天后"的妈祖，传播者在传播过程中应尊重其特殊性，对于传播符号的运用要多加考究。

认可的妈祖形象	比例（%）
与神像相符	64.06

---

① 孟建煌：《妈祖文化传播导论》，厦门：厦门大学出版社，2014年，第50—65页。
② 魏巧俐：《论闽南文化在广告创意中的运用》，《漳州师范学院学报》(哲学社会科学版)2013年第1期，第114—117页。

与电视剧相符	18.75
与传说相符	51.56
真人扮演	9.38
Q版卡通	9.38
广告代言	3.13
从没接触过，不了解	14.06

表 14-4

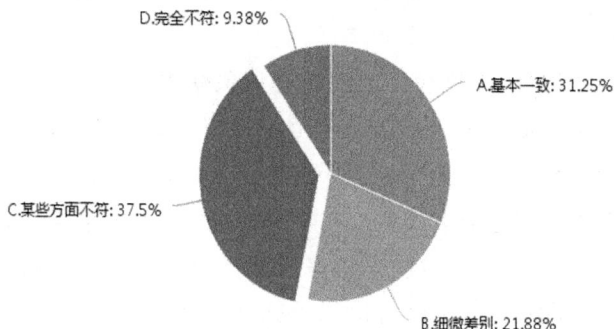

图 14-1

其四，过于强调市场效应，传播内容低俗化。薛永武教授认为："妈祖文化的人文内涵能在两个层面加以诠释：其一，正直、聪慧及善良的化身；其二，扶危济困、矜贫救厄，以拯救生命为其矢志不渝的最高人生目标。"① 广告是帮助广告主实现信息传播而提供的一种有偿服务，本质功能在于获利。在移动互联网环境下，由于低俗内容的牟利路径暂时无法得到有效遏制，充斥着低俗化、煽情化、浅薄化的内容大行其道。妈祖深厚的人文底蕴被商业暴利而淹没，甚至一些广告主追求"眼球经济"，主动迎合追逐低俗信息的需求并大胆地在市场上流播。

在对"您觉得移动媒介上的妈祖广告存在什么问题？"的调查中，有32.81%的被调查者认为妈祖广告的商业气息太重，也有31.25%的被调查者认为妈祖广告有待改进。网络低俗之风严重侵扰了社会风气，尤其对于缺乏理性思考的"网络暴民"而言，有进一步演化为"单向度的人"的风险。"坐在沙发上的土豆人"在大众媒体潜移默化的"培养"之下，不知不觉地加入

① 李诠林：《西川满台湾民俗题材文学中的闽南文化》，《闽都文化研究》，2004年第2期，第23—25页。

到生产、散播芜俚信息的过程中来，由此产生了封闭式的恶性循环。

存在的问题	比例（%）
商业气息太重	32.81
完全不符心中的妈祖形象	12.05
不能够引起我的注意	29.69
有待改进	31.25
暂时没发现问题	21.88
从没接触过，不了解	17.19

表 14-5

第二节 妈祖文化广告营销要素多元嬗变

移动互联网广告的大量涌现表明，广告的传播模式正实现嬗变和升级。天下妈祖，祖在湄洲。本研究将选择微信公众号"湄洲妈祖祖庙"（微信号：mzmazu）作为研究样本，其目前作为祖庙的唯一官方微信，粉丝基数较为庞大且受众来源遍布海内外，从人口统计学特征而言，被择取的受众样本更具代表性。笔者以 2018 年 2 月 1 日至 28 日期间"湄洲妈祖祖庙"的 29 篇推文为来源进行样本分析，依据每篇推文的内容特征划分成不同主题，进而采用定量分析的方法以得出一些发现。在研究视角上，以点带面，通过纵观媒介生态环境发生的结构转型，剖析营销传播环境随之发生的深刻变化，并采用拉氏"5W"线性传播模型分别从五个方面对营销传播要素的嬗变进行架构。

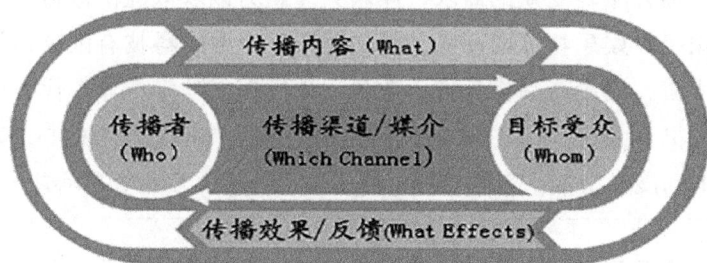

图 14-2①

① 李娜，戴新伙：《新媒体时代旅游目的地形象的传播分析》，《旅游管理研究》2016 年(11)：67.

　　其一，传播者：商业主体的渗入与妈祖文化物化、娱乐化。"在封建社会，妈祖文化的传播主要依靠朝廷，其实质是统治者以妈祖文化传播者的身份对社会进行规范和人民的思想进行控制，以达到有利于自身政治统治、加以凝聚民众之心的目的。官方层面的一些规范举措具体表现为制造话题、大加封赏、重修庙宇、祭祀仪式等活动。受过高等教育的士大夫阶层，充当着'意见领袖'的角色，他们作为早期妈祖文化的传播者，创作过一些作品，由于文笔卓越，客观上推动了妈祖信仰的传播，也极大丰富、提升了妈祖文化的内涵层次，通过对文学语言符号不断重组，将儒家文化中的'忠''孝''义'等元素融入妈祖文化之中。"①

　　随着移动互联网时代的到来，一个全新的信息生态系统正在形成，传播渠道、信息内容以及受传者等各个传播要素都出现了空前未有的新特征。对于妈祖文化传播者而言，随着商业因素在妈祖信仰领域中的不断渗透，其在传播领域中发生的嬗变渐显端倪。笔者通过梳理研究期间"湄洲妈祖祖庙"的 29 篇推文标题，发现推文主题大致可归纳为"妈祖文创""民俗活动""民间传说""两岸情缘""妈祖影视""政府新闻""春节习俗""学术交流"等八类（见表 14–6），这显示出传播者针对不同受众群的信息匹配正趋于精准化，"移动型"的创意广告进一步提升了用户体验，这是封建社会时期的妈祖文化传播者望尘莫及的。此外，据笔者统计，推文主题中直接与商业因素有关的就达到了 4 个，推文总数达 12 篇，占总推文数 41.37%，这侧面显示出带有盈利目的的传播者加入到了妈祖文化传播队列中，其带来的直接影响可外化表现为妈祖文化物化、传播娱乐化。在注意力资源稀缺的时代，新一代营销传播者为了迎合年轻受众的需求，俘获其注意力以获取经济效益，会最大限度地生产出极具娱乐特征的商品。例如莆田显卫网络科技有限公司就以开发妈祖文化手游、动漫产品作为核心业务，积极拓展动漫产业，代表项目如动漫网游《妈祖》。该公司还积极走向国际，推进以妈祖文化为核心、以莆仙文化为主题的动漫、游戏产业的发展，成了莆田妈祖文创市场中心之一。

主题	商业有关 / 篇
妈祖文创	2
民俗活动	4
民间传说	0

①　吉峰：《闽台妈祖文化传播研究》，厦门：厦门大学出版社，2017 年，第 53—68 页。

两岸情缘	0
妈祖影视	2
政府新闻	0
春节习俗	2
学术交流	0
其他主题	2

表 14-6

其二，受传者：积极的搜寻者与把关者。"传播学之父"施拉姆将受众于传播之中所扮演的角色形象的比作为自助餐厅的食客，媒介在此的作用仅仅体现为服务受众——尽可能地提供让受众满意的饕餮大餐（信息），至于受众是否食用以及如何食用，全凭主观意愿及喜好，媒介对此无能为力。互联网促使受众原有的被动地位得以逆转，受者不再是"应声而倒的靶子"，传者也不再是居高临下地俯视受众，传受双方开始并驾齐驱地推动信息发生位移。

用户增长来源分析图

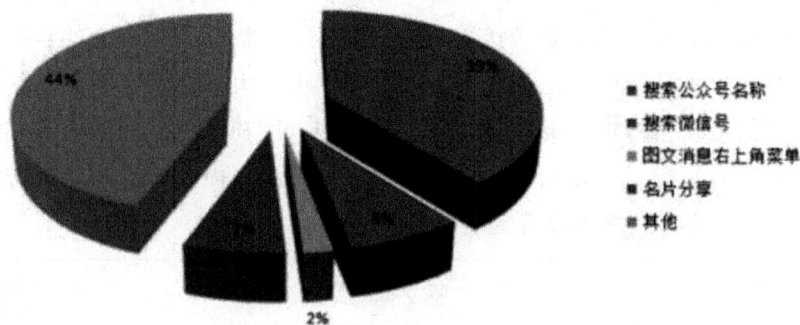

图 14-3

通过分析"湄洲妈祖祖庙"的用户增长来源，可以发现直接依靠搜索公众号名称"湄洲妈祖祖庙"而关注的占比 39%，通过搜索微信号"mzmazu"和通过名片分享而关注的分别仅占比 8% 和 7%，而采用其他方式（如微信"扫一扫"功能）关注该公众号的占比 44%（见图 14-3）。由此笔者判断绝大多数用户关注该公众号的动机基于主观意愿。换言之，移动互联网时代受众的角色转换成了积极的搜寻者与把关者。文化研究学者费斯克更是将受众描绘成为"狡黠的游击队",他认为应该称受众为"人民"而非"大众","人民"是享有游牧主体性的消费者。在移动终端上,用户对每一个品牌信息接触点享有自由选择的权利,能够凭借自身喜好自主选定接触点,自主搜寻信息以寻求满足,一改传统的大众媒体"播音式"的传播状态,用户只能单向接收传播者给出的信息。此外,用户对于信息内容的把控也更为有力,在信息超载的时代,用户注意力资源稀缺,注意力呈无标度分布,用户对信息的选择实则也是对信息内容的终端筛选。

其三,传播内容:信众参与内容生产,内容形态多元且分化。由于在移动互联网时代,"人人都有麦克风,人人都是内容的生产者",传播内容的生产大多源于"User Generated Content"即用户自创内容而不再被以往的知识精英所垄断,因此互联网上产生了大量的知识盈余,用户通过"乐于与人分享"这一过程获得了更好的体验从而使心理获得满足。"湄洲妈祖祖庙"于2017年12月7日的推文《关于公开征集湄洲妈祖微信表情包的公告》,表层上看是大众传播者对网民自创内容的一种收编,实则为在移动互联网时代网民众筹生产表情包的一种变现形式。2014年新浪微博用户"大鱼同学"在移动终端上发布了一条附有8张手绘Q版妈祖漫画的微博引发网友关注。萌态十足的Q版妈祖形象,比较接近看着漫画长大、活跃在网络上的年轻人的欣赏习惯,也容易让他们记住。而市场出现的由"大鱼同学"漫画而衍生的Q版妈祖贺卡、明信片、玩偶等文创产品表明以网友原创生产的内容在市场上的认可度大幅提高,并且这种传播方式比较活泼,极大丰富了妈祖传播内容的形态,也更有利于传播传统地方文化。

主题	推文标题	阅读量 / 点赞数
妈祖文创	默娘文创:2018Q版妈祖创意红包,送祝福,送文艺	250/4
	默娘文创:2018Q版妈祖创意台历,来自湄洲妈祖一整年的庇佑	303/5
民俗活动	蕴藉脉脉乡音,聆听太古遗音。十音八乐展演啦,奏响不一样的湄屿"朝"音!	664/7
	直播预告:明日妈祖金身起驾回老家上林宫境内巡安布福!	1647/27
民间传说	妈祖:竟是郑和七下西洋的"靠山"?	1094/22
两岸情缘	花莲地震情牵两岸湄洲妈祖祖庙为地震灾区诵经祈安义捐	1191/22

妈祖影视	大好果：电视剧《妈祖》又双叒叕准备上央视播出了	3805/34
	震撼启幕：《祥瑞湄洲》新春开年大秀与您相约天后大戏楼！	329/7
政府新闻	慈善之光：湄洲妈祖祖庙送温暖活动发放善款物质350余万元，惠及近万岛民	567/26
欢庆春节	五福临门迎新年：正月初三湄洲妈祖祖庙又有大活动了！	1099/24
学术交流	妈祖日报：第二届全球妈祖文化征文大赛在（新竹）清华大学隆重举行	178/3

表 14-7 [①]

笔者随机择取了在2018年2月1日至28日期间"湄洲妈祖祖庙"的部分推文，整理如表7。通过观察可以发现传播内容呈现图文并茂，短视频、flash动画兼有等较为丰富的形态，以满足不同受众群体的长尾信息需求，其中推文《大好果：电视剧（妈祖）又双叒叕准备上央视播出了》阅读量高达3805，点赞数34，受者与传者互动的特征明显。

其四，传播途径：从"单一封闭式"到"多向裂变式"传播。在拉氏的"5W"线性传播模式中，传播者在整个传播过程中都起主导作用，受众处于被动的接受信息状态，他们几乎丧失了传播话语权，无法决定传播内容的数量、质量、流量等因素，由此传播范围无形之中被缩小了。这种由传播者起支配作用、缺乏受众反馈环节的传播过程的单向的不畅通的传播模式造成了在多数妈祖信俗活动中，普通信众仅是单方面的参与进香、朝拜等仪式，活动结束后信众群体各自流散到不同区域，相互间失去了人际间的"强联系"，传播环节由此脱落，整个传播活动缺乏互动，无法达到理想的传播效果。因此，传统的线下传播模式依靠的以平面为主的海报、宣传单或者报纸杂志广告，这种缺乏与用户互动的传播方式使得传受双方掌握的信息严重不对称，粉丝的黏度较低。

直到移动互联网时代的来临，以微信为代表的社交媒体在传播过程中大多连接的是可信度高的人际关系，其通过用户自主性的分享转发为广告主带来的是营销传播的零成本。基于移动终端，广告主能实现随时随地与用户沟通，让广告内容被用户以主动的方式自行关注，而非挂在网站上等待被搜索。"微景通"作为关联微信公众号"湄洲妈祖祖庙"的一个微信小程序，被准备

---

① 数据更新截止至2018年2月28日。

运用在莆田湄洲岛旅游行业上。在使用过程中，用户通过扫描微信二维码就得以接收全面、形象的旅游信息。作为社交媒体，用户在微景通上获取到能与之发生共鸣的内容后，极易产生转发、分享等裂变式传播行为，通过社交网络与好友随之发生互动，一改从前"单一封闭式"的传播模式为"多向裂变式"传播。用户自主性的转发、分享为湄洲岛旅游行业带来的是营销成本的大幅下降。此外，微景通还注重用户体验，利用 VR 虚拟现实技术使用户沉浸在旅游场景应用中以观看极具意境的旅游视频、体验动人心扉的音乐渲染。

其五，传播效果：效果量化评估，反馈及时高效。国家海洋局局长王宏曾提出："妈祖文化是中华优秀传统文化的重要组成部分之一，是沟通海峡两岸的文化纽带；与此同时妈祖海洋文化还是中国海洋文化的核心组成部分。"① 自古在民间就流传着"有海水处有华人，华人到处有妈祖"，可见妈祖文化影响范围之广，而以妈祖文化作为核心价值观的妈祖品牌，在商业市场中产生的价值不容小觑。下文分别以妈祖品牌的经济价值和社会价值为例进行说明，对妈祖文化传播效果的精准监测具有十分重要的现实意义。

以经济价值效应而言，妈祖品牌的建立对妈祖文创产品进入社会市场、打通销售渠道、延长产业链、提升经济价值、为妈祖文化的传承和发展提供物质载体具有重要意义。妈祖信众每年举行的各种民间信俗文化活动，这些带有创新意识的活动都可以带动经济的发展。微信公众号"湄洲妈祖祖庙"曾经报道的属于世界三大宗教活动之一的台湾大甲妈祖绕境就可作为一个例证。2012 年大甲妈祖绕境途经彰化、云林、嘉义，终点在新港奉天宫，全长超过 340 公里，其直接带来的经济效益超过 2 亿元（新台币）。

以社会价值效应而言，妈祖品牌对社会精神文明的建设起着不可忽视的作用。鲍德里亚在《消费社会》中认为："消费者通过消费品牌的象征意义以凸显身份和地位，被消费的品牌内涵一方面会转化成为消费者心理、精神上的满足，另一方面又能升华成为符号价值纳入至社会文化系统之中。"② 从社会学的角度而言，"创造品牌意义，提高品牌水平，既能够满足受众的文化心理需求，又能够围绕品牌意义进行社会传播，在创造文化、改变观念的同时使受众精神上得到满足。相同的习惯、相同的思想观念构成了社会的凝聚力

---

① 黄少强：《妈祖与海洋文化》，北京：中国文史出版社，2016 年，第 111—113 页。
② 让·鲍德里亚著，刘成富译：《消费社会》，南京：南京大学出版社，2001 年，96—98.

和向心力"。① 因此，妈祖品牌作为社会文化的一部分也是社会文化的载体。民间流传的关于妈祖的传说故事无不体现社会公众对见义勇为、乐善好施等高尚品德的颂扬和追求，激励公民积极向善，涵养一种朴实而崇高的品质。妈祖的仁爱、正义、勇敢、奉献等高尚品格，对于净化公民的心灵、肃清社会不当风气都有积极的意义，构成了妈祖文化对社会生活产生的现实效应。

过去妈祖广告的传播所采用的大多为传统媒体如户外媒体、电视、广播、纸媒等，传统广告主由于对广告效果实施量化分析的方法少之又少，导致广告行业的决策缺乏必要可靠的数据支撑，这对妈祖文化传播效果的监测受到了极大的影响。而在移动互联网时代，依托于大数据技术，运用量化评估与定向控制等措施有助于妈祖广告效果的反馈更加及时、可信、客观。基于流量特征的第五大广告媒体——互联网在妈祖广告的效果评估中显示出了传统广告无与伦比的优势及特点。以发文时段为例，笔者将研究期间划分为 4 个具有相同天数的时间段样本，随机抽取了 2 月 11 日至 17 日这一时间段为研究对象，经过计算分析所得，在此期间"湄洲妈祖祖庙"的时间议程集中分布为 07：00—12：00（占比 57%），而在 22：00—07：00 几乎不发文。由此广告主可运用微信公众号后台管理系统，对某些具有特定含义的数值进行专业化有效地处理，通过数据挖掘的方式更有效地评估广告效果，并最终以阅读量、点赞数、转发量、到达率等量化的数值形式直观地加以呈现。

发文次数	发文时段	推文数 / 占比（%）	原创 / 篇	头条平均阅读量	头条最高阅读量
7	07：00—12：00	4/57	4	1016	1887
	12：00—18：00	2/29			
	18：00—22：00	1/14			
	22：00—07：00	0/0			

表 14-8（单位：/ 周）

① 郑杭生：《社会学概论新修》，北京：中国人民大学出版社，2003 年，第 23 页。

第三节　妈祖广告整合营销传播策略的提升建议

第一，编织多元营销渠道网，建立信众行为特征数据库。福柯在《规训与惩罚》一书中，把权力描绘为一个没有中心的网络，这种去中心化的权力网使得统治集团对权力的贯彻更为隐蔽而彻底。与此相似，移动互联网时代的营销渠道网同样具有去中心化的特征，建立在妈祖信众行为特征基础上的立体营销渠道网，能实现全方位、多渠道、精准的营销，以满足消费者的长尾需求，从而使得营销者最大限度地获得剩余价值。上文提到的妈祖信众的年龄层集中分布在 50 岁以上，年轻信众出现断层，大多数年轻人对妈祖文化的态度是感兴趣的。年轻一代群体普遍喜好娱乐、猎奇、时尚、个性的文化题材，以"年轻化"为首要特征的产品是营销获得成功的关键所在。而现实生活中不少商家在编织营销网络时虽考虑到妈祖文化的特殊性，有意或无意地回避了适合年轻人消费的内容产品，但也使得大部分年轻消费群体成为妈祖文化营销网的"漏网之鱼"。杨淑鑫在《鲍德里亚的消费社会理论探究》中认为："广告作为一种图腾化的形式通过构造无数的神话，从而让消费者对之俯首膜拜。消费社会是让人们带上显微镜，从而孕育出更多的消费需求。"[①] 分众定向化的营销方式，则要求营销者首先要细分出不同消费者的广告信息接收需求，然后针对不同的消费者需求投其所好地传送广告内容，最终使消费者可以用最少的时间获取到最多的对自己有用的信息，这在提高传播效率的同时还避免了广告内容的泛滥。简言之，营销者只有首先建立好妈祖信众行为特征数据库，才能编织出包括年轻人在内的一张完整的妈祖营销网。

第二，异中求同，布局妈祖"娱乐＋"。移动互联网时代是属于年轻一族的时代，妈祖文化作为流传千年、历久弥新的世界级非物质文化遗产，亟须年轻一族去认可、传承、创新与传播，才能源远流长，生生不息。"以 4C（消费者、便利、成本、沟通）为核心的新营销理论，指出了营销要以市场为中心，以消费者为中心。"[②] 移动互联网时代的广告营销要准确洞察年轻消费者的心理需求，同时兼顾其他年龄层群体，创作出与消费者年龄相契合的妈祖文化的内容形态。年轻一族酷爱物质狂欢、娱乐至死。"娱乐营销是利用娱乐

---

①　杨淑鑫：《鲍德里亚的消费社会理论探究——基于＜象征交换与死亡＞的文本解读》，华中科技大学 2016 年硕士学位论文，第 40—48 页。

②　艾·里斯、杰克·特劳特著，邓德隆，火华强译：《定位》，北京：机械工业出版社，2017 年，第 235—236 页。

元素将广告商品与顾客情感搭建联系，从而实现售卖产品，提高顾客忠诚度、品牌联想度的一种营销方式。"① 妈祖文化的营销在一定程度上若能吻合该特征，布局妈祖文化"娱乐+"战略，将更为年轻人所认可和接受。同时还要对妈祖品牌的内涵及时进行更新，才能真正获得"一直在路上"的年轻消费者的青睐，达成年轻群体对妈祖品牌的认知，实现活络妈祖品牌的重要意义。

然而根据笔者的《关于移动互联网时代莆田妈祖广告的问卷调查》分析结果显示，约有32.81%的被调查者认为移动媒介上的妈祖广告存在"商业气息太重"的问题，这可能与营销者过于追求利润有关。在经济效益的驱使下，不乏商家将某些娱乐元素生硬地套在妈祖形象上，更有甚者不惜将妈祖形象强行改造以迎合其在移动终端上的用户需求，此举可能会造成妈祖品牌形象发生异化。因此，在布局妈祖"娱乐+"战略之时，作为富有地域特色的民间信仰，还应考虑妈祖文化在传播过程中有其特殊性，有关广告的创作及传播应采取属性议程设置，强化把关意识，避免过于浓重的商业气息，否则容易招致虔诚信众的抵触。

第三，跨媒体叙事丰盈妈祖品牌形象，提升广告整体效果。品牌作为一种文化现象，妈祖文化是构成妈祖品牌的本质要素，是妈祖品牌的内容与形式，而不是装点和附庸。妈祖品牌的基础即构成妈祖品牌的各个元素本身就属于文化的范畴。妈祖品牌的营销过程，从品牌定位、品牌推广和品牌传播，乃至包括售前、售中、售后任何一环都离不开妈祖文化，因为在整个营销过程中，销售者都在潜移默化地运用文化手段传播妈祖品牌的文化内涵。目前对妈祖真切形象的论证，在学术界杳无人迹，但对妈祖精神的凝练，已有多种不同提法，这些都可成为广告内容创作的文化资源。在移动互联网时代的妈祖广告营销，在打造妈祖品牌的过程中要注重品牌形象的多元性，以妈祖文化为精神支撑，大力发扬妈祖文化的精髓，把妈祖文化融入妈祖品牌，全力打造出一个富有人文底蕴的品牌。

建立妈祖品牌还离不开整合各类媒介平台，将消费者对品牌信息的接触由点扩散到面上，采用跨媒体叙事的传播方式，对于广告整体效果的提升、妈祖文化内涵的丰富、妈祖品牌形象的丰盈、妈祖文化创新的持续提供了十分大的机遇。

---

① 加里·阿姆斯特朗、菲利普·科特勒著，王永贵译：《市场营销学》，北京：中国人民大学出版社，2017年，第89—91页。

第四，构建妈祖文化虚拟社区，发展粉丝经济。互联网将不同地域、不同风俗的网民联系在一起，他们依靠相同的兴趣爱好利用社交媒体自发组成网络社区。网络社区内的每一个体都能参与从"线上活动发起"进而发展为"线下活动践行"的全程，由此直接引发的是粉丝经济效应。虚拟社区能充分发挥网络传播的互动特性，通过广告内容与消费者达成内心共鸣，以增强妈祖信众黏性。社区中的成员身处在共同的文化圈层，相互认同妈祖品牌的核心价值观，对莆仙文化的解码有着相似的规则，因此带有原汁原味妈祖风情的广告产品最大限度地满足了社区成员的象征性精神需求，成为妈祖粉丝经济增长的源源不竭的动力。

妈祖文化虚拟社区中的成员还带有强烈的亲和性。他们基于对妈祖所产生的亲近感，在消费产品中，认同并且愿意购买产品中的妈祖情感量度。这一方面可以最大限度地增强妈祖品牌在市场中的持久力，让其在市场中永葆活力；另一方面也能最大范围地助推妈祖品牌的传播，丰富和提升妈祖文化内涵，这在移动互联网时代已成现实。

第五，整治移动互联网广告乱象，做到"齐抓共管"。"移动互联网市场中存在着'信息海量，实用不足'；'内容泛滥，精品不多'；'贪大求全，特色不强'三个明显的问题。"① 随着网络"三不"现象愈演愈烈，妈祖广告同样难以幸免，为扭转这一局面既需要工商部门加强监管，也需要广告从业者严格自我、做好表率。

整治妈祖广告乱象需要工商部门加强管制。在妈祖文化中植入广告归根到底是一种商业行为，在充分发挥市场在资源配置中起决定性作用的同时，妈祖广告还应该受到工商部门的监管。现有已触碰到法律法规的妈祖广告仍在市场中传播，其实也是工商部门缺乏有效监管的一个缩影。

整治妈祖广告乱象需要广告从业者慎独慎微。妈祖广告内容的特殊性在于，一方面要吻合妈祖文化固有的文化属性，另一方面又必须能够满足消费者的需求才能获得市场利益。广告制作单位应提高自律意识，规范传播行为，履行社会责任。做到社会效益与经济效益统一的同时，把社会效益放在首位，弘扬社会核心价值观。广告商与制作方要共同维护市场秩序，共同尊重消费者利益。妈祖广告从业者要想步入下一个黄金时代，就必须自我觉醒、加强

---

① 钟时：《中国广告市场的综合治理研究》，吉林大学 2013 年博士学位论文，第 23—28 页。

自律、以身作则。

移动互联网时代媒介生态的结构转型，广告行业不一定会主动迎接这场变革，更多的可能是面对这场变革的不适应以及对变化的轻视。移动互联网广告要想扭转这一持续低迷的局面，亟须进行自我扬弃。本章旨在通过对福建莆田的妈祖广告在移动互联网环境中的传播现状进行分析，以洞察妈祖文化如何与移动媒介相互耦合从而实现更好的传播效果。以拉氏"5W"线性传播模型为框架，分别从五个方面对妈祖广告所处营销传播环境之嬗变进行架构：传播者的角色随着商业主体的渗入使得妈祖文化变得物化、传播娱乐化；广告信息接收者的角色转换成了积极的口碑搜寻者与把关者；妈祖信众开始参与广告内容的生产，内容形态愈发多元且分化；传播途径已由"单一封闭式"演化成"多向裂变式"传播；对于妈祖品牌效应的评估与检测也变得量化可控，传播效果的反馈变得及时高效。文中还论及了移动互联网时代下关于妈祖广告整合营销传播策略提升的几点建议。

附录一　空谷传音，余响不绝 [①]

《中国文化的根本精神》是一本探讨在市场经济的社会背景下，如何看待并传承中国传统文化的文集。淡黄色的封面，一枚红色的印章，手写体的书名，简约而又不失端庄。作者是年届八十二岁高龄的北京大学哲学系教授楼宇烈，他依托六十余年的研究功底，淬砺中西古今、儒释道、文史哲等学科知识，取宏用精，自成体系。

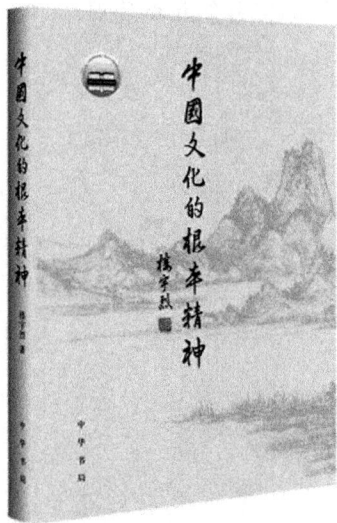

中国文化的根本精神

深探现代思维的错误根基

在作者眼中，百多年来，国人对于传统文化的认知存在诸多瑕疵。现代人思维的根基尚可商榷，动辄以西方文化的诸多标准蠡测中国传统文化也绝

---

① 本文以《空谷传音，余响不绝——读楼宇烈＜中国文化的根本精神＞》为题，发表于《莆田学院报》2016 年 12 月 30 日。

非聪慧之举。譬如：在论及"天人关系论"时，他肯定了该理论中包含的人文情怀；儒家"父为子隐，子为父隐"的问题也属于法里含情，有其合理性；现代人以科学的标准量度宗教，他则提出专注于研究人类精神与情感生活的宗教亦属于科学；对于人们崇尚理性的科技思维方式，作者则觉得传统文化中以直觉的智慧去认识世界也有着可取之处；有些人用西方理念为标准误读中医，作者却盛赞中医为"国医"，将其视为具有一套望闻问切系统的内观解剖学，应保留其主体性。

对于广泛普及非物质文化遗产并力图使之大众化的某些做法，作者则不循惯例，认为对小众的文化不必苛求其大众化，最佳状态应为："不求轰轰烈烈，但求不绝如缕。"

体悟传统文化的根本神韵

作者认为中国传统文化的根本精神在于"人文化成"，即"以人为本"。以两个层面去体现："以史为鉴"与"以天为则"。楼先生通过梳理《周易》《诗经》《尚书》《韩诗外传》等典籍，总结出"天"在华夏文化中的丰富内涵。他说："中国文化的人文精神重点就在于人不受外在的力量、命运主宰，不是神的奴隶，而是要靠自身德行的提升。"他把人文关怀视为情感的投资，认为发展科技的同时，也应当提倡科技伦理。他觉得科技创造要用人文精神作为指导，否则盲目实现一些科技目标，未必不会给人类带来负面效应。

作者突破了现代人审视中西方文化的惯性视点，强调儒家"执两用中"的思维方式。认为西方科学重在探索"物道"，中国传统文化的科学旨在追寻"人道"。一个是以"物"为根本，另一个是以"人"为对象。侧重点不同，各有短长，不必厚此薄彼。而应该择善明用，并序兼容。

推重传统文化的正向力量

传统与现代，在很多中国人眼里是非此即彼的两种不同的文化选择对象，国人对于中华传统的文化认同感逐渐消弭。传统文化的精神、逻辑思维方式不断受到国人质疑，其主体内容在现代人的错解与误读中离我们的生活似乎渐行渐远。楼宇烈则主张要"做传统文化下的现代人"。他直言，一个能够传承民族文化的中国，才更具有世界意义。

中国传统文化由儒、释、道三家相融互补而成，同时融摄了其他思想学派的精髓。治心以佛，治身以道，治世以儒。传统文化充满正向力量，譬如：

礼、义、廉、耻等文化因子在现代社会尤为匮乏；华夏文明的"致中和"等思想，在这个交流与竞争并重的时代，更有着积极的文化探究与推广意义；传统书院中"不愤不启，不悱不发"、自学为主与教学相长等教育理念，仍历久弥新。

编辑通过对老人的讲座录音、学术作品以及学生的课堂笔记等资料的整理与汇编，娓娓讲述着这位耄耋之年的学者对中国传统文化精神的博见与思索，努力搭建传统与现代对接的桥梁。传统文化的希望何在？楼先生的答案宛若空谷足音："世界文化的发展有两大趋势，一是东西方都在回归传统，二是向东方文化靠拢。从这两大趋势看，中国回归传统文化还是有希望的。"

附录二　文化交汇与文明竞演[①]

大多数情况下，一般人对于翻读历史书总是很难提起兴致的。特别是对于厚重的大部头世界史著作，内心往往是会有所抵牾的。原因不复杂，历史教科书写得太浮泛，常常能读出些情绪化和导向性强的东西。年少无知的时候为了应付考试，经常逼着自己抱着历史教科书背些"知识点"，如今也忘得差不多了。残存了一点点"余毒"，偶尔在与朋友闲聊打趣时眯着眼睛，装作云淡风轻地说上几个，瞬间就"惊起一滩鸥鹭"。足见，大家多年来基本上都已经把历史教科书上的"知识点"用内功成功地逼出体外。这本书的优秀，体现于它不沉闷。

初读彼得·弗兰科潘（Peter Frankopan）《丝绸之路：一部全新的世界史》，先是被带着波斯风情的封面所吸引，继而在前言中发现作者年轻时也有过与我类似的困惑，我们都没能从历史教科书中找到体悟文明的乐趣。幸而，彼得·弗兰科潘最终还是厘清并还原了历史的脉络，用散文笔法，顺着"丝绸之路"的古今变迁与电视连续剧般的各种绚烂的故事剧情，串联起整个世界的过去、现在与未来。

丝绸之路：一部全新的世界史

① 本文以《文化交汇与文明——读＜丝绸之路：一部全新的世界史＞》为题，发表于《莆田学院报》2017 年 10 月 25 日。

　　所谓"丝绸之路"，从来就不是指一条单一的起始点明确的道路，而是一条相对宽泛的商业道路交通网络。所以，纠结于起止点是没什么意义的。由于政治、经济、气候等错综复杂的原因，处于不同的历史时期，先民们往往会选择最便利、最安全的路线行进。东西方之间，形成一连串的交通网络。丝绸只是这一串交通网络在一段时间内输送的重要商品之一。彼得·弗兰科潘的聪明之处也显见于此，他把贯穿于欧亚大陆的贸易路线分别细化为：丝绸之路、信仰之路、基督之路、变革之路、和睦之路、皮毛之路、奴隶之路、铁蹄之路、重生之路、黄金之路、白银之路、帝国之路、危机之路、战争之路、黑金之路、妥协之路、小麦之路、纳粹之路、冷战之路、美国之路、霸权之路、中东之路、伊战之路、新丝绸之路。时而冷寂，时而蓬勃。残暴掠夺或许可以获取一时的顾盼生风，但却难以为继绝世的艳丽。"丝绸之路"的意义超越了"丝绸"本身，不同时期的市场需求与宗教文化的宰制，对各国的文化发展与命运的起落都产生了潜在的影响。邹怡说："在丝路上穿行的人们将它们各自的文化像种子一样沿途撒播，包括观念、信仰、技术以及它们在物质上的表现。因此，丝绸之路是人类历史上诸种文明的穿行与交流之路。"

　　聚集于丝绸之路上的有商业、政治、智慧与艺术，在彼得·弗兰科潘笔下，历史事件与人物显现出了多维的影响与意义。看似穷兵黩武的亚历山大大帝，在面对异质的宗教与文化时，恰恰选择了包容、仁和的策略。战争让古希腊的文化快速叩开东方的大门。恰如作者所言："思想、观念和故事沿着这一通道迅速传播，经旅行家、商人和朝圣客不断扩散。亚历山大的政府行动为所及地域的人们开放思想铺平了道路，也为边远地区的人们接触新思想、新观念、新意向提供了机遇。"而崇尚暴力与杀戮的罗马帝国，靠着匪夷所思的军事力量，将经济与军事的触角延伸至东方，却又受到东方文化的冲击与融汇，渐渐制衡了其严格的军事化理念，消解了其士兵们的战斗力。在这条贸易交通网络上，以政治因素为依托，宗教观念在互相竞争，各国的智慧在此处彼此博弈。各国的统治阶层，通过支持或打压等方式，利用宗教文化强化自己的统治利益。就像4世纪之初的君士坦丁大帝不惜牺牲其他宗教利益皈依并热切地推行基督教一样，真的仅仅出于单纯的信仰目的？彼得·弗兰科潘看到的是精明的政治考量还有这种政治权衡给基督教在东方生存带来的阻碍。7世纪的穆斯林、13世纪的蒙古人，他们在征服与扩张的同时，也加速了其文化向世界的传播。

　　在这条路上，我们看到了太多的历史剪影。开放合作的心态，让古代的波斯人迅速奠定了国本，帝国管理体系日趋平稳，各民族和睦相处。为了更多地获取资源，蒙古的铁骑踏向了欧洲，大英帝国成就了一段"日不落"的辉煌，德国纳粹孤注一掷深陷战争的泥潭，将自己与世界推向深渊。

　　而今，作者看到了一条新"丝绸之路"的复兴，中国政府致力于重提"丝绸之路"的意义何在？用彼得·弗兰科潘的话讲："重视历史与现今的关系，对于未来发展会有极大帮助——这就是中国政府要以维护共同贸易和文化遗产的名义，重金投资将自己与西方绑到一起的丝绸之路的原因。"友善与文明，是人类营造共同福祉的基础。冲突过后，转化为彼此理解，与他国建立友好的关系，而非用战争和威胁，如此，才能维系自身的发展，保持合作与共生。葛剑雄称："今天的'一带一路'不是历史再现，而是一种创新。"力图打造共通、共存、共融的新局面。

附录三　做传统文化下的现代人 ①

《论文化与文化自觉》收录了社会学家费孝通的 51 篇论著，作品的时间跨度为 20 世纪末至 21 世纪之初，采摭了费老一生关于社会文化思考之精要，从社会学的视角对文化现状与走向进行审视与属望。

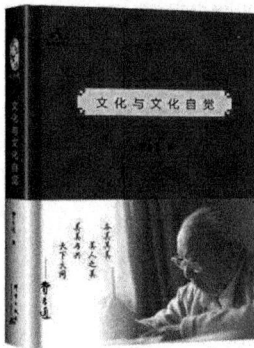

论文化与文化自觉

自觉：费孝通的世界文明理想

费孝通在 20 世纪八九十年代分别实地考察了蒙古鄂伦春族、赫哲族等少数民族，发现少数民族的原生态文化面临灭绝的困境。忧心于此，于是倡导"和而不同"的文化愿景。1900 年，他在自己八十寿宴的演讲中提出了著名的"十六字箴言"，即"各美其美，美人之美，美美与共，天下大同"。最初的理论旨趣在于对弱势民族文化的尊重与保护，呼吁社会各界重视此问题。在谈及保存民族民间文艺遗产时，他甚至还主张用少数民族自己的文字或符号记录其原始材料，力求还原其风格，不能根据自己的口味而粗暴式地翻译。后来，这个理念渐渐被拓宽了范畴，发展成为中国面向世界时一种互相认知与相处的智慧。

---

① 本文发表于《南风窗》2016 年 26 期。

作者在 1997 年进一步指出了如何实现这种学术理想的路径，即"文化自觉"。费老认为："文化自觉只是指生活在一定文化中的人对其文化有'自知之明'，明白它的来历、形成过程、所具有的特色和它发展的趋向，不带任何'文化复归'的意思，不是要复归，同时也不主张'全盘西化'或'坚守传统'。自知之明是为了增强对文化转型的自主能力，取得为适应环境、新时代而进行文化选择时的自主地位。"

自信：文化自觉观的逻辑延伸

有了文化自觉的意识，才可能实现行动的自觉，进而必须树立文化的自信，首要前提是真正了解自己的文化。无视并抛开传统文化宝库中的精品，非明智之举。朱熹有诗云："半亩方塘一鉴开，天光云影共徘徊。问渠那得清如许？为有源头活水来。"何谓"源头活水"？即为本民族优秀的传统文化。

费老鼓励国人伏根于民族文化并心怀世界，他强调："要实事求是地认识我们受之于历代祖先的中华文化——获得'文化自觉'能力的途径离不开对中华文化全部历史及其世界背景的认知。"广泛而深入地吸纳本民族传统文化之中的有益养分，端正对异质文化的接受心态，有助于当代人打开中国文化宝库，拓宽文化创新思路。

自强：中国智慧的继承与发展

全球化不可规避地引发文化的对冲与融汇，作者则深忧各民族文化的生存及发展权，批判"文明冲突论"等观点，企望构建出"天下大同"的世界文明格局。

萦回咀嚼费孝通的诸多观点，他的理论推进脉络分四个层次：其一是反思，对自身文化长短的全面审视，尽量做到"各美其美"；其二是尊重，舒展胸怀，展示出"美人之美"的包容态度；其三是学习，以他人之长补己之短，达到"美美与共"；其四是共处，以求"和而不同"的文化愿景。这是推进世界文明进步的大趋势，更是中国传统文化智慧的沿革。

费老志在富民，集中表现在 20 世纪 80 年代他陆续提出的"区域经济发展""经济社会发展模式""小城镇问题""民族调查研究"等理论体系之中。时至今日，国家提倡的"中国梦""一路一带"等建设构想，则是对这种文化自觉与自信的完善及升华。

约而言之，以往学者多从国学经典入手，以纯粹的大传统为切入点探究传统文化，强调经典的传承。而费孝通则是立足于考察乡土、实地调研，从国人实际的生活中分疏中国文化的传统与现代的情状。两相比较而言，后者显然更为鲜活与切实。2005 年，该书由群言出版社出版，2016 年 8 月再版发行。虽说全书是费老零星的言论以及报告的合集，但也皆是作者才力所萃，有前人未发之创新理念，其观点放置于今日，仍具有指导意义。言念及此，捧书在手，凝神潜思，不亦乐乎。

附录四 发现美的心灵：妈祖文化与影响探源 ^①

大家上午好！感谢琼州天后宫给我这个机会与诸位沟通。在我心中，新加坡是这样一个地方，在这里汇聚了现代与传统，融合了东西文化的精粹。它在世界经济文化的辞典上，有着浓墨重彩的一笔。特别是新加坡的华人们，具有一种鲜明的文化品格，第一是勤勉，第二是智慧，第三是诚信，这样三大品格已经不仅仅属于新加坡，而且属于全世界。今天我想跟大家沟通的题目是《发现美的心灵：妈祖文化与影响探源》。其实所谓历史与现实，就是在这样转化着。从古典走向现代，古代神明与圣贤们给我们的温暖虽然远隔千古，离得很遥远，但它在我们的心里，铭刻肺腑，值得终生用心去体悟与践行。从古典走向现代，我们亘古不变的是一种什么样的愿望呢？我们每一个人是不是真正地了解这个世界？是不是真正地发现了自己？我们到哪里去寻找美的心灵，从而让自己有能力获得属于自己的幸福？

图为笔者在新加坡参加世界宗教和谐暨妈祖文化节发表演讲

---

① 2018 年 11 月 9 号，笔者在新加坡参加世界宗教和谐暨妈祖文化节，在宗教和谐专题讲座节目中发表妈祖事迹专题演讲。此文为演讲稿。

今天在座的各位，我想大家或许都是各行各业的成功人士，所谓成功，大概在这个社会上，你有显赫的资产，你有荣誉的地位，你有大家的拥戴，所有这一切外在骄人的成绩，是不是就是成功全部的含义？《周易》中说："君子以厚德载物。"在陶渊明眼中："君子披褐而怀玉。"华夏民族所谓的君子，实际上就是一种解构化精神状态的描述。我们唯一清晰的就是想做一个真正的君子，就一定要以"修己"作为一个观念和行动上的逻辑起点。我想，一个人无论是求学抑或经商，都应该把对"成功"的界定由外在的华丽推向心灵的丰腴。从这个意义上而言，我们对于妈祖的瞻仰，其实也是试图找到一个修身正己、迈向理想人格的门槛。

妈祖的生平轮廓，大致是这样的：宋太祖建隆元年，也就是公元960年，农历三月二十三，福建莆田湄洲屿，诞生了一名女婴，取名"默娘"。而我们今天听到的"妈祖"这个词，是她的家乡人在林默娘羽化成神之后，为了纪念她所给予的尊称。"妈祖"也就是福建话里的"娘妈"的意思。她的家乡湄洲岛的得名，有这样一种解释，颇具佛教色彩：据说是因为这座岛的形状像观音菩萨的秀眉，所以得名"湄洲岛"。

妈祖降生传说属于原始神话的中的"异孕型"。什么叫"异孕型"呢？其实在中国的部分史书以及神话传说中早有先例，并不罕见。在《妈祖圣迹图》中有两幅图《礼佛求嗣》和《天后诞降》中，我们也能看到明显的远古神话的成分。《天后显圣录》的《天妃诞降》一篇中是这样记录的："尔家世敦，善行，上帝式佑。乃出丸药示之云：服次当得兹济之贶。既寤，歆歆然如有所感，遂娠。"解释一下这句话，"尔家世敦"，"敦"就是淳朴厚道。"上帝式佑"，"式佑"就是保佑。"得兹济之贶"，"贶"表示赏赐。妈祖的母亲王氏因吞服观音大士赐予的优钵花（也叫青莲花）而受孕，怀孕十四个月终于诞下默娘。出生的那天天降异象。"见一道红光从西北射室中，晶辉夺目，异香氤氲不散，俄而，王氏腹震，即诞妃于寝室。""氤氲"就是烟气弥漫的意思。林默娘的出生时天象可以说是异彩纷呈的。今天的我们不能用现代科学眼光去审视这些异孕的故事，因为它是先民为了崇敬某些对人民有突出贡献的先祖或偶像，所附加在他们身上的一些带有神迹的东西，以突显这些人的卓尔不群。

传说中，林默娘这个女孩子生来聪慧，不流于俗。8岁开始读书，便能解书中大意。再大一点了，也没有像其他女孩儿那样专注于把自己塑造成未来相夫教子的家庭主妇。默娘喜欢上了诵经礼佛，还以巫师为业，常为人治病，教百姓如何驱疫避灾。在林默娘仅有的二十八岁的青春年华里，她熟识水性，常常救助遇难渔民，广施博爱，最终舍身救难。此后，妈祖在民众的期待中，逐渐由人转变为神，并且不断"显圣"，更强化了信众的信仰意识。他们通过祭祀仪式活动、上层人士的文化渗透、从小到大的耳濡目染，不断传承着妈祖精神。"传闻利泽今犹在，千里桅樯一信风。"妈祖是一位涉波履险、永护民安的海上女神，老百姓至今不忘她安澜锡福的恩德。

五代末期陈洪进割据福建，民不聊生。妈祖生前借宗教力量，在莆田地区亲民爱民，解危助困，所以民众爱之如母。妈祖信仰开始在民间私下流传。在宋宣和五年，妈祖第一次得到褒封。宋徽宗皇帝御赐匾额"顺济"。在官方的推动下，当地富豪李振堂兄弟带头出资，重建庙宇，改名"顺济庙"，当时引起了较大的社会反响。

历经宋、元、明、清四代朝廷共19位皇帝的36次褒封，使妈祖信仰成为受历代皇帝册封的民间信仰之最。而湄洲妈祖祭典已经成为与皇帝祭、孔子祭并列的三大国家级祭典之一。如今的妈祖文化，以妈祖信仰为主线，以妈祖宫庙、祭祀、传说神话、文学艺术等为主要载体，衍生并融合各种文化元素。妈祖文化是集中华儒、释、道文化与海洋文化大成的一种"活态"文化。随着海运的发展，已传播全世界42个国家与地区以及中国绝大多数省市，信众达3亿多人，宫庙10000多座，成为连接海峡两岸同胞和海外华人华侨的重要精神和文化桥梁。

鲁迅先生认为："昔者初民，见天地万物，变异不常，其诸现象，又出于人力所能以上，则自造众说以解释之：凡所解释，今谓之神话。"我想说的是，在晨光熹微的人类历史发展初期，先民们以极其薄弱的生产装备和少量的知识，同周围的自然环境做斗争。自然界给予他们太多惊奇与不解，身处蒙昧状态下，他们笃信"万物有灵"，遂拜其为神。从另一方面讲，神话作为一种存在于民间的历史文本，给那些没有权利和能力借助文字刻录历史记忆的先民们，提供了一种传承文化和延续民族记忆的工具。

从南宋时期开始，妈祖文化在"海丝之路"的经济助推之下，将其文化的种子一路沿途撒播，实现了文化的穿行与交流，让妈祖文化思想生根丝路，向异域传递了一份文化的礼物。妈祖文化展示了中国的一种海洋文化气质，即："变革图强思想、探索冒险精神、全面开放理念、吃苦耐劳品格。"海上丝绸之路上的各国人民在从事贸易的同时，也在彼此学习、借鉴着思想，在沟通中得到启发，在文化认同中得到生命的拓展。

聚集于海上丝绸之路上的有商业、政治、智慧与艺术，历史事件与人物显现出了多维的影响与意义。作为中华优秀传统文化的一部分，妈祖文化得到了世界的认同，被越来越多的人熟知，成为全人类共同的精神财富。妈祖文化传播历久弥新，妈祖信仰从北宋初期到现在已经有千年的传播历史，不断出现新的传播特征。妈祖文化的传播地域也颇广，从福建莆田向南到达泉州、漳州及广东的潮汕地区，由国内民众向海外大众传播。从中国南端的北部湾到辽东半岛北端的丹东，都有历史悠久的妈祖信仰。

妈祖文化先天根基建立在民间妈祖宗教信仰的基础之上，后天又受儒、释、道三种文化的沁浸。任何信众都可以基于自身特定的文化背景和个人理解层面，去感受妈祖文化的魅力，继而接受妈祖文化故事中某些有益的文化元素。宋代理学家朱熹有一首诗："半亩方塘一鉴开，天光云影共徘徊。问渠那得清如许？为有源头活水来。"何谓活水源头？妈祖精神作为中华传统文化中重要的组成部分，恰如我们求学与教育方面的活水源头。值得欣慰的是，中国福建莆田学院已经在对妈祖精神教育层面取得了大量的成绩。

譬如在制定的 2014 级教学大纲之中，增设了一门课叫作"妈祖文化研究"，该课程主要包括：妈祖生平与传说、信仰史、宫庙、民俗、文化遗产、文艺、文化创意产业这几个部分。我在 2017 年至今，面向全校本科生开设了公选课《闽台妈祖文化传播》，以我的专著《闽台妈祖文化传播研究》一书作为基础，从传播学的角度，向学生介绍妈祖文化理论与实践的最新动态和发展趋势，每年选课近 200 人，分别来自全校不同学科的本科生。通过课程，激发起大家对于妈祖文化的研究热情。

在"立德""行善""大爱"的妈祖精神感召之下，通过学习，我们萦回咀嚼妈祖的传奇与神迹，处处充满了动人的真诚。她有着民胞物与的善心与良性循环的大智慧。在众多妈祖助战解困的传说之中，充分展示了她的勇敢与仁义。正所谓"勇者不惧。"在大旱时行云布雨，在瘟疫流行时治病救人。在民众饥荒时，赈济饥民，其善可表，这些仅仅是妈祖众多优秀品质的侧面。

立德、行善、大爱，是妈祖精神内涵。在我心中，妈祖身上有 4 大至"美"之处，能够引导当下我们每一个人去审视自己的心灵，具体说来概括为四个字："诚""仁""勇""善"。

其一，妈祖之"诚"。妈祖的传奇，充满了动人的真诚。清代著名学者赵翼《陔余丛考》中记载："倘遇风浪危急，呼妈祖则神披发而来，其效立应；若呼天妃则神必冠帔，恐稽时刻。妈祖云者，盖闽人在母家之称也。"就是说，如果人们向海神呼救，你呼唤"天妃"，妈祖会梳妆打扮，冠冕堂皇而来，当然，这或许会耽误救援时间。如果你直呼"妈祖"，那么神灵会抛弃繁仪缛节，不施粉黛，毫不滞留前来援救，这是妈祖的亲民爱民的形象体现。此谓妈祖之"诚"。

其二，妈祖之"仁"。《敕封天后志》中说："林氏聪明通达，道心善利。"在《菜甲天成》的传说中，妈祖将其母送来的菜籽倾于地上，施法让菜籽死而复生。"灿然青黄，布满山塍。至今四时不绝。"儒家的孟子主张"亲亲而仁民，仁民而爱物"。妈祖身上就具有这种民胞物与的善心与良性循环的大智慧。这是妈祖之"仁"。

其三，妈祖之"勇"。在妈祖羽化成神之前的《化草救商》传说之中，商船遭遇大风触礁浸水，哀号求救。"众见风涛震荡，不敢向前。"林默挺身而出，"排驾至前"勇于施救。此外，在众多妈祖助战的故事中，充分展示了其勇敢与仁义。所谓"衣袍半湿，脸汗未干。"恰如《论语》中所提倡的"仁者不忧，智者不惑，勇者不惧。"此为妈祖之"勇"。

其四，妈祖之"善"。《天妃显圣录》中，记载了妈祖在大旱时行云布雨，在瘟疫流行时治病救人。在民众饥荒时，赈济饥民。《敕封天后志·引舟入澳》中说清代名将施琅舰队航行遇风受阻，"举船皆惶惧。正在危急间……见船头有灯笼火光，似人挽缆至此"。这是妈祖之"善"。

"诚""仁""勇""善"，这是妈祖众多优秀品质的四个侧面，由于年轻美貌、擅于水性又勇于救人，林默娘的出现，缓解了人们的心理压力。于是，在她死后被奉为海神，乞求继续得到她的庇佑，便成了顺理成章的事情。在民众自然的妈祖信仰世界里，信众对妈祖的仰慕带有明显的实用性。

我们在不少影视作品中常听到有的人貌似虔诚地祭拜神灵之后，嘴里念念有词："今日如能得偿所愿，他日必定为佛祖重塑金身……"这说明很多华人的信仰行为，其中蕴含的实用性心理是蛮强的。传说中，只要你在危难之时大声呼唤妈祖，便能够得到她的及时救助。这种"有求必应"的文化传播意识，源自人们对现世安全利益的一种探求，而这样的利益点得到满足后，便更加深了信众对妈祖的笃信。现实生活的不稳定，使得民众渴望一种绝对的安定和超脱，从而缓解强烈的生存压迫感。

神话构筑了当代人与古人交流与理解的虚拟空间，不同时代的讲述者都有意无意地叠加自己的理解和记忆。在历史发展中，神话被不断地改造、加工。妈祖文化先天根基建立在民间妈祖宗教信仰的基础之上，后天又受儒、释、道三种文化的沁浸，逐渐形成一种被世界所认可的立德、行善、大爱的文化精神。妈祖文化经过千年的洗礼，已发展成为一个涉及宗教、民俗、文学、艺术、政治、经济、军事、外交、体育、科技、医学、建筑、华侨、移民等领域的文化体系。2009 年，妈祖文化核心部分"妈祖信俗"入选世界非物质文化遗产名录，成为中国首个也是目前唯一的信俗类世界非物质文化遗产。

妈祖文化对商业活动的影响首先体现在消费层面的推动。商品是文化的载体，潜移默化、不自觉地传播着文化。譬如麦当劳在全世界范围内蓬勃扩张，靠的不仅仅是卖食物，更是在对外推广着文化。麦当劳强调的是家庭式的快乐文化，他们的服务包含着自己的文化符号：笑容可掬的服务员、动听的流行音乐、盛夏时节提供的清凉的环境、优雅干净的餐厅、表情和蔼慈祥的麦当劳大叔等。在快乐元素的一系列包装之后，巧妙地将快餐文化传播出去，让原本缺乏快餐饮食文化基础的国家和地区也慢慢接受，快餐在中国一度成为一种消费时尚文化。

妈祖文化相关的商品对消费者而言，往往有着趋吉避凶讨喜的含义。就像佛教文化商品中的佛珠，在中国大陆地区销量一直是相当不错的。由于每串佛珠的颗数不同，在佛教文化中代表的文化含义也有所不同。譬如说 108 颗珠子代表祛除烦恼、身心寂静；18 颗珠子代表六根、六尘、六识，统称为十八界等。

2014 年，莆田市湄洲岛妈祖庙董事会投资了 50 万元人民币购买设备，改造升级了妈祖糕加工厂，批量生产妈祖糕，并筹划向各大饭店、旅行社推广。这种食物是湄洲岛最具特色的农家传统糕点，由糯米、冬米、白糖制作而成，价格便宜，切块儿论斤称。也可以装盒，甜而不腻，松软可口。妈祖糕又称妈祖平安糕，是妈祖饮食文化中有代表性的食物之一，也是登湄洲岛旅游的游客们主要的消费品之一，可以作为伴手礼带回家送亲友，寓意平安吉祥。莆田街头的妈祖面，也叫长寿面，状元小吃。食材中的紫菜、香菇，分别象征紫气东来和团团圆圆之意，花生米代表落地生根，鸡蛋表示健康平安，再配上干黄花菜、豆腐条、五花肉，吃起来味道可口，预示着妈祖保佑来自各地的游客富贵、吉祥。

五湖四海的妈祖"粉丝"们会产生系列消费行为。例如：妈祖诞辰周年，海内外大批妈祖信徒都会纷纷来到莆田湄洲岛的祖庙。这些"粉丝"们衣、食、住、行、玩一系列活动，极大地拉动了当地的餐饮、宾馆、旅游等产业。同时，还出现了一批职业妈祖"粉丝"。职业妈祖"粉丝"包括依靠制作妈祖文化相关衍生的文化商品或工艺的一批人，他们生产的妈祖文化商品包括：与妈祖文化相关的木雕、根雕、金银等不同材质的妈祖像、摆件、挂件、吊坠、画像、十字绣等。莆田仙游的一家艺术设计公司从 1990 年成立之初，就开始为各大宫庙制作妈祖神像木雕，1998 年接下台湾妈祖宫——光度宫的一份订单，订购用上好的珍贵木料制作宫殿内的 13 尊妈祖神像。到今天为止，已经有来自台湾的一百多家妈祖宫庙都在他的公司订货。除此之外，妈祖文化影视园以及妈祖文化产业园也在各地相继建立，妈祖文化的商业活动呈现蓬勃发展的态势。

商业性活动是财富的根基，来源于这类活动的剩余款项为传统文化事业不断提供经费。当然，作为一种特殊的商品样式，妈祖文化产品具有双重的属性。既要不断深入挖掘其经济价值，又要确保妈祖精神的文化导向功能，引领先进的文化，塑造人们美好的心灵。恰如中国杭州的宋城一样，既在经济方面获利匪浅，同时又建立了美好的城市生态环境，树立了一种新的文化态度和健康的生活方式。

妈祖文化对商业活动的影响还体现在精神层面的熏陶。立德、行善、大爱，是妈祖精神内涵。"平安""和谐""包容"是妈祖文化的主要特征，这些是从商之人应有的精神气度和行动上的逻辑起点。今天，我们在琼州天后宫，聊妈祖精神。大家都知道今年是琼州乐善居 116 周年，这所老人院是由琼州天后宫在 1912 年创办并命名的。这是一所慈善公益社团，秉着大爱精神，不分种族、宗教，收容照顾需要帮忙的各籍贯乐龄人士。我们的符永平主席以慈善为乐，爱心无限，广交八方朋友，结四方善缘。前段时间我读过一篇关于符永平主席的文章，题目是《拳拳赤子心琼州天后宫主席、琼州乐善居主席——符永平》。文中提到一句话："符永平主席坚信，坦诚和谦卑是服务的基础；人格与信念是胜利的武器。"

图为笔者与新加坡琼州天后宫主席、琼州乐善居主席符永平先生为"莆田学院
妈祖文化海外研习基地"揭牌

在我看来，每个人心中都有一个愿望，希望我们获得爱，希望我们表达
爱，但谁都不开这个金口，谁都不做第一个。符永平主席其实就是在践行着
妈祖的文化精神。妈祖精神是真正的慈悲，渗透着大智慧之下的悲悯。为什
么我们要谈妈祖文化，文化是用来修养身心的。学习妈祖文化精神就是在山
高水阔之间，给自己建立生命的气场以及担当的责任、我们对生命的那种自
豪、我们对规则的认可以及我们执行的能力。有妈祖精神在心，我们就有智
慧去处理危机，有胆略和信心去对待不同声音，也会有接受并修正的勇气去
面对挫折。

有一次闲聊的时候，我指导的一个研究生问了我一个问题，他说老师您
觉得我们今天学习和推广妈祖文化最终目标到底是什么？我说以前我读过一
本书叫《生命的实相》，这是一本佛教色彩比较浓的书。作者谷口雅春在书
里说：我们内心描绘的事物，会通过现象在我们周围显现。也就是"境由心
造""相由心生""善念生善果，恶念结恶果"的因果法则。日本有一位企业
家叫稻盛和夫，他把为社会、为世人做贡献作为其一生"善念"的最高境界，
终身加以实践。2400 年前，希腊医学家希波拉底写下誓言，向医学界发出行
业道德倡议书："无论至何处，遇男或女，贵人及奴婢，我之唯一目的，为病
家谋幸福，并检点吾身，不作各种害人及恶劣行为……"从某种意义上而言，

所有的这些文化精神都是相通的，妈祖精神也是如此，可以帮助我们提升心性，磨炼灵魂。

妈祖文化是集儒、释、道文化与中华海洋文化大成的一种"活态"文化。中华文化源头是儒、道、释，这三家文化有共通之处，当然也有分工。儒家负责让我们了解每个人和社会以及与他人的关系，道家让我们了解个人和宇宙、自然之间的关系。每个人都要先进入社会像儒家那样去做个圣贤，每个人都要维护宇宙自然，那就用道家那种心态去与天地精神共往来，每个人内心都要确立自我。而佛家是教我们每个人从生命自我之间建立的这种关系。妈祖文化由儒、释、道三家相融互补而成。治心以佛，治身以道，治世以儒。

妈祖精神充满了正向力量，譬如："礼""义""忠""勇""孝悌"等文化因子在现代商业社会尤为匮乏。在这个交流与竞争并重的时代下，更有着积极的文化探究与推广意义。我们推广妈祖精神，是为了以妈祖精神催化人们的"仁爱之心"。什么是仁？"仁"绝不仅仅停留在我们的思维中，它应当转化成一种行动，也就是说让你自己对他人的帮助无私地放射出去；用你自己的微笑、你自己的阳光去影响周围的人，这就是"仁者"。

最后，让我们回到最初提出的观点，对于妈祖的信仰，其目的就在于让我们试图找到一个修身正己、迈向理想人格的门径。从"修己以敬"，到"修己以安人"，最后到"修己以安百姓"，这件事完成了个人修养、伦理建设、家国天下三个阶段，这就是真正意义上的"修己"。所以，在今天，何谓成功？何谓君子？我认为就是以毕生之力使精神得以成长的人。这也是妈祖精神能够给予我们的文化力量。

今天坐在这个屋檐之下的都是妈祖的信众，有来五湖四海和各行各业的朋友，不管我们现在是20岁、40岁，还是60岁，我一直希望妈祖精神能够给我们一个依据，不管面对一个如意或不如意的现实，不管面对未来多少有限年华，我们都能够活得从容不迫、悲天悯人，都能够活得器宇轩昂，能够在这样的天地之间，确立一个文化人格的自我，做一个有承诺、有担当的君子。

践行妈祖精神在于日常生活之中的贯通和融汇，有一个简单的故事说得好：一个佛家弟子去问大师："你教我一个参禅的办法啊？"大师说，"你回去吃饭睡觉。"小和尚说："谁不吃饭？谁不睡觉？这吃饭睡觉怎么能叫参禅呢？"师傅说："是，人人吃饭，绝大多数人挑肥拣瘦，吃得都不太痛快；人人睡觉，绝大多数人不是失眠就是做梦，睡得不太安稳。你就回去试着把每顿饭都吃得很香，把每宿觉都睡得很稳，那你就已经在参禅了。"用一颗平常心，参一段生活禅，即便不去烧香磕头，你也能建立一种精神觉悟。所以说，我们要用这样一种健康的、当下的、理性的方式看待妈祖文化。让妈祖精神在自己的内心融会贯通。

然而，我始终觉得人终究是靠自己成全的，一个有觉悟的人，是能够和神明与圣贤沟通的人，能从超越千年的尘埃中获得一种生命的觉悟，真正看见自己的心，从建立自己开始去构筑这个社会的和谐，每个人的前方有一个最好的自己，每个人的心中有一座最好的教堂。

希望让妈祖精神成全我们每个人的心，特别是在坐的各位，让大家都能够从此刻出发，一生都能够经常想起：有妈祖精神在心，生命就在自己的手中。祝福在座的各位朋友！祝福琼州天后宫！谢谢大家！

附录五：大学生妈祖文化认知状态考察 [①]

　　本章采用问卷调查法，选取福建省内福建工程学院、福建师范大学、厦门大学、华侨大学、集美大学、福建农林大学、武夷学院、闽江学院以及莆田学院九所高校的大学生作为被试进行实证调研。在实证研究的基础上，分析大学生信仰妈祖的影响因素，了解大学生对妈祖文化的认知程度、认知渠道和认知状态，深入研究大学生对于妈祖文化的认知现状，提出妈祖文化在高校传播的可行性策略。从对妈祖的信仰因素、认识水平以及对妈祖文化未来的继承发展等方面，广泛研究福建省高校大学生妈祖文化认知状态，认识现状并深入思考未来如何拓展妈祖文化在高校的传播。

　　十九大报告指出："深入挖掘中华优秀传统文化蕴含的思想观念、人文精神、道德规范，结合时代要求继承创新，让中华文化展现出永久魅力和时代风采。"[②]妈祖文化源自中华优秀传统文化，挖掘其中的文化养料，对于提高当代大学生的思政素养与文化品位有着不可小觑的作用。这符合中国共产党所倡导的先进文化的要求，也是植根于中国特色社会主义伟大实践中有特色的一环。这正是本章所考察妈祖文化在福建高校中传播的目的与价值所在，此方向的研究仍有很多未曾充分开发之处。学界目前对于福建高校大学生妈祖文化认知状态的研究从广度及深度方面，仍有很大的研究空间。

一、研究缘起及考察方法

　　作为中华优秀传统文化的一部分，妈祖文化得到了世界的认同。恰如吉峰所言："任何受众都可以基于自身特定的文化背景和个人理解层面，去感受

---

　　① 　本次调研是在笔者的共同指导下，由莆田学院徐维玮老师以及 5 位妈祖班同学（郑玲、陈丽青、叶倩霞、李金花、齐春红）采集了原始数据，笔者全程参与了数据的采集和结果分析。部分成果发表在《莆田学院学报》2018 年第 1 期。该书对数据的引用，征得了徐维玮老师的同意。

　　② 　习近平：《决胜全面建成小康社会 夺取新时代中国特色社会主义伟大胜利——在中国共产党第十九次全国代表大会上的报告》，北京：人民出版社，2017 年，第 42 页。

妈祖文化的魅力,继而接受妈祖文化故事中某些有益的中国优秀的传统文化元素。"①

传承妈祖文化中所蕴含的"仁爱""正义""勇敢""和平"等文化精神内涵,对于当代大学生的德育素质培养以及他们的文化自觉与文化自信意识的提升,有着重要的理论意义及现实意义。一些学者从高校教育的维度对妈祖文化进行分析。陈淑媛等针对莆田学院9个专业的大学生进行调研,提出:"创建妈祖文化认知平台,增加大学生对地域文化的体验和创意实践环节,培养创意灵感,提高文化创意能力,开发符合青少年心理需求的产品;重视莆田工艺文化与妈祖创意文化产业的结合,提供大学生创意的载体。"②

也有学者开始关注妈祖文化与在高校的传播情况,如陈丽萍《莆田大学生妈祖信仰现状调查与分析——以湄洲湾职业技术学院莆田籍学生调查为例》(2013年)③和任清华《妈祖文化在莆田高校校园文化中的传承和发展——以湄洲湾职业技术学院为例》(2014年)。④调研对象锁定在湄洲湾职业技术学院在校的莆田籍学生,普遍认同妈祖文化在德育方面对学生的塑造和理性引导。张丽敏和郭德厚《论妈祖文化与沿海大学生德育》(2014年),认为妈祖文化对大学生存在正负两方面影响。⑤徐颖认为妈祖文化在高校的传承能够在五个方面发挥作用:爱国主义情感、社会责任感和使命感、道德境界、意志品质、职业素养。⑥

本次调研的具体考察方法如下:

其一,本研究采用问卷调查的方式,选取福建省9所大学的一至四年级的在校大学生,总共回收有效问卷893份,其中:福建工程学院100份,福建师范大学100份,厦门大学87份,华侨大学96份,集美大学105份,福建农林大学91份,武夷学院104份,闽江学院104份,莆田学院106份。

---

① 吉峰:《闽台妈祖文化传播研究》,厦门:厦门大学出版社,2017年,第84页。

② 陈淑媛、陈超:《大学生对妈祖文化的认知与妈祖创意文化产业发展——以莆田学院为例》,《咸宁学院学报》,2010年第11期,第185页。

③ 陈丽萍:《莆田大学生妈祖信仰现状调查与分析——以湄洲湾职业技术学院莆田籍学生调查为例》,《莆田学院学报》,2013年第3期,第9—10页。

④ 任清华:《妈祖文化在莆田高校校园文化中的传承和发展——以湄洲湾职业技术学院为例》,《莆田学院学报》,2014年第4期,第9—10页。

⑤ 张丽敏、郭德厚:《论妈祖文化与沿海大学生德育》,《学理论》,2014年第1期,第284、285页。

⑥ 徐颖:《妈祖精神及对当代大学生思想教育的辅助作用》,《莆田学院学报》,2015年第3期,第12、13页。

其二，本研究选取福建省 9 所大学的一至四年级的大学生，其中男生 365 人，女生 528 人；一年级占 22.85%，二年级占 26.54%，三年级 32.36%，四年级占 18.25%；家乡在福建省内的 457 人，福建省外的 436 人；所在城市为沿海城市的 467 人，内陆城市的 426 人；莆田人 259 人，非莆田人 634 人。

其三，对所有的有效数据用 Spss11.5 统计软件包进行录入、整理和统计分析。

二、数据分析及结论思考

其一，影响大学生信仰妈祖的传播因素统计分析。根据调查数据显示，大学生是否信仰妈祖与性别无关，与家人是否信仰有显著相关，这说明妈祖文化的传播受到家庭教育的影响。如果家人信仰妈祖，必定会在重要节日祭拜妈祖，甚至在家中供奉妈祖，家人也会给孩子讲有关妈祖的故事，家庭是每个人的第一所学校，父母的言传身教对于每一个孩子来说都是最直观最易接受的。同时，大学生是否信仰妈祖与是否为莆田人也存在显著相关。另外，是否莆田人与家人信仰妈祖也有显著相关（$X2=90.608$，$P=0.000$），这说明莆田籍大学生家人信仰妈祖的人数要远高于其他地区，这两个显著差异说明信仰妈祖与否存在着地区差异。莆田是妈祖的祖地，妈祖信仰也起源于此，此地也是妈祖文化影响最为广泛的地区。在莆田，大学生每时每刻都能感受到妈祖的影响力，尤其是妈祖的诞辰日和升天日，每年都会有来自世界各地的朝圣者到莆田祭拜妈祖，每年莆田还会举办国际性的妈祖文化学术研讨会和妈祖文化旅游节。从家庭到社会都弥漫着浓郁的妈祖文化的气息，在这种氛围长大的孩子信仰妈祖的可能性大增，因此莆田籍的大学生信仰妈祖的人数显著高于其他地区的大学生。

性别		家人信仰		是否为莆田人	
X2	P	X2	P	X2	P
0.713	0.700	237.368	0.000	82.972	0.000

影响大学生信仰妈祖的传播因素一览表

其二，大学生对妈祖文化的认知现状。从下表可以看出对妈祖文化的认识程度与家乡是否在福建省有显著相关，与是否为沿海城市也有显著相关，但是，对妈祖文化的认知程度与是否为莆田人相关性最高，这说明莆田籍大学生对于妈祖文化的认识程度要显著高于全国其他城市的大学生，再一次说明莆田作为妈祖祖地存在着显著的地区优势。

家乡（福建省内、福建省外）		城市（沿海城市、内陆城市）		是否为莆田人	
X2	P	X2	P	X2	P
10.765	0.013	8.443	0.038	44.731	0.000

大学生对妈祖文化认知程度影响因素一览表

调查研究表明妈祖文化和大学生的生活相关性与是否为莆田人有显著相关（X2=56.883，P=0.000）。这说明妈祖文化已经渗透融入莆田人生活的方方面面，与莆田籍大学生的生活已经紧密融合在一起。

	您觉得妈祖文化跟您的生活相关性大吗？	
	是莆田人	不是莆田人
很大	93	92
不大	135	387
无关	31	155
合计	259	634

妈祖文化与大学生生活相关性一览表

此外，在妈祖文化的认识程度层面有 12.77% 的大学生认为自己非常了解，并有一定研究，40.09% 的大学生比较了解，39.19% 的大学生不是很了解，仅仅有 7.95% 的大学生完全不了解，这说明绝大多数大学生对妈祖文化有了解。比如说他们知道妈祖的生平事迹，知道全世界信仰妈祖的信徒有很多，知道每年在湄洲岛都有祭祀妈祖的活动。有部分大学生还表示曾经参加过祭祀典礼，其中 25.21% 的大学生参加的目的是为了想要更多地了解妈祖文化，36.39% 的大学生是为了表达自己的信仰，24.51% 的大学生为了求神的庇护，还有 13.89% 的大学生出于好奇。

其三，大学生对妈祖文化的认知渠道。调查表明大学生平时了解妈祖文化的主要渠道（可多选）如下：50.84% 通过电视，44.01% 通过周围人介绍，40.31% 通过相关文献，39.87% 通过网络，30.24% 通过报刊，23.18% 通过旅游，6.61% 通过其他方式。从中可以看出妈祖文化的传播除了传统的口耳相传的传播方式外，还要更好地利用现代新媒体技术。

其四，大学生对传播和发展妈祖文化的认知状态。在是否有必要加大妈祖文化的宣传力度、开设相关课程方面，认为"应该大力支持"的占

21.72%，认为"应该，但要适度"的占49.38%，认为"无所谓，听听也可以"的占26.54%，只有2.35%的大学生坚决反对，这说明大多数大学生支持这种做法，也有兴趣了解妈祖文化，并不抵触。对于是否有必要传播和发展妈祖文化方面，有73.57%的大学生认为有必要，并且多数大学生认为对于妈祖文化的宣传力度还不够。大学生认为对于妈祖文化的宣传力度足够的仅有14.01%，24.86%的大学生认为几乎没有宣传妈祖文化，51.18%的大学生认为宣传力度还可以，还有9.95%的大学生不清楚，这说明妈祖文化的宣传力度无论从广度和深度上都有待加强。大学生对于妈祖文化相关产业的市场前景抱有乐观态度，75.71%的大学生认为有进一步发展的空间，仅有17.91%的大学生认为不容乐观，还有6.38%的大学生对此不是很清楚。同时调查还表明对于如何能够更好地传播妈祖文化排在前三位的措施是：52.74%的大学生认为应该加强民间文化交流，48.38%的大学生认为应该加强官方的支持力度，48.26%的大学生认为应该定期举办妈祖文化节等仪式类活动。

综上可知，大学生是否信仰妈祖与性别无关，与家人是否信仰有显著相关，莆田籍的大学生信仰妈祖的人数显著高于其他地区的大学生。这说明莆田作为妈祖的祖地，具有先天的地域优势，莆田籍大学生从小就是在浓厚的妈祖文化氛围内长大的。要将这种地域优势保持下去，并且要让更多的非莆田籍大学生了解妈祖文化。妈祖文化的传播除了传统的口耳相传的方式外，还要更好地利用现代新媒体技术。妈祖文化的宣传力度无论从广度和深度上都有待加强。在福建高校学子心中，对于妈祖文化的传播最有效的方式是：加强民间文化交流、加强官方的支持力度、定期举办妈祖文化节等仪式类活动。那么，对于高校而言，笔者认为有如下两个方面需要继续思考。

不妨恰到好处地将妈祖文化融入到校园文化之中。莆田学院文化与传播学院在2017年7月13日公开从全校各专业的2015、2016级本科生中择优录取了50名，作为第二届"妈祖文化传播人才培养特色班"学员。旨在彰显"妈祖文化"办学特色，推进人才培养模式改革，培养学生对妈祖文化建立较浓厚的兴趣，帮助有志从事妈祖文化传播工作同学从理论与实践的高度深入了解妈祖文化。那么，对于福建其他高校而言，有条件的学校可以开设妈祖文化的相关课程或讲座，大学生可以系统学习妈祖文化。课程类型可以是必修课程也可以是选修课程，还可以是系列讲座的形式，这样做可以提高学生对妈祖文化学习的积极性和主动性。这种课程在弘扬和传播妈祖文化的同时，还可以帮助大学生形成正确的、客观的、理性的信仰观。高校在塑造当代大学生的文化价值观、德育素质的过程中，还是要从几千年的中华文化传统中不断吸收养分，抛弃传统文化或是干脆割裂传统文化，一味地从西方的教育观念中找对接是不明智的选择。

莆田学院妈祖班结业证书（拍摄于 2018 年 10 月 30 日）

此外，对于妈祖文化的传播仍需借助当代先进的传媒技术手段，让大学生对妈祖文化建立科学的认知观念。烧香祈福只是一种文化现象，其行为纵然无可厚非，但是对于向高校学子传播妈祖文化，还是要让学生们明白，普通的祭祀求福仅仅属于民众自然的信仰传统之一，并不是妈祖文化的全部。恰如美国人类学家罗伯特·芮德菲尔德（Robert Redfield）所言："在某一种文明里面，总会存在着两个传统；其一是一个由为数很少的一些善于思考的人们创造出的一种大传统，其二是一个由为数很大的、但基本上是不会思考的人们创造出的一种小传统。大传统是在学堂或庙堂之内培育出来的，而小传统则是自发地萌发出来的，然后它就在它诞生的那些乡村社区的无知的群众的生活里摸爬滚打挣扎着持续下去。"①

大学生对于妈祖文化的思考要有精英文化意识，既能够理性解读民众信仰妈祖的举动，又能够从理论与实践的高度，提炼妈祖文化中优秀的精神内涵，将其运用于当代生产与生活之中。妈祖文化对于提升在"海丝"沿线国

---

① 罗伯特·芮德菲尔德著，王莹译：《农民社会与文化：人类学对文明的一种诠释》，北京：中国社会科学出版社，2013 年，第 95 页。

家和地区的影响力不容小觑，大学生需要从时代战略眼光出发，对妈祖文化有所认知。对于年轻人的而言，新媒介的影响力不容小视，对于媒介内容趣味性、知识性的要求也比较高。刘燕曾提出了"电子教堂"的说法。[①] 这种模式对于妈祖文化传播自然也是有着运用空间的，新媒介将世界各地的人们跨界联系在一起，形成文化合力。在新媒体的场景之中传播妈祖文化，能够对妈祖文化传传播生态进行优化，发挥新问题移动性、聚合性、互动性以及平台型的特点，构建起一套妈祖文化传播的新媒介呈现路径。

新媒体的特点是形式丰富、互动性强、渠道广泛、覆盖率高，它打破了时间和空间的限制。大学生可以时刻通过手机、电脑等渠道了解妈祖文化。譬如设计一款有关妈祖文化的游戏，以手游的形式推广，其传播效果都会不错。作为中国时下运作最成功的手游《王者荣耀》中，在游戏中以历史人物作为角色，根据人物特点赋予不同的技能，一方面，利用了大众对历史人物的推崇和代入心理，增强游戏趣味性，另一方面，利用历史人物的知名度，让玩家更容易接受和了解游戏。虽然该款游戏在历史人物形象的代入方面仍有瑕疵，需要进一步完善，但至少这种方式在传播效果上是值得借鉴的。有一款二战题材的游戏。你要是不懂二战的历史，根本没法继续下去。里面的人名、地名、时代背景是最起码要事先了解一下的。然后突然产生了一种自己很浅薄的想法，发现竟然对世界历史知之甚少，当初学的时候也没留下多少印象。为了玩这款游戏，你就不得不翻翻二战相关的历史书把脉络重新梳理清楚。再玩游戏的时候，感受就不一样了。你会发现你对世界的很多困惑，其实就是你无知。如果再多懂得那么一点点，你看世界的眼光就不一样了。通过玩一款游戏，还能发现知识的力量，感受历史文化的魅力。妈祖文化的传播，不妨从这些营销推广的经典案例中汲取经验。依托于当代先进的传媒技术，契合年轻人的接受心理，使优秀文化得以发挥其时代的价值。

要通过有效传播，让大学生认识到妈祖文化所蕴含的中华传统文化中的核心价值观，在今天显得重要而且必要。2017年2月6日，中共中央办公厅、国务院办公厅出台了《关于实施中华优秀传统文化传承发展工程的意见》，首次以中央文件形式专题阐述中华优秀传统文化传承发展工作。妈祖文化作为中华优秀传统文化的一部分，其精神蕴含着丰富的生命智慧，凝结着沿海人

---

① 刘燕：《后现代宗教认同的"衰微"与"蜕变"：媒介技术层面的质疑与反思》，《新闻大学》，2009年第3期，第63页。

民道德文明的常道，更应该是福建高校学子所关注的一种正能量文化精神。对于中华优秀传统文化，牟钟鉴曾有如下总结："中华民族的价值理想，其最高理念就是中国人所追求的'道'（有道、志道、得道、弘道）；用两个字表述，是'仁和'；用三个词表述，是'仁义、民本、贵和'；用四句话表述，是'天人一体、仁爱忠恕、和而不同、礼仪诚信'；用五个字表述，是'仁、义、礼、智、信'；用六短句表述，是'讲仁爱、重民本、守诚信、崇正义、尚和合、求大同'。"① 这些中华传统文化的某些特质与妈祖文化中亲善友爱、公平正义与人为善、真诚待人、惩恶扬善等精神有着高度的贴近性，至今对沿海地区的民众仍具有强大的感召力。将妈祖文化与当代高校教育融合，提升大学生文化自信的观念，具有积极的文化战略价值，需要大量的后续研究。

---

① 牟钟鉴：《中国文化的当下精神》，北京：中华书局，2016年，第2页。

附录六：移动互联网时代下妈祖文化问卷默认报告

1. 您的年龄段是？ [单选题]

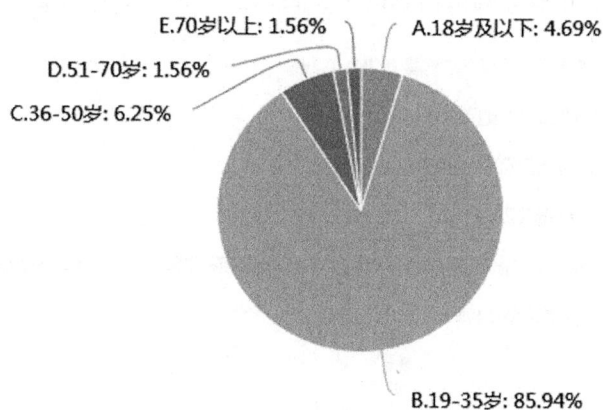

E.70岁以上: 1.56%
D.51-70岁: 1.56%
C.36-50岁: 6.25%
A.18岁及以下: 4.69%
B.19-35岁: 85.94%

2. 您是妈祖信众吗？ [单选题]

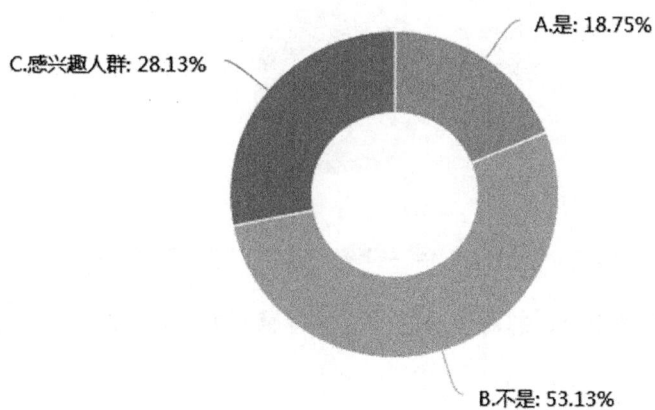

C.感兴趣人群: 28.13%
A.是: 18.75%
B.不是: 53.13%

3. 您有使用移动媒介（如手机）获取妈祖的相关信息的习惯吗？ [单选题]

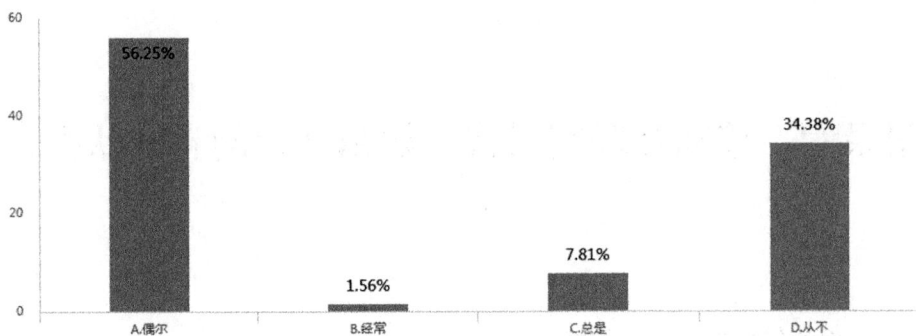

4. 您使用媒介搜寻妈祖信息的主要目的是什么？［多选题］

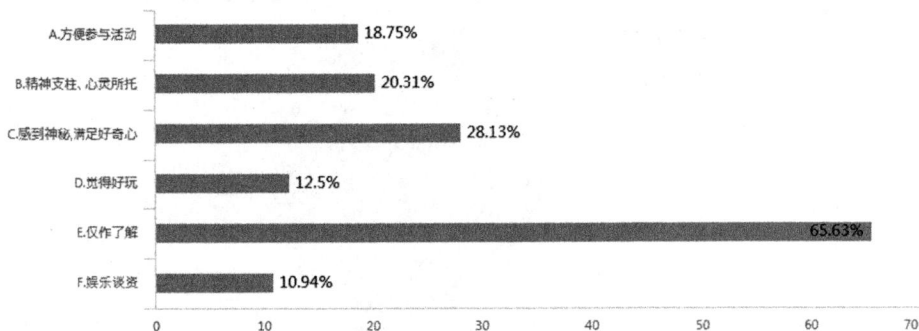

5. 在移动终端上，您看过什么形式的妈祖广告？［多选题］

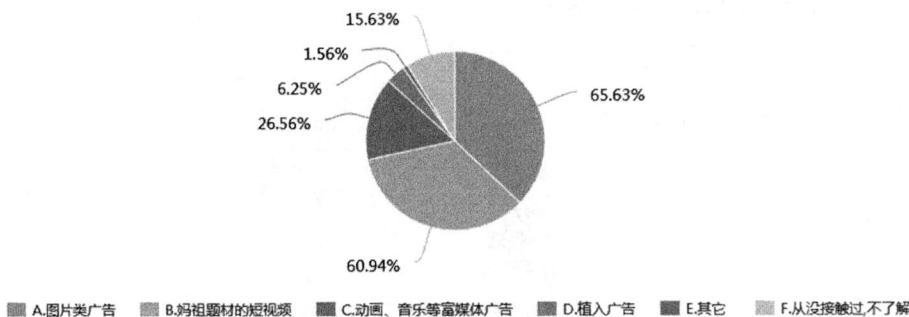

■ A.图片类广告　■ B.妈祖题材的短视频　■ C.动画、音乐等富媒体广告　■ D.植入广告　■ E.其它　■ F.从没接触过,不了解

6. 在移动媒介上，您对妈祖的什么内容感兴趣？［多选题］

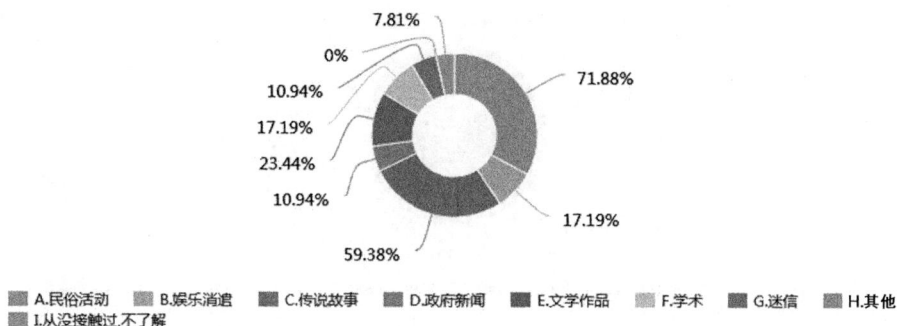

■ A.民俗活动 ■ B.娱乐消遣 ■ C.传说故事 ■ D.政府新闻 ■ E.文学作品 □ F.学术 ■ G.迷信 ■ H.其他
■ I.从没接触过,不了解

7. 在移动媒介上，您认可怎么样的妈祖形象？ [多选题]

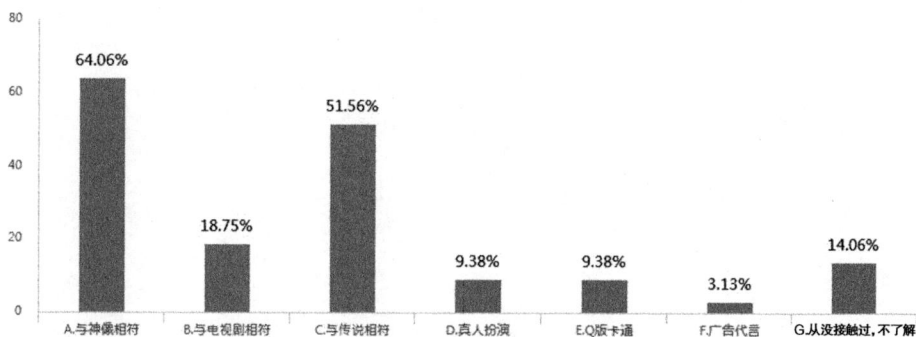

8. 您认为广告中的妈祖与您心目中的妈祖存在差距吗？ [单选题]

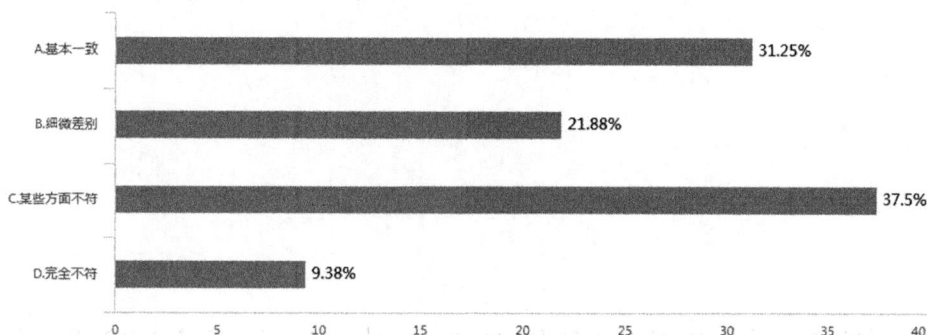

9. 您觉得移动媒介上的妈祖广告存在什么问题？ [多选题]

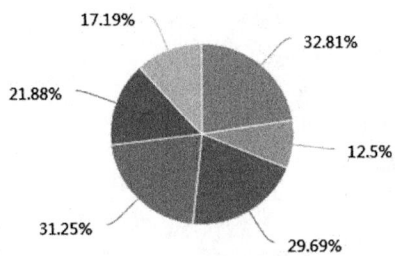

17.19%
32.81%
21.88%
12.5%
31.25%
29.69%

A.商业气息太重   B.完全不符心中的妈祖形象   C.不能够引起我的注意   D.有待改进   E.暂时没发现问题
F.从没接触过,不了解

附录七　基于莆田地区妈祖文化创意产品的考察[①]

一、概述

（一）研究背景

妈祖文化源于妈祖信仰，后经妈祖宫庙、历代褒封与祭祀典礼的承载与弘扬，其影响越发广泛，从而逐渐形成以我国东南沿海地区为中心，向四周辐射扩散的格局。妈祖文化诞生至今，在其原有基础上不断吸收外部有益因素并摒除自身之糟粕，渐渐成为中国优秀传统文化之中不可或缺的一部分。当下，妈祖文化所涵盖的领域也越来越宽广，特别是在体育运动、绘画艺术以及档案管理等方面给人们提供了认识妈祖文化的全新途径。自 2009 年妈祖文化被联合国教科文组织列入"人类非物质文化遗产代表作名录"起，妈祖文化便开始以世界公认的我国的首个信俗类"世界文化遗产"作为标签而走向更远更多的国度，妈祖文化既是中华民族的，也是世界各族的。

妈祖信仰自我国北宋时期伊始，便以其"海神"信仰为著称，对莆田及其周边地区影响深远，因其护国庇民，功绩赫然而受宋、元、明、清各朝统治者褒封擢升，也是因此，妈祖由渔家女默娘逐渐成了如今人们常说的"天后圣母"。在过去，我国沿海的讨海人为谋生计不得不与自然相抗争，而在茫茫大海之上一切均是未知数，唯有内心深处的信仰如灯塔般指引着、支撑着也保佑着他们能够航海安全并大获丰收，这便是妈祖"海神"神格的具体功用与妈祖信仰所带来的力量。今时今日的妈祖神格确乎已经多元化，在"海神"的基础上还增添了"劝善行善"、"立德积德"、"慈爱包容"等方面，这都为妈祖本身形象的越加丰满与深化妈祖文化的内涵起到了重要作用。

作为展现、传承以及研究妈祖文化最为关键且直观的场所——妈祖宫庙

---

① 本文是 2018 年 6 月 19 日，在笔者的指导下，与莆田学院第二届妈祖文化传播人才培养特色班陈益培、杨晶晶、孔聪聪、黄兰韵、吴李伟、翁伟共同完成的调研报告。

向来备受人们关注，妈祖宫庙于各地所使用的宫名虽多有不同，诸如天后宫、天妃庙、娘妈阁等，但其性质完全一致。据统计，全球共有妈祖宫庙逾5000座，遍布20多个国家与地区，仅莆田范围内便有大小妈祖宫庙近1000座，几乎涵盖所有的乡镇村落。在莆田，除却声名远播的湄洲妈祖祖庙以外，还有平海天后宫、文峰天后宫、霞徐天妃庙等颇有名望的妈祖宫庙；向北，则有沈阳天后宫、天津天后宫、烟台天后宫等；向西，则有镇远天后宫、涠洲岛天后宫、黄许天后宫等；向南，则有泉州天后宫、深圳天后宫、海口天后宫等。至于向东，则到了我国台湾，其全岛三分之二的人口，即近1800万人民信仰妈祖并以各自不同的方式方法为妈祖文化贡献自己的力量。其中，台湾的澎湖天后宫、北港朝天宫、大甲镇澜宫等妈祖宫庙不仅在台湾享有盛誉，更是和大陆尤其是湄洲妈祖祖庙往来密切的台湾庙宇。

作为推动妈祖文化传播的新手段之一的妈祖文化创意产品现如今正在发挥着其独特的作用，而这一作用是任何致力于妈祖文化推广的个人与团体所不可忽视的。探究妈祖文化在台湾因何会有如此强大的影响力，其原因之一就在于台湾的文化创意理念走在大陆之前，甚至走在全球前列，而台湾人发觉将妈祖文化与创意产品相融合是发扬妈祖文化的一种行之有效的方法，经过多年的精心研究与设计，目前在台湾可以看到各种各样的与妈祖文化有关的创意产品，深受当地与外来游客的喜爱。莆田作为妈祖的故乡，在具有如此深厚的妈祖文化氛围中，文化创意与自身优势相结合，从而打造出独具风格的产品是提升妈祖文化品牌意识的又一途径，沿着这一途径可将抽象文化以具象形态的方式呈现在群众面前，加之新颖出奇的创意，可让年轻一代同样乐于投身妈祖文化。

妈祖文化创意的概念在较早之前便被莆田的一些从业者发现并重视，但由于自身能力有限，市场不够活跃以及其他因素的制约，始终没能从概念转变为实际行动。近两年以来，莆田与台湾、东南亚以及美国等地的妈祖文化交流机构往来越发密切，而在此过程中妈祖文化创意产品也逐渐开始承担起文化交流的象征，以湄洲妈祖祖庙为代表的机构团体开始投入人力、物力与财力研发属于莆田，属于湄洲，属于妈祖的特色产品，形成自己的产品结构。基于此，莆田各界的积极性逐渐被调动起来，过去没有付诸实践的一些想法也在慢慢地成为现实，虽然刚起步不久，但莆田的妈祖文化创意产品有其得天独厚的优势，可以在一个较好的环境中快速地发展起来。

海水到处有华人，华人到处有妈祖。随着华人华侨向世界各地踏足，所带给当地的必不可少的便是家乡的信仰，妈祖信仰便是这样一步一步地在异国他乡流传开来并与当地的原始信仰兼容并包，既为华人华侨服务，也赢得了当地民众的认可。在全球拥有超过两亿信众的妈祖，正因我国的国家战略意识与妈祖文化"四海一心"的广博号召力不断地促进妈祖文化周边事业发展与繁荣。

（二）研究目的

此番所做的调查紧紧围绕莆田为分析中心与要点，广泛了解现有市场上的妈祖文化创意产品以及在此基础上思考如何进一步推动妈祖文化创意产业生产研发出既饱含文化价值，又与时俱进且贴合市场需求的产品。此外，在进行调查的同时也一并梳理出当下莆田市场中妈祖文化创意产品的类型。整个调查过程力求以客观、理性且合乎实际为基调以达调查目的。

（三）研究意义

所谓文化创意产品，即依托某种文化为基础并依靠创意人的智慧、技能和天赋等，借助目前优越的生产条件对蕴藏于文化中的资源予以提炼与开发，最终以实体产品的形式展现出来。众所周知，妈祖文化乃莆田之至为代表性的名片，其要义以"立德，行善，大爱"为根本，随着时代的发展与进步不断丰富、涵养自身，在华人信俗中影响广泛。而对于妈祖文化的研究与传播，一方面自然是在学术层面深入探索、钻研与发掘；另一方面也应在"将文化之"的指导思想下以实体产业、产品的状态将妈祖文化推而广之，妈祖文化创意产品的诞生便是基于此。

目前，在诸多发达国家与地区已经拥有强劲科技产业的情况下，同时将文化创意产业视为"主轴产业"，在政策、资金与社会环境等方面给予大力支持。英国作为文化创意产业的发祥地，其所取得的成就世人共睹，随后便有香港地区、丹麦、新加坡等陆续投身于文化创意产业，而近年来颇有成绩的便是韩国的网络游戏、影视剧、综艺节目等。以上均说明文化创意产业已然为多数国家所认可并成为推动国际社会发展的又一动力。在我国发展程度越发提升的现状下，文化也越来越走向舞台中心并散发出其独有的魅力，在产业转型的驱动下，文化创意在我国亦显出了强大的生命力。莆田作为妈祖文化的发源地，有责任也有义务据此衍生开来形成产业，制作出产品。

过去，妈祖文化经由舟船而漂洋过海传之四方；如今，妈祖文化更需在生活之中易得易见易知的介质上有所承载与体现，而着力于妈祖文化创意产品即是将文化与生活通汇，即便人们不在宫庙、会场、论坛也同样能为之浸润。

（四）研究内容

莆田学院的妈祖文化研究学者王福梅教授在其文章中指出，研究妈祖文化应当为国家战略意识服务，也应当为社会经济发展做出应有的贡献，发展妈祖文化创意产业就是可行的一条。时下，为研究与妈祖文化创意相关产品的具体信息，本文将从高校、湄洲妈祖祖庙、群众文体艺术活动场馆以及妈祖文化创意产品开发公司与人员等几个方面进行叙述并融入为此所做采访而获取的资料，系统地报告说明莆田地区妈祖文化创意产品的具体信息。

二、研究方法——深度访谈、实地调研

（一）调查代表的选择

为使得本次调查报告具有足够的代表性与说明性，所选择的与莆田地区妈祖文化创意产品相关的人士分别来自莆田学院、湄洲妈祖祖庙、莆田群众艺术馆、妈祖文化创意产品设计者以及妈祖文化创意公司，可在较大程度上反映出目前各界对于妈祖文化创意产品的关注与思考。

（二）深度访谈设计

本次深度访谈通过采访具有代表性的人物来说明情况并将访谈设计分为两个部分。一方面，结合被采访人自身的职业、爱好、经历等实际情况来谈关于妈祖文化创意产品的认识、感受与态度并尝试以举例说明的方式；另一方面，通过被采访人的分析与判断，了解莆田地区妈祖文化创意产品的现状与未来发展的情况并能够对比其他地区以获得启示。

（三）实地调研成果

此次莆田妈祖文化创意产品的主要考察地为湄洲祖庙莆田会馆一楼文化创意园、莆田群众艺术馆展览区以及福建省创加文化创意有限公司产品展销区等三处。就所接触到的产品信息来看，湄洲祖庙莆田会馆与莆田群众艺术馆主要以工艺品为主，兼有一些年轻时尚的生活创意产品，而在创加文化创意公司内则较多的以休闲娱乐、饰品装扮等为主题风格的轻便小巧类的产品为主。因此，从莆田市场上的情况与相关人员的介绍来看，工艺产品与简便制品占据主流，而其中又以工艺品为更胜，诸如木雕、石雕、玉雕之类。

（四）被采访人信息

1. 湄洲妈祖祖庙莆田会馆文化创意园设计者：陈智凯

2. 福建省创加文化创意有限公司总经理：谢霖

3.湄洲妈祖祖庙莆田会馆馆长：陈金森

4.莆田市群众艺术馆馆长：宋国平

5.莆田学院工艺美术学院教师：殷小兵

三、深度访谈、实地调研情况分析

（一）关于妈祖文化创意产品的认知

被采访人	采访回答实录
殷小兵	"文创这个词呢，不同的人说它的范围是不一样的，如果站在政府这个层面的话，它包含的行业非常多，比如工艺美术。我觉得就妈祖文创来讲的话它应该不会太传统，总体来讲它的格调，我认为现在更多的应该是属于新中式那种格调，这个是我们主要的发展方向。传统的东西也有，但是市场不会太大。那么至于说妈祖的文创的话，我认为这个应该是在我们现有的民间妈祖信仰的这些文字内容和图片内容作为基础去进行一些适合我们当代人的创作发挥或者说创意。"
陈金森	"文创产品有了解过，自己去台湾各个宫庙，宫庙门口都有文创产品在那边展示，或者我们去他们那联谊交流的时候，他们也会送一些伴手礼，其实这些都算是文创产品。好的文创产品，它的内涵比较具体化。比如说在会馆里面的这些文创产品，人家一看就知道这个是祖庙的，祖庙已经拥有这一些材质的妈祖，让大家了解这个祖庙的发展历程，然后他们也有个期待，很想到祖庙去看看金的妈祖是怎么样的，亲眼去瞻仰一下这几尊妈祖神像，起码会达到这一点。"
陈智凯	"我本人是2005年开始妈祖文创构思的，也应该算是那时候开始接触妈祖文创。那时候莆田古谯楼那有一家谭木匠，那时想法很简单，谭木匠可以开遍全国，是一把文化梳子，如果将妈祖文化与梳子结合会不会有更好的市场，后来开发了'妈祖平安梳'。"
宋国平	"我觉得大家都在玩这个文创，但还只是一种文艺青年、少女心、诗人的一种气质。一个是市场打不开的话，单纯走概念，那是玩不下去的，它一定是一种流量上的开发，才能够推动质的提升。"
谢霖	"妈祖文创很早就开始接触了，从台湾开始了解，台湾妈祖文创比较多，看了之后感觉挺好玩的。那个时候还不叫文创产品，叫旅游纪念品，我是在微博上看到的，大概是1913年，看到的第一个文创是T恤，T恤上面有一个妈祖，看到之后感觉挺Q的。个人比较喜欢文化（情怀），特别是本土文化，我对设计也比较感兴趣，另外一个就是这个是符合当下的一个发展需求，现在经济发展到这个程度，从这个政治意义也好，经济意义也好，它都是一个需求，随着消费升级，包括这个中产阶级的崛起。莆田海滨邹鲁，文献民邦，我们想把莆田文创产品推广出去，让更多的人知道。"

　　以上五位被采访人均能在对妈祖文化熟识的基础之下，结合自己所从事的职业与对本行业的了解清晰地表达出自身关于妈祖文化创意产品的认知。由上述采访可分析得出目前莆田妈祖文化创意产品的三大优势所在。

1. 认知准确，定位合理

所谓的研究莆田妈祖文化创意产品，这其中至少要掌握包含三个领域的相关信息，一是对于莆田市场；二是妈祖文化；三是创意产品。假如对此三者其中任一不够了解或者误解都将导致方向的偏离。就上述几位被采访人所做的回答来看，他们均能够依托自己的专业知识与敏感度，对莆田市面上关于妈祖文化创意产品的现状进行准确的描述并从不同的行业观点出发来做分析与下定义，这保证了文化创意产业之轮不驶向迷途。妈祖文化既然诞生于莆田，那么便应该高效地利用起莆田的地方优势，诸如湄洲妈祖祖庙的强大吸引力、莆田高超的工艺技术以及与台湾仅是隔海相望的天然地理环境等，这些都可以为妈祖文化创意产品推波助澜，从而在此合理定位的驱动下使得莆田的特色与文化创意交织交融。

2. 底蕴深厚，政府扶持

莆田素有"海滨邹鲁，文献名邦"之美誉，可见文化氛围与气息从古至今一直以来便环绕在莆田的方方面面之上并影响着莆田人民的思想。妈祖文化孕育于莆田历史文化之中，自然带有深厚而独特的莆田印迹，这为文化创意从业者是一种"为有源头活水来"的重要的创作思路引导，可对文化含义充分融入产品以提升质量与品质奠定基础。自2009年妈祖文化被联合国教科文组织纳入信俗类文化遗产以来，我国将妈祖文化纳入国家战略意识，省市两级政府，尤其是莆田市地方政府在传播、推广、宣传妈祖文化等方面给予了各方的支持，专门组建妈祖文化品牌提升建设工作组负责。契机难得，时候正好，当下从事妈祖文化创意产品的从业者应当借此东风，在外部环境优良的前提下充分发挥自我主动性以回馈社会。

3. 人才汇聚，各方协作

由于近几年来莆田各方面的快速发展，加之政府陆续出台的吸引性政策以及社会各界对于妈祖文化的高度关注，越来越多的国内外专门从事文化创意及其相关工作的人员来到莆田，为莆田带来了许许多多"新鲜血液"。他们致力于发展妈祖文化创意产业并研发创意产品，比如来自莆田学院文化与传播学院、莆田学院工艺美术学院等机构中的教师与学生也纷纷加入其中。有人才的地方就会有创意，而有创意就会有好产品，这为莆田的妈祖文化创意带来了才思与智慧支持。如何更好地开发莆田妈祖文化创意产品，从来不是仅仅依靠于某一个独立因素，而是应当在合作共赢的模式下集思广益，共同努力。妈祖文化向来不为私人所拥有，因而各出其力才能使得产品确乎具有创意、内涵与品位，学术研讨是需要的，灵感出奇是需要的，流水生产也是需要的，因而在有人才的前提下，各方面将力量集中起来共谋文化创意可谓志在必得。

（二）妈祖文化创意产品价值的判断

被采访人	采访回答实录
殷小兵	"我是工艺美院的老师。我的专业跟妈祖文创会有很多的联系。我认为现在最重要的一点就是妈祖这个题材它属于传统题材这个没错，但是呢，我认为现在最重要的就是让年轻人跟这个东西能够产生共鸣，这个不管是从妈祖信仰的传播和发展这个角度来讲，还是对于年轻人生活的丰富化多元化来讲也是非常必需的，应该的。妈祖文化，现在仅仅就是一个信仰，它还没有达到宗教的那个高度。如果说达到宗教的高度的话，你再对照一下那几个在世界上比较有影响力的宗教，你就会发现那些宗教在传统与时尚、传统与现代的结合方面，应该讲多多少少都做了很多的文章，都有各自的发展路径。" "我见过欧洲的一些教堂里面不管是房子的设计还是里面的室内的设计，都是非常后现代的。后现代已经到什么程度了，比如说简洁，它可以简洁到几乎就是无印良品的那种风格。当然这个不同的宗教，它的容忍程度怕是不太一样，像佛教，虽然说这方面还不至于像基督教天主教那样走得那么前卫，但是也有挺不错的一些发展，比如说：有些人他可能就不讲佛教，我讲这是禅吧，禅跟佛还是有点区别的，那么禅呢，再跟茶结合在一起，那就出来了很多很多非常有趣的一些东西。"
陈金森	"湄洲妈祖祖庙莆田会馆一楼专门做文创产品展销，本意就是要让这个妈祖文创产品繁荣昌盛。其实我们是提供一个平台，凝聚那些莆田市对这方面有爱好有兴趣的人都聚集到这个平台上面来，让他们去发挥他们的聪明才智，然后去搞一些等于说我们是借助这个文创产品来宣传妈祖文化，让妈祖文化随着这一些朝拜的有信仰的人带到这个各个地方去。 因为这个莆田人毕竟从小耳濡目染妈祖文化，如果是四川的，然后是东北那些人可能对妈祖还不了解，所以呢他也创意不出来，必须你得熟悉嘛，对这个妈祖文化的内涵得知道，如果让北方人去搞一个这个五行妈祖，他搞不出来，因为他不知道。"
陈智凯	"一件好的妈祖文化产品首先应该具有实用价值，其次是价格合理，再则就是恰到好处的文化融入，最后是具有它自己的特殊性。核心是要让开发者乐于开发，销售者乐于销售，使用者乐于使用。"

宋国平	"文化创意一定是以文化为基础的，它是一种有创意的东西，所以文化肯定是基础，莆田市具有丰厚的地方文化，为文创提供了夯实的基础，特别是妈祖文化，它是联合国教科文组织颁布的世界级的非物质文化遗产。妈祖文化在莆田创造了非常广阔的文化形式跟文化的空间，它已经深入到了人们生活的方方面面，比如说人们的衣食住行、建筑都能够看到妈祖信仰的踪迹，同样也是我们从事文创的一个源泉，这是文化。那么创意呢，它是一种在非常具象的事物的基础上的抽象，它是一种合理基础上的不合理，它是一种变形的东西，你不能一谈到妈祖文创，它就变成一尊妈祖像，就是妈祖文创，或者写上两个字就是妈祖文创产品，它是一种非常有创意的点，是一种合理的变形和夸张，在这种变形和夸张当中，人们可以感知到它的原始文化元素，又能够感知到创意或者主观的灵感和创意的点，这就是我们所谓的文创，在文化的基础上的一种创意，我是这样子来看待文创的。"
谢霖	"我们说的文创产品，并不是说无中生有，它是一个渐进的过程。比如说有人去拜的话，你得有东西去卖，卖的话它就叫作旅游纪念品，旅游纪念品的升级版它就叫作文创产品。所以你说妈祖文创产品为什么会有，其实就是消费升级，随着人们生活水平的提高，人们想要得到更多身边充满妈祖文化气息的产品，所以人们就制作了妈祖文创产品，更好地传播妈祖文化。"

就上述采访回答观之，莆田的妈祖文化创意产品大致分为工艺美术类、设计类、休闲娱乐类等，而就与妈祖文化创意相关人员的介绍中可得出三点基本的价值判断。

1. 观赏性

以湄洲妈祖石像为代表的手工雕刻工艺品极具观赏价值，此类妈祖文化创意产品往往给信众、游客或工艺美术爱好者以强烈的视觉冲击与心灵震撼。从设计开始，进而到选材、选雕刻工艺师，直到最终完成往往需要多年时间，其所耗费的人力、物力成本之大便决定了这一类的产品富有特殊性，其作用是将妈祖文化借工艺之手在玉石、金银、砗磲、良木等世间珍贵原材料上得以具象化，从而使得广大有心于妈祖文化的人们感受到因妈祖而散发出的强大生命力。

2. 情感性

妈祖文化是因信仰而生的一种文化，其有别于其他消费型文化，凡致力于妈祖文化创意产品研发的人员最初往往是感念于妈祖的大爱精神并为之鼓舞，而后投身于市场，这其中带有显而易见的"妈祖情结"。每一件产品的背后总有被其作者赋予的某一种寓意，而因与妈祖文化有关，那么便注定此间流淌着的情感是作者与受众所共鸣的，也许远方的游子看到一份与妈祖有关的产品便会思想起故乡与亲人。妈祖是行善积德的人，妈祖的故事是感人肺腑的事迹，那么妈祖文化创意的产品也必须饱含情感，因为这也是对文化的一种延续与传承。

3.实用性

近两年以来，由于妈祖文化影响力的提升与莆田妈祖文化创意产品的研发逐渐深入，各方对于市场的把握也越发精准，许多产品在生活之中处处可见，诸如妈祖平安手表、保佑手机壳、妈祖购物袋等。这一些产品一则生活必需，二则成本不高，三则民众乐于接受，在景区与商店中是人们的首选，因此注重实用价值是妈祖文化创意产品能够在市场中渐行渐佳的一大重要因素。即便就民众角度而言，伴随着消费观念的转变，多数人仍会选择既蕴含一定意义又具有实用价值的产品。故而，与平常生活密切相关的或许是更接近成功的。

综上（一）、（二）两点，各方对于莆田妈祖文化创意产品在无论是认知方面或是价值判断方面均体现出深度与广度，能够立足当下所拥有的良好条件并展望未来，这为莆田的明天提供了方向。但时下同样存在受制约的软肋，其中有三点尤为突出。

1.类型较为单一，涉及领域略窄

目前，莆田市面上的妈祖文化创意产品主要以工艺美术类、设计类与休闲娱乐类此三类型为主，其中又以工艺美术类最为成熟与发达，但由于这一类的产品需要民众具有较高的欣赏水平的同时还需要具有一定的经济实力，否则也只可远观。而其余两类近来虽有进步但在短期内仍难以满足市场多元化的需求，这便凸显了局限性也不利于市场的开拓。以台湾为例，其文化创意产品可与视觉艺术、音乐表演、电影、建筑等多方面多领域相关联，如此一来便尽可能的将文化创意产品摆在大众面前供其挑选，为台湾的文化创意产品研发向纵深地带发展提供了多条路径。单一便会导致狭窄，从而影响行业的壮大，而民众们也会因选择不足的原因渐次失去对产品的信心与热情，这一缺陷不得不引起关注。

2.仅关注自身行业，联动能力尚显乏

就被采访人的回答来看，他们对于自身所在的行业都能有效地把握，也能据此对妈祖文化创意产品提出建设性意见。可问题也出于此，当他们全身心投入到本行业时，对同样从事妈祖文化创意产品的其他组织或个人就不甚了解了，因而所提出的构想便各行其是，互不关联。以上情形对于群策群力促发展不仅无利好，反而或有可能事倍功半。同样一件事物，不同的人有不

同的理解；同样是妈祖文化，不同的人对于如何设置到产品中也有不同想法，为此便应当集中讨论并力求取得共识，而后再根据各自的分工与所擅长的方面付诸行动。可惜的是目前莆田市场上并不实质性地存在这一联动机制，从业者通常单枪匹马地在自我的世界中看待妈祖文化创意产品，这是另一值得思考的问题。

3.市场调研不够充分，群众心理不够清楚

产品最终是要面向每一位群众的，而群众的需求是对于文化创意方面的反向作用力，因而若想获得源头动力则必然需要清楚群众想什么与要什么。就目前莆田市场所有的妈祖文化创意产品而言，尽管较之过去有一定改变，但大体上仍然呈现被群众接受困难的现象。一方面是各方不够协作，不够一致的原因导致的，而另一方面则是因为现有的这些妈祖文化创意从业者对于莆田整个市场的调研面与调研量不够广泛与充足，甚至于抱有"以小见大"的错误观点。由此而衍生出的问题便是对于群众的心理需求不清楚或一知半解，所研发出的产品仅能在生活的细枝末节中为人所关注，无法形成覆盖式的影响力与知名度。因此，尽管有妈祖文化作为品牌支撑也难以吸引来大批量的群众。

（三）莆田妈祖文化创意产品的发展走向

被采访人	采访回答实录
殷小兵	"关于莆田市现在妈祖文创发展的情况，我认为就是整个中国，包括台湾地区，甚至包括东南亚包括美国，妈祖文创这方面发展的空间都是非常巨大的。总体来讲，现在妈祖文创这方面的东西，真正来讲创意的东西太少了，基本上都是因循守旧，原先古人做的什么东西，我们现在一模一样地做出来，现在很多人热衷于做这样的事情。实际上我觉得这个完全没有必要，就算是宋朝的妈祖跟清朝的妈祖，很多地方也是不一样，更何况宋朝的妈祖庙跟清朝的妈祖庙肯定也是不一样的，建筑都不一样。我们在湄洲岛看到的那个最著名的巨大的妈祖石像，那个其实就不是很传统的形象啊，那个一看就知道这个作者肯定是受过科班训练的，并不是那种传统的师傅带出来徒弟来标出来的那种形象，它肯定是这种现代的，就是说符合我们现在这个时代的这个形象，那其他的东西为什么就不可以这样呢，为什么就一定要那么因循守旧呢，人是在进步的，时代也是在进步的，八零后、九零后、零零后要让他们去相信妈祖，让他们去领悟妈祖的文化妈祖的信仰，我们当然必须有一些符合他们要求的审美的东西。"

陈金森	"你说文创啊，这个当然是历史的原因造就了，因为台湾为什么发展得好，我是觉得啊台湾它有历史的原因，它们是传承妈祖文化传承，它有个延续性，没有中断。我们"文化大革命"那十年浩劫中断。我们在78年开始恢复重建妈祖庙之后，很多东西还是从台湾那边再学回来，因为我们中断了，幸亏才中断十年，如果再中断时间长了，再过一两代大家都不知道这个妈祖祭祀大典是怎么搞的，到底程序是怎么样的，那要恢复就更难了。台湾人家这个巡游的时候，周边的沿街店铺，那个队伍是浩浩荡荡，沿街店铺，你口渴了，大家矿泉水都摆出来，饮料都摆出来，你肚子饿了，他那快餐店就给你吃的，全部都是免费的。垃圾一大堆，前面一走，后面全部都有义工搞掉了。他们都是连续性的，大家都知道这个妈祖文化是这样子，你比如莆田人，对妈祖当然比较清楚，外面的人，你说这样的，他可能还觉得你是在搞封建迷信。"
陈智凯	"应该进行一些系统的开发培训，其次是应该对市场进行统一管理，整个岛的产品应该要有统一的设计开发团队来运作。"
宋国平	"就莆田来说，莆田的文创刚刚起步，这几年妈祖文创产品从业者不少，有许多创意的公司都在从事这一块，当然我们跟台湾那边还是有差距的，台湾这一块领域是走在整个世界是前列的，而我们莆田可以拿出去的公司或者产品都还比较欠缺，要么是学院派的、文艺青年的、自走自路的、没有产业支撑的。第二个有产业的化，不懂得创意的加工改造，没有自己的传统特色产品。我觉得文创一定是有文化的人来从事的，同时必须跟当地的这个非常深厚的工艺美术的产业的背景结合起来。你有好想法，还要有好的团队来支持，两者的结合，所以呀，每次看到你们莆田学院的一些工艺美术系的那些什么展览，总感觉想法会很多，但他的作品缺乏这种工艺从事者的功底。他有想法，椅子可以做成很夸张，但是就觉得工艺很粗糙。那些工艺的人呢，他又很实在，他面向的是市场，他没有花花肠子，实际上把这些花花肠子跟深厚的美术基础结合起来，融合到一块。 还有一点，我觉得很重要的是我们这个文创产品应该跟实用器结合，不能够是你自己想出来，想怎么做就怎么做，你一定要能够和生活结合起来。比如说你做出来的这个文创，你放在哪里，做得很夸张，摆在柜子上，放在抽屉里，戴在身上，挂在车上，它是车饰品、衣饰品、头饰品或者是冰箱贴等等，他一定是生活的实用具。现在很多人从事公工艺品，盒子装的很漂亮，盒子包装一下，平面就盖起来，那在哪里呢，收藏吗？它的价值体现在哪个地方？它一定是生活当中能够用的，可以跟别人共享的，成为生活美学的一部分。所以我个人认为还是和生活结合，让我们的文创融入生活当中，而不是一种回忆，一种乡愁，或者说理念的方式，一定是一种落到实处的，跟实用器的结合。"

| 谢霖 | "目前的话，政府正在积极响应，莆田会馆（祖庙），旅游服务有限公司（管委会），湄洲岛那边也有一些在做妈祖文创馆，把台湾、大陆的文创展示出来，妈祖文创产品这方面也在积极地招聘人才，因为莆田做文创产品不多，一般都是个人的，以公司形式还是比较少的，现在文创主要是政府扶持，对文创产品重视问题还有待提高。
台湾很重视文化，台湾很早就开始重视文创产品的发展，在 1914 年大家所熟知的那个"朕知道了"（卫生纸），那个是台北故宫出的，台湾的一个公司在做，他们对这块很重视，他们现在已经升级到跟地方合作时，会把这些东西融入进去。你的信仰也好，你去买个信仰也好，台湾文创会比较直白一点，娘妈保你平安之类。" |

如何开发莆田的妈祖文化创意产品是所有与之相关问题中的关键，是归根结底要准确把握的方向，是能否借此更好地推广妈祖文化的一大重要途径，而通过五位具有代表性的被采访人的回答可以较为明确地分析出未来妈祖文化创意产品该沿着什么样的道路前进，也或许正是这些想法助推了妈祖文化与妈祖文化创意产品越来越好。

1. 立足传统，勇于创新

妈祖文化乃众多中华优秀传统文化之中的一部分，其根基在古代，因而无论是从哪一领域看待妈祖文化都应与中国古代传统相结合，这是一个历史条件。同样的，妈祖文化创意产品首先应当在其自身体现出我国传统之风范与品位，以中国形式展现中国文化。然而，尊重历史传统绝非意味着无视现代，因为妈祖文化之于现代社会影响深远，基于此来看便十分强调与看重在传统之树上绽放出现代花朵，那么这个方法就是创新。妈祖文化之所以能够历经如许漫长的时光仍然熠熠生辉的一大重要原因就在于它能够汲取外部的优良文化而促进自身，同理作用于妈祖文化创意产品身上即是让新时代的需求与传统文化合而为一。创新是推动产品进步的重要动力，从业者应当勇敢地致力于创新。

2. 对内思考，向外学习

对于妈祖文化创意产品的开发，莆田近些年来虽取得了一些成果，但总体而言仍处于形成并逐渐发展的阶段，故而自身依然存在需要改进的地方。一方面自然是要从业者能够对自己进行准确的"诊断"，找出不足之处以期补上，而另一方面就是要寻求"老师"的帮忙，那么台湾的文化创意就不失为一个好老师。由于台湾的文化创意事业起步早并且一直以来发展态势良好，积攒了许多值得借鉴的经验与模式。不仅如此，台湾更是一个受妈祖文化影响广泛的地区，因而台湾的从业者中有相当一部分人将目光对准了妈祖文创意产品，加之长期的研发探索，如今的台湾妈祖文化创意产品可以说大幅度领先于大陆地区。因此，在认清自我之后也应当学习他人进步的方法，再根据各方因素的实际情况做出相应的调整。

3. 长善补缺，多元并进

在莆田的妈祖文化创意产品中工艺美术类占据了相当的比例，这当中自然有一部分是市场需求的原因，但更多的则是因为在莆田成熟且精湛的工艺技艺驱使下许多产品顺势而生，所以作为妈祖文化的主流区域，莆田应当充分利用并且继续发展工艺美术为文化创意产品带来的福音。在此基础上，更应当充分认识到目前莆田文化创意产品所存在的种种问题，其中之一就是要补缺补漏，及时地通过多元化的发展模式与渠道来扩宽产品的界面，打破生产的局限，构建起类型多种多样的产品结构。诚如台湾的发展所给予的启示，既要发挥当地的专长，也要积极地弥补欠缺，从而使得文化创意在不同的领域内都有其发挥的空间，多管齐下，多元并进地促进产品的发展。

四、结论及未来展望

（一）结论

当前，莆田的妈祖文化创意产品正处于由形成向发展的转变阶段，在此过程中较多的从业者能够清醒且清晰地对产品做出定义，同时依托莆田现有的特色技艺与制作方式也能够推出带有莆田标签的文化创意产品，并且越来越多的仁人志士投身到对于产品的开发工作中来，这些都为将来的发展奠定了良好的基础。但莆田毕竟在文化创意产品上刚刚起步，仍然有诸多的壁垒需要打破，比如形成合作机制，扩大市场调研规模以及丰富产品类型等均是迫在眉睫之事。群众接受文化创意产品的程度已然越来越高，尤其是关于妈祖文化创意的产品，妈祖文化不应当只是在莆田流传，更应该到国内外各地而进行传播与推广，因而莆田的产品也可以适当地走出去，也只有走出去，才能够更好地请进来促进自身的发展。

为使得莆田的妈祖文化创意产品行之更远，无可厚非地应该要紧紧依靠莆田目前越发强劲的经济基础，文化的根基在于此。其次，怀以兼容并包、博采众长的态度，抓住难得的稳定的社会发展环境，在良好的群众基础下萌生出更多的创意。作为受到政府关注并支持的项目，充分利用政策所提供的便利性是产品能够顺利进入市场的关键。最后，产品是要落实到柜台上展览的，借助湄洲祖庙等人流众多、影响广泛、代表性强的场所进行推广是事关产品最终能否与群众见面的关键一步，否则再好的产品也不过为少数人所拥有。

（二）未来展望

1. 大力发展妈祖文化旅游产品

在以湄洲岛朝圣旅游为基础的框架下，莆田市与湄洲岛党工委、管委会目前正在积极推进岛上景观规划与建设，并逐步完善其他的基础设施，与此同时也是妈祖文化创意产品一同进步的一个好时机。与旅游相关的产品本身就是文化创意产品的一部分，在整个旅游区内是必不可少的一个环节，而能否打造出与自身旅游文化内涵相符且富有特色的产品是衡量该旅游区开发成功与否的一个标准，因此为了开发旅游应当关注文化创意产品，而做好产品也是促进旅游开发的一个手段。天下妈祖，同源莆田，多少信众们不远千里来到莆田就是为了妈祖，而倘若在他们离开莆田的时候能够带走一些真正具有纪念价值的产品，这既使得他们的旅途完满，也使得妈祖的信仰因此而流传。故而，发展文化创意旅游产品并不是将一般的产品贴上妈祖的品牌或者标签便事了，而是一方面能展现妈祖文化的精神面貌，体现莆田的文化魅力；另一方面能够对群众有实际作用，尤其是对妈祖信众们的情感上要有所寄托，这才是需要大力发展的。

2. 文化创意产品走进生活，走向生活化

开发文化创意产品并非是一味地强调高科技含量、浓文化象征，更多的应该是惠及生活即可。群众的审美虽参差不齐，但对生活的一般性理解大体相同，妈祖文化实则是人们生活中处处可见、可感的一种文化，无论多么伟岸高大最终是要回归到你我生活之中的，因而合乎了群众的生活气息便是合乎了主流。文化的特性需要在产品上有所体现，但并不是只在乎此而失掉了产品的实际功用价值，比如服装就应该拿来穿，帽子就应该拿来戴，箱包就应该拿来装东西，而不是将它们束之高阁拿来看。妈祖文化其实离人们的生活很近，那么妈祖文化创意的产品也应该具有通俗性的特质，在雅中有俗、俗中有雅的情况下渐渐将文化创意产品融入人们的生活之中，表现出生活化的气息。

3. 充分利用互联网的力量

传统的文化创意产品一般是在实体店铺中展览，而群众若有需求也通常前往商店浏览与选择，但随着互联网出现之后，有意识的实体店开始与互联网结合起来，做一些宣传、推广的工作，这是目前比较新颖的一种方式。除却一部分仍倾向于到实体店的群众，也应观照到现在热衷于互联网的群众，因此当前不仅要投注精力大力研发产品，更要积极地在各大平台上建立窗口，这是对外宣扬妈祖文化与推广妈祖文化创意产品的新方式，尤其是对年轻一代有较大的影响力。通过互联网，从业者可以了解到市场的最新信息，群众可以了解到产品的更新状态，一来一往之间的联系方便、快捷、高效。妈祖文化是世界的文化，妈祖文化创意产品同样是世界的产品，充分利用我国互联网如此发达的条件是莆田妈祖文化创意产品发展的新选择。

附采访提纲：

1.您是什么时候开始接触妈祖文创的？现在对于妈祖文创产品有什么样的理解？

2.第一次接触妈祖文创产品的时候给您带来了什么感受？

3.能否说说您记忆最深刻的妈祖文创产品？为什么会如此记忆深刻？

4.是什么时候决定自己要从事妈祖文创产品的？

5.第一件自己设计的妈祖文创产品是什么？灵感来源于哪里？

6.有没有获得过文创奖？是哪一件产品（或者说自己觉得哪一件作品是得意之作）为什么？

7.您觉得一件优秀的妈祖文创是需要哪些步骤来完成的？最重要的是哪一步？

8.您觉得妈祖文创的价值体现在哪里？您一般会怎样在产品里融入妈祖文化元素？（举例子）

9.您觉得现在莆田应该如何去发展妈祖文创，或者说您对于妈祖文创将来的发展有什么建议？

附录八　上下分流：
妈祖文化两个不同的信仰世界 ①

　　据说日本有一个很有名的佛教专家，他早年在大学、研究院对中国宗教方面的知识多有涉猎，大家都对他很佩服。可是，当他真正来到了中国的农村进行实地调查时，他意外地发现，曾经在书本上学到的东西，一下子都派不上用场了。一瞬间，悲伤逆流成河。他眼前所感受到的中国佛教信徒的一些活动，貌似和他原本所知道的知识颇有出入，包括各种仪式上的佛、道融合以及对神灵的祭祀等等。在这里，几乎没人跟他谈佛法，人们需要的是他帮着活人祈福，为逝者超度。为什么会有这样的情况出现呢？其实，这就是文化的复杂性，是文化信仰存在民众与精英两个不同的是信仰维度所造成的结果。

　　美国人类学家罗伯特·芮德菲尔德（Robert Redfield）曾经在《农民社会与文化：人类学对文明的一种诠释》这本书里谈到一个著名的概念，叫作"大传统和小传统"。他说："在某一种文明里面，总会存在着两个传统；其一是一个由为数很少的一些善于思考的人们创造出的一种大传统，其二是一个由为数很大的、但基本上是不会思考的人们创造出的一种小传统。大传统是在学堂或庙堂之内培育出来的，而小传统则是自发地萌发出来的，然后它就在它诞生的那些乡村社区的无知的群众的生活里摸爬滚打挣扎着持续下去。"

一、"大传统"：精英圈自觉的信仰世界

　　而精英圈层对妈祖信仰则是在理解的基础之上将其升华为文化形态的，一部分学者长期坚持做一些妈祖文化文本的记录和整理工作，这些文本包括经书、碑文、志传等。书写形态标志着文明时代下的文化刻录，大量有关妈祖文化的意识被文字记载下来。从此，文化思想的保存不再受时间和空间的

---

　　① 本文发表于《妈祖故里》2017 年第 4 期。

限制，也摆脱了口传文化中记忆的偏差。不过作为一种分享、补充文化记忆的新的形式，记录者在书写形态的传播中凸显了一定程度的灵活性，他们在对文化仪式、传说的复制、抄写的过程中，不可避免地掺入了自己的想法，对文化思想中的部分细节做了局部的增补，使得妈祖文化的内涵逐渐扩大。时间和文化历史的种种仪式和关键概念被传播者和记录者重新表述。

到了印刷时代，印刷形态可以说是复制化时代的文化狂欢。妈祖文化相关的印刷品既是文化观念和意识形态的容器，又作为大规模生产的文化产品被出售。文本成功地物化了包括妈祖文化在内的各种文化思维，让那些较为复杂的妈祖文化思想置于一个可以供大众接近的文字系统之中。此外，精英圈层中除了专门研究和提升妈祖文化内涵的一批学者之外，还包括官方统治阶层，他们或从政治统一或思想统治的利益点出发，对妈祖文化也在建构一个自觉的妈祖信仰世界。

二、"小传统"：民众圈自然的信仰世界

普通民众鲜有去关心妈祖信仰之中蕴含哪些中国传统文化的精华，就像信奉佛教的普通信徒一般也不会有兴趣去研究佛教的"四谛""八正道""三十七品"等佛教文化精要。再如道教的普通民众信徒也不会在意道教全性葆真与顺其自然的哲学理念，而会将更多的关注点放在长生久视的层面，渴求能够通过修炼和其他的神异方式获得长生不老的目的。在普通民众的心中，无论是妈祖信仰也好，佛教、道教或其他宗教也罢，都是帮助他们解决现实生活中自身无力实现愿望的一种解决途径或者说是情感寄托渠道。用一句话概括：在民众自然的妈祖信仰世界里，信众对妈祖文化的仰慕带有明显的世俗性。

普通信众关心的多是最现实的生活层面，他们的记忆世界里只有求神后的灵验与否，而不是关注文化和学问。上一炷香，许一个愿。他们需要的是荒漠遇泉，沧海见帆。妈祖在民众的期待中，逐渐由人转变为神，并且不断"显圣"，更强化了信众的信仰意识。他们通过祭祀仪式活动、上层人士的文化渗透、从小到大的耳濡目染、其他妈祖信仰相关的娱乐活动等渠道，在他们的信仰世界中不断传承着民间层面所理解的妈祖文化。

不可否认，在信仰的意识形态里，上层和下层的观念还真的是大不一样。文化学者葛兆光也认为，中国宗教在信仰方面存在上层和下层两个观念世界。他说："中国宗教，无论是佛教还是道教，实际上都有两种不同的信仰世界，一个是人数很少的、高文化水准的人的信仰，这些信仰是由书本传播，以道理、学说为基础的，一个是人数很多的普通人的信仰，这个信仰是以能不能灵验、有没有实际用处为基础的；前一种是自觉的信仰、有理解的信仰，后一种常常是自然的信仰、不需要理解的信仰。"这类似罗伯特·芮德菲尔德所提到的观点，中国存在着"老百姓信的宗教"和"受过教育的人们信的宗教"。这就是所谓"大传统"与"小传统"的分别，妈祖文化信仰上下分流，因前者而升华，因后者而延续。

参考文献

研究专著：

1. 唐君毅：《中华人文与当今世界》，台北：学生书局，1953年。

2. 班固撰，颜师古注：《汉书》，北京：中华书局，1962年。

3. 奥斯瓦尔德·斯宾格勒著，齐世荣等译：《西方的没落》，北京：商务印书馆，1963年。

4. 马克思著，中央编译局译：《政治批判学》，北京：人民出版社，1973年。

5. 王汝弼选注：《白居易选集》，上海：上海古籍出版社，1980年。

6. 联合国教科文组织国际交流问题研究委员会：《多种声音，一个世界》，北京：中国对外翻译出版公司，1981年。

7. 鲁迅：《中国小说史略》，北京：人民文学出版社，1981年。

8. 班固撰，颜师古注：《汉书·艺文志》，北京：中华书局，1983年。

9. 苏珊·朗格，腾守尧等译：《艺术问题》，北京：中国社会科学出版社，1983年。

10. 朱谦之：《老子校释》北京：中华书局，1984年。

11. 屈大均：《广东新语·神语》，北京：中华书局，1985年。

12. 萨丕尔：《语言论》，北京：商务印书馆，1985年。

13. 余英时：《士与中国文化》，上海：上海人民出版社，1987年。

14. 腾守尧：《文学社会学描述》，上海：上海人民出版社，1987年。

15. 雅斯贝斯：《历史的起源与目标》，北京：华夏出版社，1989年。

16. 庄晚芳：《中国茶史散论》，北京：科学出版社，1989年。

17. 印度尼西亚兴安同乡会编：《福莆仙乡贤人物志》，新加坡：福莆仙文化出版社，1990年。

18. 赵毅衡：《文学符号学》，北京：中国文联出版社，1990年。

19. 黄晖：《论衡校释》，北京：中华书局，1990年。

20. 关剑平：《茶与中国文化》，北京：人民出版社，1990 年。

21. 埃里希·弗洛姆：《人的呼唤——弗洛姆人道主义文集》，上海：上海三联书店，1991 年。

22. 张瑞、王番编：《中国教育史研究·先秦分卷》，上海：华东师范大学出版社，1991 年。

23. 叶舒宪：《中国神话哲学》，北京：中国社会科学出版社，1992 年。

24. 白文贵：《蕉窗话扇》，《民国笔记小说大观（第二辑）》，太原：山西古籍出版社，1996 年。

25. 恩斯特·卡尔西：《人论》，甘阳译，上海：上海译文出版社，1997 年。

26. 丹尼斯·麦奎尔、斯文·温德尔著，祝建华、武伟译：《大众传播模式论》，上海：上海译文出版社，1997 年。

27. 田兆元：《神话与中国社会》，上海：上海人民出版社，1998 年。

28. 顾明远：《高等教育改革的国际动向》，《中国大学人文启示录》，武汉：华中理工大学出版社，1999 年。

29. 斯蒂文·小约翰著，陈德民、叶晓辉译：《传播理论》，北京：中国社会科学出版社，1999 年。

30. 陈彬藩：《中国茶文化经典》，北京：光明日报出版社，1999 年。

31. 张少康，卢永璘：《先秦两汉文论选》，北京：人民文学出版社，1999 年。

32. 邵培仁：《传播学》，北京：高等教育出版社，2000 年。

33. 刘勤晋：《茶文化学》，北京：中国农业出版社，2000 年。

34. 哈贝马斯，曹卫东等译：《后形而上学思想》，上海：译林出版社，2001 年。

35. 黄志根、徐波：《中国茶文化》，杭州：浙江大学出版社，2001 年。

36. 傅璇琮、谢灼华：《中国藏书通史》，宁波：宁波出版社，2001 年。

37. 让·鲍德里亚著，刘成富译：《消费社会》，南京：南京大学出版社，2001 年。

38. 冯·哈耶克著，邓正来译：《哈耶克论文集》，北京：首都经济贸易大学出版社，2001 年。

39. 葛兆光：《中国思想史》，上海：复旦大学出版社，2002 年。

40. 约翰·彼得斯，何道宽译：《交流的无奈：传播思想史》，北京：华夏出版社，2003 年。

41. 郑杭生：《社会学概论新修》，北京：中国人民大学出版社，2003 年。

42. 张岱年、方克立：《中国文化概论》，北京：北京师范大学出版社，2004 年。

43. 童庆炳：《文学理论教程》，北京：高等教育出版社，2004 年。

44. 于海：《西方社会思想史》，上海：复旦大学出版社，2004 年。

45. 周庆山：《传播学概论》，北京：北京大学出版社，2004 年。

46. 约翰·费斯克等编撰、John Fiske et al，李彬译注：《关键概念：传播与文化研究辞典》，北京：新华出版社，2004 年。

47. 范晔：《后汉书》，北京：中华书局，2005 年。

48. 余志鸿：《中国传播思想史》，上海：上海交通大学出版社，2005 年。

49. 左丘明撰，鲍思陶点校：《国语》，济南：齐鲁书社，2005 年。

50. 李甦平、何成轩：《东亚与和合：儒释道的一种诠释》，南昌：百花洲文艺出版社，2005 年。

51. 赵敏俐、谭家健：《中国古代文学通论》，沈阳：辽宁人民出版社，2005 年。

52. 爱德华·泰勒著、连树声译：《原始文化——神话、哲学、宗教、语言、艺术和习俗发展之研究》，桂林：广西师范大学出版社，2005 年。

53. 杨伯峻译注：《论语译注》，北京：中华书局，2006 年。

54. 龚鹏程：《中国传统文化十五讲》，北京：北京大学出版社，2006 年。

55. 包铭新：《纨扇美人》，上海：东华大学出版社，2006 年。

56. 郭庆光：《传播学教程》，北京：中国人民大学出版社，2006 年。

57. 文言：《文学传播学引论》，沈阳：辽宁人民出版社，2006 年。

58. 老子著，饶尚宽译注：《老子》，北京：中华书局，2006 年。

59. 尚学锋，夏德靠译注：《国语》，北京：中华书局，2007 年。

60. 理查德·韦斯特，林恩·H.特纳著，刘海龙译：《传播理论导引：分析与应用》，北京：中国人民大学出版社，2007 年。

61. 张恩普：《儒道融合与中国古代文论》，长春：吉林人民出版社，2007 年。

62. 阴法鲁，许树安，刘玉才：《中国古代文化史》，北京：北京大学出版社，2008 年。

63. 孙通海译注：《庄子》，北京：中华书局，2008 年。

64. 董璐：《传播学核心理论与概念》，北京：北京大学出版社，2008 年。

65. 李建中：《文心雕龙讲演录》，桂林：广西师范大学出版社，2008 年。

66. 陈龙：《传媒文化研究》，北京：中国人民大学出版社，2009 年。

67. 王金寿：《中国古代文学传播学概论》，兰州：甘肃教育出版社，2009 年。

68. 朱哲：《先秦道家哲学研究》，上海：上海人民出版社，2009 年。

69. 高华平、王齐洲、张三夕译注：《韩非子》，北京：中华书局，2010 年。

70. 约翰·斯道雷著，常江译：《文化理论与受众文化导论》，北京：北京大学出版社，2010 年。

71. 丁鼎：《礼记解读》，北京：中国人民大学出版社，2010 年。

72. 李希光：《新闻教育未来之路》，北京：清华大学出版社，2010 年。

73. 司马迁著，韩兆琦译注：《史记》，北京：中华书局，2010 年。

74. 索燕华、纪秀生：《传播语言学》，北京：北京师范大学出版社，2010 年。

75. 方韬译注：《山海经》，北京：中华书局，2011 年。

76. 释印顺：《我之宗教观》，北京：中华书局，2011 年。

77. 方勇、李波译注：《荀子》，北京：中华书局，2011 年。

78. 方勇译注：《庄子》，北京：中华书局，2011 年。

79. 陈晓芬，徐儒宗：《论语·大学·中庸》，北京：中华书局，2011 年。

80. 方勇译注：《孟子》，北京：中华书局，2011 年。

81. 刘毓庆、李蹊译：《诗经》，北京：中华书局，2012 年。

82. 陈广忠译注：《淮南子》，北京：中华书局，2012 年。

83. 余秋雨：《北大授课：中华文化四十七讲》，北京：北京联合出版公司，2012 年。

84. 王世舜，王翠叶译：《尚书》，北京：中华书局，2012 年。

85. 刘义庆：《世说新语》，北京：中国画报出版社，2012 年。

86. 泽英：《三菩提》，桂林：广西师范大学出版社 2013 年。

87. 木心讲述，陈丹青笔录：《文学回忆录》，桂林：广西师范大学出版社，2013 年。

88. 黄瑞国：《妈祖学概论》，北京：人民出版社，2013 年。

89. 彭国翔：《重建斯文：儒学与当今世界》，北京：北京大学出版社，2013 年。

90. 赖黎捷等：《媒体奇观视域下的中国电视娱乐文化转型研究》，广州：暨南大学出版社，2013 年。

91. 高晓松：《晓说 2》，北京：北京联合出版公司，2013 年。

92. 斯图尔特·霍尔著，徐亮、陆兴华译：《表征——文化表征与意指实践》，北京：商务印书馆，2013 年。

93. 罗伯特·芮德菲尔德著，王莹译：《农民社会与文化：人类学对文明的一种诠释》，北京：中国社会科学出版社，2013 年。

94. 曹雪芹著，脂砚斋评：《脂砚斋评石头记》，北京：线装书局，2013 年。

95. 沈从文：《古人的文化》，北京：中华书局，2014 年。

96. 黄进兴：《皇帝、儒生与孔庙》，北京：生活·读书·新知三联书店，2014 年。

97. 蒋勋：《品味四讲》，桂林：广西师范大学出版社，2014 年。

98. 陈来著，瞿奎凤选编：《陈来儒学思想录：时代的回应和思考》，上海：华东师范大学出版社，2014 年。

99. 孟建煌：《妈祖文化传播导论》，厦门：厦门大学出版社，2014 年。

100. 简·梵·迪克著，蔡静译：《网络社会》，北京：清华大学出版社，2014 年。

101. 杜维明：《二十一世纪的儒学》，北京：中华书局。2014 年。

102. 蒋勋：《品味四讲》，桂林：广西师范大学出版社，2014 年。

103. 马文辉，陈理：《民间文学类非物质文化遗产保护研究》，北京：中国社会科学出版社，2015 年。

104. 尼尔·波茨曼著，章艳译：《娱乐至死》，北京：中信出版社，2015 年。

105. 高有鹏：《神话传说与民族记忆》，开封：河南大学出版社，2015 年。

106. 林欣浩：《哲学家们都干了些什么？》，北京：北京联合出版公司，2015 年。

107. 吕思勉：《中国通史》，北京：中华书局，2015 年。

108. 费孝通：《文化与文化自觉》，北京：群言出版社，2016 年。

109. 牟钟鉴：《中国文化的当下精神》，北京：中华书局，2016 年。

110. 黄少强：《妈祖与海洋文化》，北京：中国文史出版社，2016 年。

111. 谢六逸：《神话学 ABC》，北京：知识产权出版社，2017 年。

112. 袁珂：《中国古代神话》，上海：华东师范大学出版社，2017 年。

113. 吉峰:《闽台妈祖文化传播研究》,厦门:厦门大学出版社,2017 年。

114. 艾·里斯,杰克·特劳特著,邓德隆,火华强译:《定位》,北京:机械工业出版社,2017 年。

115. 加里·阿姆斯特朗,菲利普·科特勒著,王永贵译:《市场营销学》,北京:中国人民大学出版社,2017 年。

116. 王庆云、李万鹏:《雅俗共赏话扇子》,济南:山东教育出版社,2017 年。

117. 习近平:《决胜全面建成小康社会夺取新时代中国特色社会主义伟大胜利——在中国共产党第十九次全国代表大会上的报告》,北京:人民出版社2017 年。

118. Eliade M. Myth and Reality:London:Gerge Allen & Unwin Ltd. 1963,6.

学术期刊、报纸

1. 陈孝英:《幽默论纲》,北京:人民大学报刊资料复印社,《美学》卷1986 年。

2. 林建秀:《当今世界海外华人的数量和分布》,《江苏统计》1995 年第 7 期。

3. 葛桂录,陈冰:《论中国文化向世界传播的主要途径》,《江阴师专学报》1997 年第 2 期。

4. 肖燕雄:《新闻学专业课程性格浅探》,《新闻大学》2000 年第 5 期。

5. 张恩普:《老子文学批评思想阐微》,《东北师范大学学报》2003 年第 1 期。

6. 蔺文锐:《瞽:上古时代的游吟诗人》,《中国戏曲学院学报》2003 年第 4 期。

7. 沈湘评:《人文素质与人的发展——高度重视人文素质现状的调查研究》,《北京师范大学学报》2003 年第 1 期。

8. 李炳海:《中国古代神话演变的基本趋势》,《延边大学学报》2003 年第 1 期。

9. 李诠林:《西川满台湾民俗题材文学中的闽南文化》,《闽都文化研究》2004 年第 2 期。

10. 杨永军:《先秦文化传播研究》,山东大学 2005 年博士学位论文。

11. 钟新、周树华:《新闻传播教育的若干核心问题》,《国际新闻界》

2006 年第 4 期。

12. 杨琳：《中国古代的扇子》，《文化学刊》2007 年第 1 期。

13. 张闳：《"娱乐至死"的文化狂潮——2007 年文化现象批判》，《探索与争鸣》2007 年第 12 期。

14. 马宏伟：《略谈神话学理论在当代中国的传播接受状况》，《社会科学论坛》2008 年第 12 期。

15. 曹萌：《中国古代文学传播的主体》，《沈阳师范大学学报》2008 年第 6 期。

16. 田玉军，陆季春：《文化现象传播的本质与方式》，《学术交流》2008 年第 6 期。

17. 陈培爱、夏君宝：《中国古代对外传播的分期与特点》，《新闻爱好者》2008 年第 11 期。

18. 俞晖：《试论网络时代中国茶文化的传播》，《农业考古》2008 年第 5 期。

19. 黄玉梅：《茶文化的传播与饮茶礼仪》，《农业考古》2008 年第 5 期。

20. 沈学政：《传统的茶与现代的传播》，《农业考古》2008 年第 5 期。

21. 叶世明：《"文化自觉"与中国现实海洋文化价值取向的思索》，《中国海洋大学学报》2008 年第 1 期。

22. 黄文格：《综述妈祖文化的形成和发展趋势》，《大众文艺》2008 年第 10 期。

23. 傅林凯、王立仁：《西周思想政治教育内容研究》，《东北师大学报》2009 年第 6 期。

24. 刘燕：《后现代宗教认同的"衰微"与"蜕变"：媒介技术层面的质疑与反思》，《新闻大学》2009 年第 3 期。

25. 刘士林：《中华文化自信的主体考量与阐释》，《江海学刊》2009 年第 1 期。

26. 吴文科：《为文化娱乐三辩，误将通俗当低俗》，《人民日报》，2010 年 10 月 14 日。

27. 叶小文、任法融、传印、杜维明：《儒释道三家的当代对话——"中华之道儒释道巅峰论坛"纪实》，《中央社会主义学院学报》2010 年第 6 期。

28. 陈淑媛、陈超：《大学生对妈祖文化的认知与妈祖创意文化产业发展——以莆田学院为例》，《咸宁学院学报》2010 年第 11 期。

29. 王向峰：《扇子文化的艺术张扬》，《华夏文化论坛》2010 年第 1 期。

30. 杨冰、王凌皓：《论春秋战国之际的学术原创精神——以教育学说原创为视角》，《东北师大学报》2010 年第 2 期。

31. 王君超：《融合新闻传播教育的理念、实施与对策——香港公立大学新闻传播教育的经验》，《国际新闻界》2011 年第 11 期。

32. 吉峰：《应用型本科院校双语教学运行模式的反思与再探》，《鸡西大学学报》2012 年第 12 期。

33. 庄国土：《全球华侨华人知多少》，《四川统一战线》2012 年第 4 期。

34. 陈丽萍：《莆田大学生妈祖信仰现状调查与分析———以湄洲湾职业技术学院莆田籍学生调查为例》，《莆田学院学报》2013 年第 3 期。

35. 钟时：《中国广告市场的综合治理研究》，吉林大学 2013 年博士学位论文。

36. 刘林涛、杨柳春：《论大学生传统文化自信的培育与提升》，《长春理工大学学报》2013 年第 2 期。

37. 庄建：《由＜看见＞看见的》，《博览群书》2013 年第 5 期。

38. 张器友：《今天我们需要怎样的文化自信》，《杂文月刊》2013 年第 1 期。

39. 叶诚生：《经典建构的现代性语境及其反思》，《小说评论》2013 年第 1 期。

40. 武学军：《论传播学视野下的"重述神话"》，《黑龙江社会科学》2013 年第 2 期。

41. 魏巧俐：《论闽南文化在广告创意中的运用》，《漳州师范学院学报》（哲学社会科学版）2013 年第 1 期。

42. 程元郎、洪志宝：《妈祖题材电话卡综论》，《莆田学院学报》2013 年第 4 期，第 11 页。

43. 任淑艳：《全球化下的文化自觉与文化自信》，《中国国情国力》2013 年第 1 期。

44. 长弓、景爱明：《文化力量》，《晚霞》2013 年第 2 期。

45. 杨利慧：《21 世纪以来代表性神话学家研究评述》，《长江大学学报》2014 年第 6 期。

46. 任清华：《妈祖文化在莆田高校校园文化中的传承和发展———以湄洲湾职业技术学院为例》，《莆田学院学报》2014 年第 4 期。

47. 张丽敏、郭德厚：《论妈祖文化与沿海大学生德育》，《学理论》2014年第1期。

48. 徐维玮、吉峰：《娱乐化时代下的国学传播探析》，《四川戏剧》2015年第10期。

49. 林明太：《妈祖文化在海上丝绸之路沿线国家的传播与发展》，《集美大学学报》2015年第4期。

50. 朱宏：《中国远古神话的文化意义与现代境遇》，《长江大学学报》2015年第8期。

51. 徐颖：《妈祖精神及对当代大学生思想教育的辅助作用》，《莆田学院学报》2015年第3期。

52. 王长命：《"关公战蚩尤"神话及其早期传播》，《历史研究》2015年第4期。

53. 吉峰、张恩普：《妈祖文化如何传播与营造"媒体奇观"》，《传媒》2015年第12期。

54. 蔡天新：《古丝绸之路的妈祖文化传播及其现实意义》，《世界宗教文化》2015年第6期。

55. 谢静：《微信新闻：一个交往生成观的分析》，《新闻与传播研究》2016年第4期。

56. 李其芳：《要"成风化人"，不要"娱乐至死"》，《人民日报》2016年4月13日，第5版。

57. 张开举、张进：《后现代文化娱乐化批判》，《哲学研究》2016年第7期。

58. 陈支平：《陈支平关于"海丝"研究的若干问题》，《文史哲》2016年第6期。

59. 朴俊丽：《中国移动互联网广告发展研究》，《新闻战线》2016年第11期。

60. 夏超群：《移动互联网广告发展现状、问题及对策》，《中国广告》2016年第9期。

61. 庞志龙：《文化认同：台湾妈祖文化传播与"两岸"关系互动研究》，苏州大学2016年博士学位论文。

62. 杨淑鑫：《鲍德里亚的消费社会理论探究——基于＜象征交换与死亡＞的文本解读》，华中科技大学2016年硕士学位论文。

63. 李娜、戴新俠：《新媒体时代旅游目的地形象的传播分析》，《旅游管理研究》2016 年第 11 期。

64. 王丽梅：《妈祖文化与海上丝绸之路》，《五邑大学学报》，2016 年第 1 期。

65. 王纪人：《娱乐至死能否用文化救赎》，《解放日报》2017 年 3 月 2 日第 9 版。

66. 鲍震培：《试论传统文化对通俗文艺的价值引领》，《中国文艺评论》2017 年第 1 期。

67. 于光胜：《打造 21 世纪海上丝绸之路的障碍与路径》，《理论月刊》2017 年第 5 期。

68. 李文浩：《揭秘历史上的海上丝绸之路》，《智慧中国》2017 年第 7 期。

69. 吴晓东：《"朝向当下"的神话研究》，《长江大学学报》2017 年第 5 期。

70. 鲁娜：《原创综艺：深挖传统文化这座"富矿"》，《中国文化报》2018 年 3 月 3 日。

网页资源：

1. 人民网：《习近平谈中华优秀传统文化：善于继承才能善于创新》，http：//cpc.people.com.cn/xuexi/n1/2017/0213/c385476-29075643.html，访问日期：2018 年 10 月 30 日。

2. 人民网：《习近平在北大历数中华文化中永不褪色的思想和理念》，http：//politics.people.com.cn/n/2014/0505/c1024-24975949.html，访问日期：2015 年 6 月 16 日。

3. 新媒体，http：//baike.baidu.com/link？url=M1KpYqzN1LDg8vtsD4cqUu9pAKStyqhBldu4i93vv1PzEGVVoiSnU-hElRl-UE-SSxnGWPuebbuHk-Dz0F71kTSgBfk8VyAHxLXhRxUxsxcS，访问日期：2015年6月25日。

4. 童家洲：《日本、东南亚华侨华人的妈祖信仰》，（2013-12-30）[2015-06-10]，http：//www．chinamazu.cn/rw/ gd20131230 /21915. html。

5. 侨乡时报：《妈祖文化传播信息平台开通 传播史上大飞跃》，http：//www.fjsen.com/taiwan/2007-01/23/content_441132.htm，访问日期：2015 年 5 月 14 日。

6. 陈丹青出走，http：//www.cctv.com/news/science/20050422/101724.shtml，访问日期：2013 年 5 月 16 日。

7. 韩美林批艺术院校考英语 称不能止于陈丹青的"叫喊"，http：//culture.ifeng.com/whrd/detail_2012_04/18/13972481_0.shtml，访问日期：2013 年 5 月 16 日。

8. 张国圣：《在商业气氛中增添文化底蕴——黄志亮教授和他的"36182"工程》，http：//www.gmw.cn/01gmrb/2003-09/12/05-5766FE2FD-C81253A48256D9E00837E83.htm，访问日期：2013 年 10 月 28 日。

9.《习近平在北大历数中华文化中永不褪色的思想和理念》，人民网 http：//http：//politics.people.com.cn/n/2014/0505/c1024-24975949.html，访问日期：2016 年 9 月 20 日。

10. 刘明清：《刘明清谈汤一介的儒家思想：当今儒者何以安身立命？》，凤凰网，http：//guoxue.ifeng.com/a/20161010/50078819_0.shtml，访问日期：2016 年 10 月 12 日。

11.《曲阜孔庙丙申年祭孔，专家拟"公祭规范"》，凤凰网，http：//share.iclient.ifeng.com/news/sharenews.f？aid=113473829，访问日期：2016 年 10 月 14 日。

12. 金厢在线：《龟山天后宫"妈祖"救众生》，2018 年 3 月 26 日，http：//www.in0660.com/article.php？id=28，2018 年 6 月 19 日。

后　记

　　2019 年元月 1 日清晨提笔，决定以自传的方式，将自己半长不短的生活经历做一次阶段性梳理和小结，作为我第二本专著的后记，以便读者较为全面地了解作者以及这本书，您若无兴趣了解，可直接忽略，权当我自说自话。我发现很多人都有喜欢回顾岁月的习惯，年华易逝，人在成长中变化，好的坏的，苦乐参半，黄连裹着蜜汁，其中的滋味自知。

　　父亲是爷爷家中第三子，而我作为第三代中少有的男孩儿，却并没有得到来自爷爷奶奶的多少疼爱。他们的理由貌似也挺充分，一辈子已经养育五个儿子，烦都烦死了，貌似顺理成章地偏爱第三代中的女孩儿们，对另外两个孙子都表现出了不同程度的冷淡与疏远。很抱歉，我的性别显然令他们失望了。就这样，我和二大爷家的堂哥，自然也就先天不受爷爷、奶奶待见。基于这个原因，我刚出生，便被姥姥用自制的小被子从医院包裹着接回家。从那天开始，一直到高中毕业，我几乎都是在姥爷、姥姥的眼皮子底下长大的，被给予了无尽的关爱。

　　姥姥在她八十八岁的那年去世，在葬礼上，挽联上写的是"赵王氏"。这是那一辈人的传统，很少有人记得她的名字。而我有必要将她的名字正式写进我的书中，让这个名字变成铅字，成为我作品的一部分。她叫王淑清。姥姥没能亲眼看到日后我在学业、事业和家庭方面的种种起色，她去世的那阵子，是我人生境遇最为窘迫的时候，料想她当时一定很难过。这一直是我耿耿于怀的，就像当年参加我爸葬礼时一样，我没在任何公开场合流一滴泪，或许旁人会觉得我无情，也不想解释。失去她的那份痛苦，就是在今天还是那么清晰。我知道这份爱注定永远无法偿还了。姥爷赵久成，今年 99 岁，为人善良，性情耿直倔强，耳不聋、眼不花，一顿能吃一碗饭，还能喝上一杯啤酒。祝老人家身体康健，勇往直前，一直陪伴着我们。

　　我的父亲吉树华，身材匀称，体格强壮，浓眉大眼，长得比我高。看过他照片的人多半会毫不客气地说他比我帅，对于这一点，我也欣然接受。他算是出生在书香门第。爷爷是 1949 年前的老教师，后来做了一所小学的校长，写得一笔好字，在当地教育界颇有威望。父亲从小学习很好，由于知青下乡等时代的关系，最后做了一家酒厂的电工。他为人很正直，不花心。他擅长画画，会弹奏二胡、喇叭、笛子、口风琴等各种乐器。这些优点，我显然没有继承。母亲赵玉奇天生爱美，当年是极不情愿嫁给父亲的。用她后来的话说，她们两个的结合就是个错误。她的初恋是个医生，对方父母都是医学教授。据说当年两个人情投意合，但后来还是被迫分开了，理由很有时代感——男方家庭成分不好。父亲算是姥爷钦点的，对于他的回忆起初是模糊的，多年后我长大了，渐渐不自觉地去回忆起和他的过往的一些细节。作为一个男人他的确有很多缺点，不少东西是我现在也不能认同的。他在世时我们没机会谈心，他对我的关爱也仅仅含蓄地表现在午睡时他悄悄搂着我，每天中午会给我买一个咸水鸭翅膀。他会时不时地陪我去河边抓蝌蚪，拿着自己手工打造的木剑和木刀，陪我在自家的院子里疯闹。

记忆中小时候的我应该算得上是人见人爱的。面容姣好，一副人畜无害的表情。同龄的孩子都喜欢跟我玩儿，尤其是女孩子，喜欢成群地围着我转。那时我不太喜欢上幼儿园，所以父亲经常请假不上班陪我在家玩儿。他每天给我讲四大名著和各种大部头的武侠、神话书。他叙述的能力很强，不急不缓，情节推进得非常到位，节奏感很强。这一点在他去世后我曾对母亲讲过，她很惊讶，貌似父亲的这个优点只有对我展示过。后来我做了教师，讲课时喜欢用娓娓道来的讲故事方式去阐述晦涩的理论问题，这一点想必是受了他的影响。因为，我从小就知道，人们天生都喜欢听故事性强的东西。

进了大学，由于身边男丁稀少，而我成绩又不错，于是被推荐做了四年班长、团支书。因为当时必须出去兼职赚钱，也很少去听课，更不要说处理什么班级的事情。不过，同学们都挺喜欢我的。我向班主任提出过要辞去班委的职务，开班会讨论的时候，同学们居然全体反对，我也就惭愧地顶着这些虚衔到大学毕业。准备考研的那年情绪跌至谷底，家事各种不顺心。我开始横扫长春市图书馆，疯狂学习。2006 年阴历二月二，也就是传说中"龙抬头"的日子，我用略微颤抖的手用鼠标点开东北师大研究生院查分系统，看到上面红色的成绩单和传播学硕士入学考试的排名："总分 421，专业排名第一。"当时很激动，因为那个时候考上研究生，就意味着有可能在高校谋一份职，这是我梦寐以求的。后来考上博士的时候，似乎都没那么兴奋，仿佛一切都是预料之中的事。

2008年，我来到福建莆田市工作，常常一个人宅在家里，闲来无事开始写东西，并且陆续在杂志、报纸上发表。我很少投稿，基本都是约稿。我在台面上很有表现欲望，被夸口才好、谈吐幽默、大方，很多话会不由自主地往外冒。包括后来在电视台做一档谈话类节目的常驻嘉宾，也被业内人士给予了蛮高的评价，有人说我的能力适合直播。私下里我则完全是另一副面孔，比较严肃，不喜欢应酬。我待人慢热，极度厌恶虚伪。不喜欢管人，更不愿意被人管。除了钱钟书、林语堂、南怀瑾，我不盲目崇拜任何人。

读郭敬明的《愿风裁尘》，看着他回顾无限美好的十七八岁。他把大家的视线从那个单纯无助的小孩子一直拉回到他带领着上海最世文化发展有限公司风生水起。读刘同的《谁的青春不迷茫》，看他剖析从20岁到30岁的自己。刘同总结两个字就是"迷茫"。他说："你觉得孤独就对了，那是你认识自己的机会。你觉得不被理解就对了，那是你认清朋友的机会。你觉得黑暗就对了，那样你才分辨得出什么是你的光芒。你觉得无助就对了，那样你才能明白谁是你成长中能扶你一把的人。你觉得迷茫就对了，谁的青春不迷茫。"我一直相信：爱好文学的孩子或许会由于对生活太过敏感而缺乏快乐，但是却有着随时凝视自己，随手记录青春成长细节的习惯。笔下的自己或许看着真的不完美，而青春本身就无关乎完美，太缺少瑕疵的东西，会少了很多值得记忆的结点，回头细品，不免乏味。

多年以前那个年少的自己，不能接受很多东西。譬如受不了背叛，受不了分别，受不了寂寞，受不了囊中羞涩，受不了前途渺茫，受不了别人的白眼，甚至有时更受不了自己。而现在的我，却渐渐习惯了很多状况的发生，即使失掉了什么也不会过分惆怅，缺少了什么也不会自怨自艾，因为很多事情是你强求不来的，一切都是随缘偶得。

我一直觉得自己性格中或许有点儿冷漠，从小丧父，长大了亲身接触并应付了好多社会上最丑恶的一些人和事。有过浮躁、虚荣、自大、斗智斗勇、邪恶、绝望、坚定、努力、拼命、欢笑、泪水，有着和同龄人截然不同的成长感受。只是好多东西，没必要天天挂在脸上。过早尝尽世事的结果就是心态会变得淡然，有个哥们儿说我发现我性格中缺乏什么什么的，这个不需要辩解，我有啥缺啥自己早就看透了。我智商不算低，情商不算高。对于得失，也不是很在意。强为之事多败乱，无心之栽易成荫。我也没那么清高，并非不食人间烟火，但也不为五斗米而折腰，绝不攀附和巴结任何人。让我一直仰望着跟人相处，嫌累。如今的我，尽力去减少存在感。存在感是一种毒，越少越健康。喜欢平静地生活，慢条斯理地去充实。读书、码字、旅游、哄娃。令我不爽的要求，一般直接拒绝，勉为其难的关系不去维持。我给自己定了几条规矩：拒绝零售才华、时间和感情；拒绝把工作和生活混为一谈；不活在别人的期待里；不经营任何塑料友情。

北齐的一位学者颜之推在他的《颜氏家训》里说："学为文章，先谋亲友，得其拼裁，知可施行，然后出手；慎勿师心自任，取笑旁人也。"这本书是从2008年开始陆续撰写的，我绝不敢说自己的思想有多么深刻，以我这样不大不小的年纪来看，自己所见所闻还算不得丰富，读书也称不上广博。林语堂在《人生不过如此》这本书中有这么一段话很能表达我对这本书在思想性上的认识。他说："我所表现的观念早由许多中西思想家再三思虑过，表现过；我从东方所借来的真理在那边都已陈旧平常了。但它们总是我的观念；它们已经变成自我的一部分。它们所以能在我的生命里生根，是因为它们表现出一些我自己所创造出来的东西，当我第一次见到它们时，我即对它们出于本心的协调了。"做学术和做人，其实是一样的。我的学术关注点基本上都是出于兴趣，不会太受外力影响。

要感谢的人实在是太多了，我也免不了俗，势必会在书稿结尾处正式感谢一番。感谢父母的生育之恩；感谢外公、外婆的养育之恩；感谢大舅赵书文先生、舅妈夏志英女士、三姨赵玉燕女士、三姨夫滕绪海先生，他们在我最困顿之时雪中送炭，所给予的帮助和关怀让我铭记终生；感谢东北师范大学张恩普教授及其夫人吉林大学刘雅文教授，在工作和生活上给予我无尽的鼓励；感谢儿子吉浩文，他的存在给了我更多工作动力和生活的热情；感谢孩子他妈徐维玮多年来的支持；感谢厦门大学谢清果教授的抬爱和帮助；感谢九州出版社郝军启先生对书稿的严格把关；还要感谢莆田学院那些曾经帮助过我的朋友们，其中包括部分同事和领导，我何德何能，得到如此多的赏识和支持。

由于本人的学术水平有限，所以在本书中肯定存在着一些疏漏和诸多的不足，在此恳请各位专家学者以及读者朋友不吝赐教。此外，文中所引用的文章及观点，均尽可能做了详细的注解，如有遗漏诚望宽宥，我的个人邮箱是 jacky8027@126.com，欢迎各界人士批评指正，我会继续努力。本书是2018年度福建省社科研究基地重大项目"闽台妈祖文化传播研究回溯与前瞻"（FJ2018JDZ043）阶段性成果研究成果、2018年莆田学院校内科研项目《回溯与前瞻：中国传统文化当代传播研究》（2018063）研究成果、教育部社会科学基金青年项目资助出版项目成果（编号 13YJCZH058）。

2019 年 1 月 1 日于福建家中书房